叶纯写合肥

叶纯算是新合肥人，他自我介绍是"三线二代"，因为他小时候生活的地方是深山里的军工厂。初中毕业后他到合肥上学，后来军工厂整体搬迁到合肥东市区，他在厂里是技术员，从事过热处理工。在20世纪末那场国企改制的大潮中，他所在的工厂淡出了历史，2000年的春天，机缘巧合，他成为即将开业的安徽图书城的一名员工，这之后，他一直在新华书店工作，算起来已经有20多年了。

叶纯自小喜欢读书，颇有天资，囿于环境，对书的渴望犹胜。他的随笔不仅有文学性，有真情实感，字里行间还有关于合肥这座城市的许多细节。尤其难能可贵的是，因为长时间工作、生活在合肥东城（现在的瑶海区），在叶纯的笔下，有不少关于昔日工厂区的记忆和记录，这些使得他的文字具备一定的史料价值。

我不是很清楚叶纯从什么时候开始喜欢写作的，不过在我认识他之前，我就对他的个性、能力和文采有所了解，后来看到他的一些文字，感觉文笔轻松流畅，读起来不累，仿佛不经意间的一些小俏皮、冷幽默，让人会心一笑。而他的一些观察、思考和感慨，又会给人一种厚实感。

听过一种说法，似乎在叶纯写作和发表作品过程中，我发挥了不小作用，或者说帮了他不少，这应该属于联想过于丰富。叶纯给报纸投稿，采用率比较高，时而还会是头条，只能说明他的确写得好，同时报纸的编辑的确做得很好，看稿不看人。当然如果要说其中有什么技巧、秘诀，那应该就是，叶纯的文章大多数是写合肥的，一条路（河），一座桥，一个站牌，以及生活在这座城市里的那些人和事，比如《沿着长江东路往前走》《我家门前有条河》《城里的桥》《下一站，安纺总厂》。尤其让我感到意外的是，他居然一直在关注海军"合肥舰"，在《从 132 到 174》《听闻远方有你——我登上了 132 合肥舰》这两篇文章里，可以看出叶纯是个有心的人，也是一个有情的人，他对于合肥这座城市的感情，很真也很深。

在《一座城市的价格》里，叶纯写道：

我常常在想，我们一家是要感谢合肥的，尽管我们不是土生土长的合肥人，但合肥给了我们更多的选择机会，使许多像我们一样的外来人也能在合肥扎下根，生存和生活下去。在中国城市化进程中，合肥像许多大城市一样，敞开胸怀，海纳百川。

真的，要谢谢你！合肥！

如此质朴、滚烫的语言，让我这个老合肥人感动不已。

如果真的要说这些年里我在叶纯的写作上发挥过什么作用的话，那只有"为难"二字，因为我们曾经在一起共事十多年，但凡遇到文字上的事，我大多都会随手抛给叶纯，比

叶 纯◎著

庐州文化丛书

合肥古今

城市年轮

安徽师范大学出版社
ANHUI NORMAL UNIVERSITY PRESS

·芜湖·

图书在版编目(CIP)数据

合肥古今/叶纯,范家生,高峰著.—芜湖:安徽师范大学出版社,2024.12.—
ISBN 978-7-5676-6832-4

Ⅰ.K295.41

中国国家版本馆CIP数据核字第20244BD429号

合肥古今

叶 纯　范家生　高 峰◎著

HEFEI GUJIN

责任编辑:辛新新　　　责任校对:李　玲

装帧设计:王晴晴　　　责任印制:桑国磊

出版发行:安徽师范大学出版社

　　　　　芜湖市北京中路2号安徽师范大学赭山校区

　　　　　邮政编码:241000

网　　　址:https://press.ahnu.edu.cn

发 行 部:0553-3883578　5910327　5910310(传真)

印　　　刷:江苏凤凰数码印务有限公司

版　　　次:2024年12月第1版

印　　　次:2024年12月第1次印刷

规　　　格:880 mm × 1230 mm　　　1/32

印　　　张:14.875

字　　　数:310千字

书　　　号:978-7-5676-6832-4

定　　　价:51.80元(全3册)

凡发现图书有质量问题,请与我社联系(联系电话:0553-5910315)

如举办营销活动和员工业余活动要他写回顾和小结，开展员工读书会要他写读后感和侧记，后来，作协里有活动和采访任务，我也会拉上他，也不管他愿不愿意。的确，叶纯似乎从来没有拒绝过我，无论什么题材和内容，他都会在要求的时间内交出稿子。叶纯是一个很有能力的写作者，也是一个很有能力的员工，他曾经在安徽图书城做过值班经理，把一个大书城的日常管理做得井井有条。

有时候我也会想，我这样三番地为难叶纯，他会不会私底下抱怨，或者伺机"报复"我？后来我还真发现一些蛛丝马迹，比如他时常会在明里暗里调侃、揶揄我，也会在我发挥失常、出现失误或者言不由衷时不怀好意地呵呵一笑。最搞笑的是，当我在餐厅里转错餐桌转盘方向时，他居然会死死地把住转盘，直到我明白过来为止。除此之外，叶纯还是一个善良、细心的同事，护送少饮辄醉的我回家这样的事没少做（当然，做这样事的好人还有很多），耐着性子发掘我的优点和长处的文章也没少写过，为此我时常反思，感觉自己应该向叶纯学习，处人处世，尽量耐心一些、大度一些。

近些年，叶纯在我的生拉硬拽下，渐渐往档案、文史研究和写作方面转，写出了一系列有关潜山乡贤、文学大师张恨水的研究文章，最近又在采访并撰写有关合肥新华书店历史的文章，有点类似口述史。与此同时，合肥、东城，依然是他关注的目标。

据我所知，叶纯这些年过得比较辛苦，运气也不算太好，但他一直很平和，工作之余，看看书、写写文章，还考了好几个学位和资格证书。我想，在叶纯淡淡的微笑背后，应该是他对一些事的执着和对有些事的淡然。在合肥方言里，执着也可以解释为某种意义上的"犟"，那种心里面想明白后的坚持和倔强。

写合肥的叶纯，应该就是这样。

刘政屏

2023年6月

目　录

目
录

合肥城东

城 市 乡 音

家住瑶海，合肥城东。

合肥城东，进城出城，龙岗是大门。我住的龙岗这片区域，挺有意思，它位于合肥的东部城郊，合肥发展腾飞之前，这里是郊区，虽属于肥东，但离肥东主城区又有些远，很长时间它属于"中间地带"。其中二十埠处在合肥市中心与肥东的交界地带。

2001年10月，经省政府（皖政秘〔2001〕155号文）批准，合肥龙岗开发区晋升为省级开发区，更名为"合肥龙岗综合经济开发区"。随着合肥城市规模的扩大，2009年11月1日，龙岗开发区划由瑶海区管辖，2010年10月，原瑶海工业园区的3个社区划到龙岗开发区。

龙岗东毗肥东经济开发区，南眺合肥东部新中心，西临合肥老城区，北接合肥新站高新技术产业开发区，辖区面积22平方千米，下辖10个社区，人口30万。这里地理位置独特，是瑶海区打造全国老工业区转型发展示范区的三大板块之一，是合肥融入长三角的桥头堡，是安徽省实施东向战略的最佳融入区。

久居一处，听惯了各种方言。二十埠这个地方从地图上看，离肥东店埠和四牌楼的距离正好一样，这里租住的人多，口音是合肥市中心口音和肥东口音的交汇，很有意思，比如"搞"这个字。

四个人斗地主，问摸到翻牌的人可打，肯定是问"可搞？"，地主牌好，回答干脆，"搞啊！"，牌不好则讲"不能搞哎！""不搞！"，如还在犹豫，劝的人会讲"搞得了"。请人喝酒也是，讲"来，搞一杯"。

两个人吵架，吵急了，强的一方会脱口而出，"就这样搞的""怎搞？""怎搞啊？"，要么对方偃旗息鼓，要么冲突升级，"想搞是吧？""搞啊！"，出现这种情况，如没有人从中劝阻，肯定会打起来。谁要是不敢"搞"，丢的可是面子，就算知道"搞"不过，硬着头皮也得"搞"一会儿才行。

一起小摩擦，责任明确，得理的一方如果撂下一句"怎搞的？"，则责备的意思明显，火药味渐浓，事态的发展不好预测，一切要看对方可是个"搞事"的人了。

还有更有意思的一句，"搞嗬个"，中间的字念"hèng"，词典里对这个字的解释是"发狠的声音"。"搞嗬个""你搞嗬个"，跟东北话"你瞅啥？""瞅你咋地！"的意思差不多。只是"搞嗬个"，不同的语调表达的意思大不相同，每次听到这句话，总觉得"韵"味十足，独一无二。

来到这座城市，感受这座城市，也渐渐融入她，不经意间，合肥方言也已融入自己的乡音。

那一次，从外地出差回来，打不到车，只好坐上2路公交车晃悠悠地往家赶，一路疲劳，靠在椅子上昏昏欲睡，也不知到了哪一站，旁边有个人在打电话，突然间听到了一句"搞哮个咧"，不禁心头一暖，朝车窗外望去，二十埠到了。

我想，接受了一座城市的方言，算不算是接受了这座城呢？

（2009年12月）

合肥城东

我家门前有条河

我家门前有条河，名字叫二十埠河。

说这句话，我心里其实是没有底气的。住在东门二十埠的人，一定都知道这里有一条横穿临泉东路、长江东路和新安江路的河流，不错，它就是二十埠河。

提起二十埠河，真是"一言难尽"啊。二十埠河属于南淝河支流，是合肥市东部的一条重要的季节性河流，发源于长丰县的三十头乡附近，全长27千米，流域面积近136平方千米，流经磨店、大兴、七里塘、龙岗工业区、撮镇、龙塘等地，然后由龙塘镇河口处汇入南淝河，最终注入巢湖。

择水而居，是许多人梦寐以求的事情，清澈的河水，和风袭来，微波荡漾，这是怎样的田园画意啊！二十埠河沿岸有不少的小区、学校和企业，比如月亮湾、玉兰苑、静安新城、恒通小区、行知学校、美菱工业园、国风集团等，与水为邻，自是得天独厚。然而，这条河以前带给沿岸居民的不是美好的回忆，而是切肤之痛。

不夸张地说，以前二十埠河是合肥污染很严重的河流。

听附近的老人介绍，以前二十埠河的水质还是很好的，甚至可以作为饮用水，但之后水体被污染，并逐年加重，以至于后来鱼不能生，草不能长，成了一条垃圾河，它带给东区人民的是深深的伤害和无奈。

纺机厂附近有个恒通小区，这是一个由原三线厂职工宿舍组成的老小区，小区与二十埠河只有一墙之隔，在围墙旁边有一条连通长江东路和临泉东路的小巷，小巷里有一座小石桥，每次经过石桥，我都是匆匆地掩鼻而过，味道太难闻了，河水居然已经是黑色的了，真不知道旁边玉兰苑几幢楼的人家是怎么过的，因为他们家的窗户离河道仅有几米之遥。

造成二十埠河污染的原因很复杂，有工业污水乱排、生活污水直排、河道长期阻塞、在河床乱搭乱建等。同时二十埠河作为天然河道，河流沿线基本上维持着河道的自然状态，两岸地势普遍较低，因此常年受到洪水的侵扰，严重影响着两岸人民的生产生活。

直到2009年下半年，合肥滨湖城市建设工作要求"不让一滴污水流进巢湖"，二十埠河终于翻开了崭新的一页。

我目睹原先盖在河道边的房子拆了，这些房子不少还是三层的小洋楼呢，挖土机、大铲车等在离河道一定范围内忙碌着，很久没有看到过这样的景象了，在一条河的两岸，聚集了如此多的人和机械，热火朝天中翻开新篇章。

在月亮湾·亲水嘉园小区的门口，有一座建成不久的大桥，这就是临泉东路跨二十埠河桥。我站在桥上望去，二十埠河的样子确实变了，原先流经合肥市行知学校门口的河道已经裁弯取直了，河两边都砌起了水泥堤防，河道明显拓宽了许多。拆除了河道边的违章建筑后，视野一下子开阔了起来。

多方了解到，二十埠河综合治理工程治理范围为汴河路桥至南淝河入河口，长约17.3千米，主要建设内容包括堤防工程、河道蓄水构筑物、截污工程、沿河道路、桥梁工程和景观绿化工程等。工程完工后不仅会提高二十埠河的防洪标准，使合肥市城市防洪体系更加完善，同时也将提高河道水体的自净功能，彻底改善现在二十埠河的水质。沿岸所有污水将通过管网系统输送至朱砖井和小仓房污水处理厂，实现污水不入河的目标。同时，利用生态挡墙、景观水体和绿化带等，打造清水穿城的良好人居环境。

听到这个喜人的消息，每个居住在二十埠河沿岸的人都无比振奋，终于等到了这一天！虽然治理工程不是一天两天就能完成的，二十埠河的水也不会一夜之间就变得清澈，但事情总算有了时间表，希望已经在每个人的心头点亮。

在将来的某一天，我会自信且自豪地，用理直气壮的语气对别人说："我家门前有条河，名字叫二十埠河。"

这一天不会远了！

（2010年4月）

二十埠河美景（摄于2023年1月）

沿着长江东路往前走

沿着长江东路往前走。

对于我，这是每天上下班必做的一件事。或骑车，或坐2路公交车。车轮悠然地转动，看着眼前熟悉的路，霎时想起，这条路已经陪了自己三十多年，心间突然涌起一种既熟悉又陌生的感觉。

长江东路的名气在合肥的众多道路中算不上"显赫"，它似乎一直就是这样的中规中矩、默默无闻。论重要性，它一直是合肥东向交通的大动脉，为"安徽第一路"长江路的东段，即使现在，新开通的长江路东大街和临泉东路依然难以撼动它的地位。

初识长江东路，还是在20世纪90年代初。那时，我到合肥上学，学校在三里街的十四中，我首先记住的就是学校门口的这条路和2路公交车，当时，长江东路叫蚌埠路。后来，家里随三线厂迁到了合肥，厂区和宿舍在二十埠，与路有缘，长江东路成了我生活的一部分。

三十多年，沧海桑田，长江东路在我眼里就像一位多年的老友。酒是浓的醇，路是老的亲，变与不变，在时间的长河里，留下的是新生与记忆。

长江东路西起滁州路，东至二十埠河桥西，全长约6.1千米，从长江批发市场到大东门。虽有些修修补补，但整条路却没怎么大变。主干道是双向六车道，加上双车道的自行车和人行道，这么多年下来，一直是老样子，没有拓宽。只是前几年在路中间增设了一人高的隔离栏，行人不能随意横穿马路了，车速提高了。

在记忆中，长江东路是个工厂云集的地方，是名副其实的"合肥工业大道"。从2路公交车的首站长江批发市场出发，接下来三个公交车站都以厂名命名，依次是纺机厂、卫材总厂、玻璃总厂，到东七的路上有毛巾厂，再往西有电缆厂、电机厂、高压开关厂、芳草日化，三里街还有个轮胎厂和小汽车修理厂，这些还只是大一点的厂，小规模的厂就更多了，林林总总的厂就分布在长江东路两侧，依路而建。所以，合肥的东市区是与工厂、企业这些名词紧密相连的。

合肥的路越来越宽，建高架、通地铁也早已成为现实。相比之下，长江东路多少显得有些落伍，就像一个上了一定年纪的人，却依然每天要承受高强度的体力劳动，多少有些力不从心。2019年11月，长江东路开启了改造工程。2021年1月，全新的长江东路全线恢复通车，新增4.7千米长的中央绿化分隔带，地下是地铁2号线，沿途有高架穿越，地面符合城市交通主干线标准，长江东路步入立体交通时代。

最大的变化还是路边工厂渐渐退去，一个以商业和服务为中心的经济格局正在形成。纺机厂和玻璃总厂退出历史舞台，纺机厂老厂房被打造成文化创意中心——长江180艺术街区，玻璃总厂的地皮被开发商引用海子的诗"面朝大海，春暖花开"，打造成"柏庄·春暖花开"小区。东七前面与当涂路的交叉口变化最大，原先一个叫"八佰户"的城中村早已不见，原地落成一个新的小区，气势不凡。电缆厂被大型商超综合体取代，西边的高压开关厂和电机厂也分别演变成住宅区和汽车东站。花冲公园华丽转型，这里曾经车水马龙的花市、狗市、书市和跳蚤市场逐渐退出，对面多了市二院的急救中心。铜陵路路口，高架桥腾空而起，五中还在，一座新的地标建筑矗立在东南角。在三里街，凤阳路菜市场成为历史，一座下穿桥穿街而过，蚌二小在拆违过后终于露出了灿烂的笑脸；三里街西边的一段铁路被拆除了，等待火车先行的场景不再有。在大东门，一幢老建筑烟草大厦也已换上新装，尘土中，越来越多的东西被装进了记忆里。

与长江东路息息相关的还有一个叫磨店的地方。磨店职教城的规划和使用目的明确，长江东路沿线的一些职业学校，如职教中心、电子学校、服装学校、幼儿师范学校、铁路工程学院等全部撤离长江东路，长江东路沿线正经历着前所未有的转型。

其实在我眼里，长江东路就是一条老百姓的路，它不张扬，路两边也谈不上繁华，一切都是那么朴实。一条路串起众多的小区、菜市、学校，虽然有时会显得有些凌乱、有些拥堵，但是这里生活着众多的普通人家，熙熙攘攘中平添了几分人间的烟火气，有人的路就有生气，路因为人而充满活力。

城市的道路有很多条，你熟悉的有几条？能让你有一种发自内心的亲切感的路，一条足矣，就如长江东路于我，因为这条路早已融入了我的生活，于是，生活变得简单：

沿着长江东路往前走。

（初稿写于2010年1月，2022年修订）

合
肥
城
东

挥手难别"纺机厂"

"纺机厂"曾是合肥2路公交车东向倒数第二站的名字，末站是长江批发市场。很多年以来，车上飘来的"乘客们，纺机厂到了，开门请当心"的声音，让人感到如此的悠长和亲切。直到有一天，"纺机厂"被悄然换下，"327地质队"上岗，站牌易摘，历史难掩，"纺机厂"在历史的沉淀中挥手难别。

合肥的东门曾经工厂云集，轮胎厂、电机厂、高压开关厂、电缆厂、玻璃总厂、卫材总厂等，随着岁月的变迁，逐渐淡出了人们的视线，或商业开发，或异地重置，恰如流星闪过，自此成为历史。

纺机厂也是其中的一员。纺机厂全名叫合肥纺织机械厂，俗称"合纺机"。追溯纺机厂的历史，它是由两个厂合并而成的，其中一个主厂还有着浓郁的红色基因，是一个三线军工厂。1965年4月，毛主席敏锐洞察世界局势，深思熟虑，作出启动三线建设的重大决策，明确提出"深挖洞，广积粮，不称霸"和"备战、备荒、为人民"的战略思想。中共安徽省委认真贯彻落实中央决策，利用大别山的地理环境，着手建设安徽小三线体系。

1965 年 11 月，省计委、省国防科工办批准将安徽省工具厂（以合肥矿机厂工具车间为班底）、安徽省锻冲件厂（以合肥机床配件厂为班底）合并建设"安徽省通用机械厂"（国营 9409 厂），企业行政级别为正县（处）级，厂址定在六安舒城县五显镇罗汉冲。安徽省通用机械厂，1966 年 3 月破土动工，至 1967 年 7 月基本竣工，总建筑面积达 5.1 万平方米。自此，大三线军工企业、安徽地方工业企业扎根大山，解放军转业人员、退伍军人、大专院校毕业生等精兵强将听从祖国召唤，艰苦奋斗，为三线建设无私奉献着青春年华。

安徽省通用机械厂厂区先后建有 21、31、41、51、61、71 等车间（后增设 81、91 两个车间）和 13 个科室，拥有门类齐全的生产设备 631 台，其中锻、冲设备 43 台，金属切削设备 306 台，大型和精测设备 24 台，还配备有生产辅助设备、标准计量室和理化实验室。生产具有批量小、品种广、精度高、周期短等特点。安徽省通用机械厂在省国防科工办统一领导下，多次出色完成任务，被誉为"华东军工生产常备师"。

20 世纪 70 年代末，安徽省通用机械厂贯彻执行党中央、国务院关于"军民结合，平战结合，以军促民，以军养民"和"小三线调整、巩固、充实、提高"的方针，集全厂职工智慧，不等不靠，立足军工技术和工艺装备优势，瞄准市场需求，开发研制与生产销售电动织袜机和经编机两大系列产品，并于1981年被省纺织工业厅、省国防科工办联合授予第三厂名"安徽第一针织机械厂"，民品生产部分被正式列入中纺部针织机械专业生产企业名录。

1986年，国际形势发生重大变化，为从根本上突破交通、信息、人才瓶颈，谋求更大发展空间，融入改革开放大潮，企业谋划易地建厂、搬迁，要"出山"。合肥市委、市政府伸出诚邀之手，希望安徽省通用机械厂重返合肥。同年8月，省国防科工办召开"868"会议，宣布省政府决定，即国营9409厂等7个厂下放合肥市迁建改造。同年9月，中共合肥市委书记率团到五显厂区考察并研究搬迁方案。同年11月，省纺织工业厅以"纺基字〔86〕591号"文正式批复国营9409厂扩大针织机械生产技术改造项目，总投资820万元，分两期进行。

1987年4月7日，安徽省通用机械厂与合肥纺织器材厂合并组建"合肥纺织机械厂"，简称纺机厂，隶属合肥市经委，行业归口市纺织工业局。同年4月10日，经合肥市计划委员会批准，纺机厂在肥东县三十埠乡孙小郢、朱坝郢两生产队征地234亩，作为企业迁建改造用地，同时为计划建设的凤阳东路代征地23亩，合计257亩地。1992年，合肥东郊的新厂工程大部分竣工，纺机厂也与舒城县政府、五显镇政府达成工厂整体搬迁协议。同年6月18日，在舒城罗汉冲隆重举行搬迁首发式，至1993年10月，整体搬迁结束。1994年4月，纺机厂从合肥市纺织工业局划入合肥市机械局，核销"合肥纺织机械厂"，恢复"安徽省通用机械厂"厂名。

1996年8月，为服从全市改革大局，安徽省通用机械厂破产重组。1997年7月1日，厂办子弟学校划归瑶海区教育局，后改名为合肥市行知学校，是省城目前唯一一所以陶行知先生名字命名的义务教育学校。1997年6月，工厂改制为国有控股企业"合肥恒通机械有限责任公司"。2007年春，在沥沥细雨中，公司正式歇业，退出历史舞台。从1965年到2007年，40多年来，安徽省通用机械厂（国营9409厂）近千名三线职工响应祖国号召，秉承"国家利益高于一切"的军工信仰，献了青春献子孙，在大山深处和合肥城东谱写了壮丽篇章。

纺机厂所处的地段以前算是合肥的郊区，往西两站是东七，往东一站是长江批发市场，早先隶属于龙岗开发区。纺机厂附近有很多学校，对面是合肥幼儿师范学校，郎溪路的小菜市里面是合肥铁路工程学校，现在这两所学校已搬至磨店职教城。原先的菜市路口已打通，与长江东路交叉形成了一个宽阔的十字路口，如今还有了高架，交叉口北面的九华海绵厂也已踪迹全无，只留有不少高大的松树矗立在原先的宿舍楼前。

城市在飞速扩张，地铁已修到家门口。纺机厂西面的玻璃总厂已变身为居民小区，紧邻的地铁2号线站叫漕冲站，沿着采石路向北就是瑶海万达，一切的变化令人目不暇接。变归变，但在我心中，纺机厂还是一个厂的模样，"失之东隅，收之桑榆"，"纺机厂"的站牌虽然没了，但这片土地仍然生机勃勃，改名不影响它成为瑶海"国字号"老工业区搬迁改造试点区，它正以新的模样展现在人们面前，新的代号"长江180"。

纺机厂，你的历史同很多工厂一样，早已融入这座城市的血脉，变或不变，你都在这里，不离不弃。

（2015年10月）

东城工业记忆

——长江180

城市的发展，总会面临选择题，如何对待那些英雄暮年的老工厂、老建筑？是一拆了之，还是合理开发，这体现出城市经营者的智慧和理念。特别是坐拥众多历史悠久的工业遗产的城市，如果忽视或者丢弃这些财富，就如同抹去了城市最重要的记忆。我很庆幸，当我站在这片土地上凝视远处高高耸立的巨大烟囱时，悬挂其上的"长江180艺术街区"几个大字，光彩醒目，在蓝天或夜色映衬下，熠熠生辉。

长江180，不是一个普通的代号，在合肥瑶海，它代表着一个有着历史记忆和文化沉淀的地方。"长江"，其实指的是一条路，合肥的长江东路；"180"，是它的地址，合肥市长江东路180号。当这块土地从沉寂中完成华丽转身，成为一个艺术街区时，"长江180"声名鹊起，如同几十年前，在舒城五显罗汉冲大山深处建设三线的冲天干劲，是它生生不灭的历史发展。

长江180于我，是"不识庐山真面目，只缘身在此山中"。它离我家只一路之隔，或者说，我家本就处在其中。

20世纪90年代初，合肥迎来一波三线厂内迁潮，军工三线厂"安徽省通用机械厂"（国营9409厂）整体搬迁至合肥东部一个叫二十埠的地方。当时这里还没有发展成熟，与市中心相比略显郊区本色，但骨子里有着从无到有创业精神的广大职工，依然干劲十足，因为合肥意味着有更多选择的机会。

厂前的长江东路是一条贯穿合肥城东的主干道，2路公交车当时是从博物馆到长江批发市场。生产生活逐步步入正轨，迁建规划的好处就是，在大山里面分散的各个车间统一被设计在一个大的连跨工房里，各个车间有序布置，协同性大大增强，每一跨都是一个车间或工序，有几部行车横亘在主梁上，行车启动发出轰鸣声，好一派忙碌的生产景象。

历史的发展不以人的意志为转移。安徽省通用机械厂与合肥纺织器材厂合并为"合肥纺织机械厂"，1997年改制为"合肥恒通机械有限责任公司"，2007年退出历史舞台，2011年厂区划由瑶海区国资公司统一管理。原厂办子弟学校整体被区教育体育局接收，成长为现在的合肥行知学校集团。幸运的是，这片老工业厂房区没有被一拆了之。根据《国务院办公厅关于推进城区老工业区搬迁改造的指导意见》（国办发〔2014〕119号）文件精神，按照经济结构调整、促进经济转型升级的思路，瑶海区国资公司对原厂区部分老厂房和基础设施进行改造，建设长江180艺术街区。

长江180艺术街区位于长江东路与和县路交叉口东北侧，东毗郎溪路，西临和县路，南眺长江东路，北接临泉路，总占地面积约5.9万平方米，改造建筑面积近3万平方米。长江180艺术街区项目被国家发展改革委纳入2015年中央预算内投资项目，是安徽省唯一一项。同时长江180艺术街区项目是"安徽省第一个老工业基地搬迁改造试点项目"，长江180艺术街区是"第一个由工业厂房改造成的文化创意产业园区"。长江180艺术街区保留了老工业区的文化特色，在旧厂房内注入现代创意元素，致力于打造"北有北京798，南有合肥180"的特色街区。2017年，长江180艺术街区项目全面启动，至2020年10月，项目二期完成。每当傍晚，漫步在园区北门，看到那高高耸立的大烟囱，红砖显得格外醒目，我想，这是留给这座城市最好的记忆年轮。

走在长江180的小路上，一切是那么熟悉又不那么熟悉。连跨工房被隔开分别招商，有羽毛球馆，有篮球馆，有影院，有攀岩馆。在东边尽头处，是一处城市阅读空间（悦书房），名叫"拾光书屋"，拾起岁月的时光，挺贴切。走进去，里面安静恬适，收银台后一个金色牌匾十分醒目，牌匾上写着"安徽省2021年度'十佳阅读推广空间'"。一楼到二楼的楼梯，有一处别致的灯带，拾级而上，仿佛带着我们走进岁月深处。而我一眼看到二楼顶处的行车，这辆30年前的行车居然被完整保存了下来。这里是原来的金工车间，金工是金属加工的意思，机械行业的"车、铣、刨、磨、钳"是五种常见的机械加工方式。我凝视着行车，默然许久，心中涌现一股历史的沧桑感。

一处叫"反弹空间"的地方（现在改建成具有新疆风情

的特色美食城"金手鼓"），我驻足停留。这处厂房是原来的热处理车间，我的第一份工作就是在这里，几年的时光匆匆而过。热处理是一种工艺，指金属材料在固态下，通过加热或冷却的手段，改变材料表面或内部的化学结构与组织，来获得所需性能的一种金属加工工艺。"退火软，淬火硬，回火降脆性"，原来的热处理车间门类齐全，退火、正火、淬火、回火、调质、碳氮共渗、表面处理、高频感应，应有尽有。因为加热金属需要大量电力，为了错峰，热处理的工作时间一般是从晚上10点开始，先来一个工人把电阻炉打开，其余工人算好时间在凌晨2点或3点到岗，把通红的钢件从炉中掏出，放到大水池中冷却，"呲呲"声中水汽直冒，偌大的工房里活动着工人师傅挥汗如雨的身影。如今，金手鼓里载歌载舞，南来北往的食客们，是否会想起这里夜间曾经的烟火？

长江180，合肥版的"798"，你存在的价值或许不只是一个艺术街区。作为安徽省第一个老工业基地搬迁改造试点项目，瑶海区利用工业厂房改造的第一个文化创意产业园区，长江180的建成运营将对瑶海区乃至合肥市工业遗产的发掘保护和改造更新，具有较大的示范和产业拉动作用，为合肥东部新中心的建设提供了强劲动力。

城市急速扩张，长江180如同那座烟囱，如同那座水塔，如同矗立的"蝶变"雕塑，被保留下来的，不仅是这片土地不可磨灭的历史印记，还有那份拼搏向上的春青朝气。

（2020年6月）

长江180艺术街区红砖大烟囱（摄于2023年1月）

下一站，安纺总厂

△
△ △
△ △

合肥曾经的"东市区"，除了长江东路，还有一条路也赫赫有名，那就是和平路，提起和平路，就绕不过安纺。

安纺的全称叫"安纺总厂"，老的3路公交车末站是曙光影院，倒数第二站是安纺总厂站。安纺总厂其实不是一个厂，在它的发展史上，它是由三家企业先后合并而成的一个总称，这三家企业是安徽第一棉纺织厂、安徽第二棉纺织厂和安徽印染厂，最终发展成为一家集纺织、印染于一体的大型企业。起初，三家厂是各自为政，安徽印染厂的历史最长，前身为上海美光印染厂，1955年内迁合肥，1965年扩建为安徽印染厂；安徽第一棉纺织厂是1954年筹建的，1956年11月投产；安徽第二棉纺织厂是1956年筹建的，当年就建成投产。合肥市和平路2号、4号、6号，过去都是安纺总厂的范围，当初建设的时候，那里还被称为东郊，后来成了合肥乃至全省纺织工业基地。

"男娶安纺，女嫁合钢"，是老一辈合肥人常说的一句话，充分彰显出合钢与安纺曾经在合肥的地位。"下一站，安纺总厂"，曾经3路公交车的尽头就是老安纺，可惜后来陪伴了合肥市民几十年的老3路公交车停运了，它承载了几代合肥人的共同回忆，自此，老3路公交车与安纺相看两相忘。

1953年春，中共安徽省委派省委工业部副部长李广涛前往上海，商谈沪企迁皖事宜，开展"大招商"。同年，全国政协会议召开期间，著名企业家荣毅仁、郭棣活等人受到了毛主席的接见，谈及在内地投资建厂，发展纺织工业，参与国家经济建设事宜。经过多方面权衡，最终中共安徽省委与荣毅仁、郭棣活等民族企业家合资在合肥建了一座大型纺织厂。因此，安纺总厂也见证了红色资本荣氏家族曾经的骄傲。

安纺厂址的选择颇费周折。荣毅仁和郭棣活对安纺的选址非常重视，1954年盛夏，不顾高温，来到合肥考察。一开始，他们想把安纺建在今天合肥公交公司所在的位置，但考虑到那里地势较低，发大水时曾被洪水淹没过，于是把厂址往东面的高岗迁移，最终确定建在合肥东门外两公里处的苗圃地带，并报纺织工业部核定批准，也就是在今天的和平路上，从此这片土地开始大变样。

1956年11月5日，安徽第一棉纺织厂开始试生产，1957年6月5日，公私合营安徽第一棉纺织厂正式投产，这是安徽省创办的第一家中型棉纺织企业，从此开启了安徽的工业化征程，合肥开始了工业化道路。企业以纺织工业部投资为主，吸收上海申新纺织厂、上海永安纺织印染股份有限公司等私营企业的投资，先后培养出一大批业务骨干，涌现出很多劳动模范。当时的安徽第一棉纺织厂，是我国第一个五年计划期间694个限额以内的建设项目，也是合肥当年建设的较大工厂之一，因此受到中共安徽省委的高度重视，省里从各地抽调了大批干部支援项目建设，干部直接负责管理。

20世纪50年代，国家在大别山区先后建成一批大型水库，一是治理淮河的需要，二是用以保证合肥市建设的用电之需。合肥在城市东门外，修建了宽阔的马路，直通安纺建设工地，这就是和平路，还建成了合肥市的第一条铁路专用线，方便生产原料的运输和产品的流通，合肥东门外的面貌发生了翻天覆地的变化。

合肥蜀山区科学岛路上，坐落着一座与众不同的博物馆——安徽省源泉徽文化民俗博物馆，特别之处是，建造博物馆的一砖一瓦均来自拆迁的安纺老厂房。安纺厂的砖很特别，很多砖上都标有数字，比如64、105、297等，令人捉摸不透。但在很多安纺老工人眼里，这些数字却显得格外亲切，因为这些砖标上号码，就代表有了砌墙负责人。要是哪块砖验收没有通过，责任直接落实到个人，工人还要按照标准再砌一遍，一直到验收合格为止。当初安纺建设的高标准可见一斑。

安徽第一棉纺织厂（安纺一厂）在投产的第二年就开始有盈利，这些利润用作了安徽第二棉纺织厂（安纺二厂）的建设资金。20世纪90年代中期以前，安纺每年都向国家缴纳上千万元的税款，而且税款额一直排在合肥市企业前列，为合肥的经济社会发展作出了突出贡献。巨大的经济效益得益于两个因素，一是发扬自力更生的传统。区别于新中国成立前纺织厂的纺织机器都是从国外购买，安纺全部采用国产设备，新中国成立后国内生产的纺织机械，质量过硬，还向其他国家出口。二是人的因素，设备优良还要配上会操作的工人。安纺建厂之初，就选派400多名干部和技术工人到上海学习，接受系统专业的训练，其中很多是20岁左右的年轻人，给他们上课的是当时上海最大的纺织厂里最好的技术人员。后来这批上海技训班的"元老"，像种子一样在安纺扎根，遍地开花，延续出一个优秀传统叫"技术大练兵"。技术比武中成绩优秀的工人，拿着当时很流行的大红花和奖状照相，照片洗出来后贴到厂里的光荣墙上，这将成为一段美好的回忆。热情是最宝贵的财富，很多安纺老人都非常怀念那段激情燃烧的岁月，勤奋和积极不是一句空话，不论是工人还是干部，都铆足了劲进行生产，上班工作，下班也思考着工作，很多人都把被子带到车间，天黑就睡在车间里，醒了以后接着工作，"休息"和"加班费"几乎无人提起。

安纺先后开发出很多新产品，值得一提的一种叫横贡缎，极具特色。横贡缎是棉质的，却像丝织品那样光滑、柔软，非常适合做服装、被面等，一时畅销全国。不少上了年纪的安纺人，在被问及安纺的第一任厂长是谁时，都是脱口而出——康文秀！康厂长曾是安徽省供销社社长，兴建安纺一厂时，任筹建处处长，1956年11月工厂试生产时，被省委任命为安纺一厂厂长。坊间记得康厂长，正是由于康厂长身上的那股精气神。起初他对纺织是门外汉，为了当好厂长，他在自己的办公室里摆了一张小床，按照工艺流程，学习每道工序，直至把生产的各个环节都弄明白为止。他那股钻劲、干劲正是安纺从无到有直至腾飞的最大动力。

安纺声名鹊起，毛泽东、刘少奇、朱德等多位党和国家领导人都曾来安纺视察参观，安纺人感到很骄傲。据当时负责接待的工作人员回忆，合肥籍著名科学家杨振宁来安纺参观时兴致很高，拿着一台照相机，在厂里到处走，到处拍照，那天他穿了一件天蓝色的上衣，看上去心情特别好，毕竟合肥是家乡，看到家乡的变化，他自是非常高兴。

安纺的建设，离不开上海人。上海纺织工人援建安纺，为合肥奉献青春，"到安徽去！"一时间成了当时上海纺织行业内最响亮的口号，数百名上海纺织工人离开了繁华的大上海，扎根合肥，建设安纺，"把合肥建设得像上海一样"成为援建安纺的上海工人的新口号。大批上海人的到来，给当时合肥这座小城带来了"流行元素"，特别是在穿着和饮食上，安纺附近就是合肥"流行地带"。合肥人之前很少吃螺蛳、螃蟹、小龙虾、甲鱼等水产品，在上海工友的影响下，合肥人的饮食也渐渐地向上海靠拢，小龙虾一度成为合肥的一道招牌菜。当时附近的百姓纷纷在安纺的大门和宿舍附近摆摊设点，兜售小吃或以物换物，其中炒花生颇受欢迎。合肥要感谢来自上海的建设者们，20世纪50年代中期，时任中共合肥市委书记李广涛评价道："50年代从上海内迁的工业设备和科技人才是奠定合肥工业发展的基石。"

安纺能在记忆里被这座城市铭记，还有它无处不在的人间烟火气，特别是散落在街头巷尾的市井百味，让人难忘。2023年元旦，怀着某种期待，我骑上电瓶车，到和平路的安纺旧址周边重游一番。以前的和平路到曙光影院就到头了，再往东就进入了合钢的厂区，如今合钢也已淡出历史。和平路一路向东延伸，道路宽阔笔直，少了些沧桑，给人的感觉是，得到了什么又似乎失去了什么。和平路整个框架没有大的改变，和平广场标志性的雕塑"天地之间"依然红得灿烂，广场南面原矿机厂的红砖老房子被新的高层住宅取代，公交公司与和平路小学还在，育英高中和合肥五中和平路校区、市二院依次排列。公交路线还保留有"安纺总厂"站，只是已没有老3路公交车了，停靠此站的有7路、78路、118路、146路、155路和542路公交车。20世纪90年代，安纺虽然被上海华源收购，但是效益每况愈下，1998年，安纺一夜之间下岗2000多人。时代的脚步飞快，安纺的命运见证了工业化时代的起伏，旧址上新建了华源国际城和安徽第一家大型综合超市——北京华联。

安纺，市井味最浓的地方在茂名路，茂名路上有个菜市场，还有一条与和平路平行的安纺商业街。街口那家无名的大馍店里还有三角糖包在卖，西边不远处是声名在外的"好益家食品"，他家的蛋糕永远是一种老味道。顺着商业街往西，一直到和教巷周边，这片区域沉淀着老安纺市井烟火之精华。李记面馆、叶嫂麻辣烫、家门口土菜、老纪牛杂、安纺马老大烧烤、纺街第1烤场、安纺程记龙虾、鑫大圣面皮、麦德旺牛肉拉面、好多年早餐、苑萍饭店，还有和平艺术摄影、和平浴池、广玉兰歌舞厅、忘不了游戏机室，这些安纺人耳熟能详的地方，见证着这片土地的激情、跌宕与安详。

　　将来虽未知，安纺已安详，那独一份的味道和扑不灭的人间烟火在预示着：旧时光和新希望，只会交融，不会破灭。在我的耳边，时常又响起那悠远的声音：

　　"好久不见，和平路！"

　　"下一站：安纺总厂！"

（2023年1月）

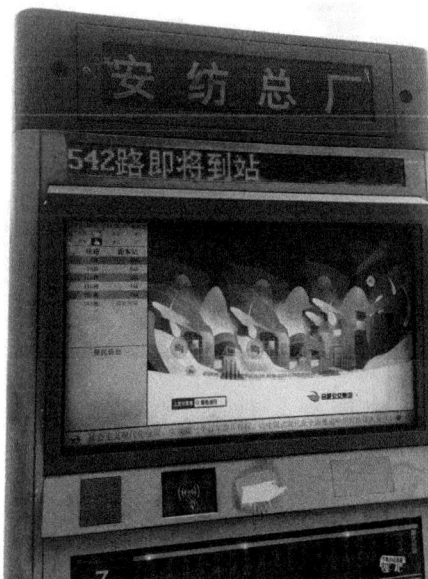

安纺总厂公交站牌（摄于2023年1月）

抹不去的岁月

拉开家中的老抽屉，一个鲜红缎面的盒子映入眼帘，几个烫金大字特别醒目——献身国防科技事业荣誉证章。打开盒子，是一枚精致的纪念章，还有一本荣誉证书，证书上写着："叶××同志从事国防科技事业廿五年，为国防现代化建设做出了贡献，特颁发'献身国防科技事业'荣誉证章，以资鼓励。中华人民共和国国防科学技术工业委员会，一九八八年十月一日，编号3491。"

这是父亲工作25年后发的，父亲于2002年正式退休，他的实际工龄有37年。家里几经搬迁和装潢，很多东西都已处理掉了，唯独这枚纪念章被父亲精心保留了下来，在父亲眼里，它也许象征了其他一些东西吧！

我们不是土生土长的合肥人，是三线厂人，而我是一名三线二代。三线厂，对于很多人来说是一个很陌生的名词，拉开历史的帷幕看，这其实是共和国发展史上的必然产物。1964年，根据当时的国内国际形势，毛主席经过深思熟虑提出关于"三线建设"的战略构想，随即在中国腹地的崇山峻岭中，开展了一场规模宏大的以备战为中心、以军工企业建设为主的工业建设，即"三线建设"运动。三个五年计划中，几百万工人、干部、知识分子、解放军官兵和成千上万的民工，在"备战备荒为人民""好人好马上三线"的时代号召下，扛起背包，跋山涉水，来到祖国的深山峡谷、大漠荒野，一代人风餐露宿、肩扛人挑，用艰辛、血汗和生命，建起了数量庞大的大中型工矿企业及配套科研单位、大专院校，简称"大三线"。而安徽地区则依托大别山建设了"小三线"，分布在舒城、霍山境内。

父亲是众多三线建设者中的一员。父亲的童年谈不上有多少温暖，爷爷去世得早，奶奶离开了，父亲寄宿在亲戚家。1965年，县城招工，年轻的父亲毅然决定离开县城，到外面闯荡，随身只带了一床被子和一个木箱子就登上了汽车，义无反顾地来到了大别山区中一个叫五显的镇子（公社），到了才知道招工的是个三线厂（安徽省通用机械厂，也就是国营9409厂），再后来母亲带着我也一起过来了，在平静的山村里我度过了童年，1993年，我们一家人随厂迁到了合肥。

山里除了物资匮乏以外，其实是山清水秀的，五显镇三面环山，一条大河穿镇而过，流向不远处的龙河口水库。不知从何时起，因为旅游开发，水库改叫万佛湖。大河旁有一座山，非常像一头狮子昂头张嘴，山里人都称这座山为狮子山，渐渐地这座山成了五显镇的标志。

父亲、母亲和我

激情与现实之间总会有差距，"奉献"一词也不只是外表那么华丽。"三线人"有时戏称自己是"三献人"：献了青春献终身，献了终身献子孙。三线人的后代，由于山区相对封闭，能接受的教育有限，基本上都是进厂安置。在山里，工厂其实就是一个封闭的小社会，食堂、澡堂、代销店、招待所、幼儿园、理发室、车队等应有皆有。职工的生老病死，子女从入托开始到上小学、初中直至工作，都是工厂一揽子包下来。从历史和社会的角度看，这种做法对稳定处在山区的三线职工队伍起到了重要作用，但也使企业负担过重，难以提高经济效益，在市场经济条件下，企业不具备参与竞争的条件。20世纪90年代后期，因形势变化，三线厂开始转产民用工业品，但终因条件限制，企业难以突破桎梏，一度处境艰难，后经政府决策协调，三线企业及其附属单位陆续迁出山区，在省内各大中城市落户。

翻开合肥的发展史，合肥有三次大的移民浪潮：20世纪

50年代从全国大规模引进工业企业和建设人才，20世纪七八十年代三线厂内迁和知青回城，以及20世纪90年代至今的大规模招商引资和引进科技创业人才等。合肥由一个5万人口的县级城市发展成现在的有近千万人口的省会城市。在三线厂的内迁中，合肥前前后后接纳了十几个厂，这些厂主要来自霍山地区（红星厂、皖西厂、皖化厂、东风厂、淮海厂、江南厂等）和舒城地区（通用厂、江淮厂、皖中厂、先锋厂、皖江厂等）。安徽省通用机械厂于1992年6月迁入合肥市，与合肥纺织机械厂合并，后破产改为合肥恒通机械有限责任公司。舒城地区几个三线厂情况各异：江淮厂于1990年3月迁往滁州市，与扬子冰箱厂合并，成为后来的扬子公司骨干企业；皖中厂于1991年11月迁往马鞍山，安置到马鞍山市的有关企业；先锋厂于1991年10月迁往合肥市七里塘与合肥手扶拖拉机厂合并，成立合肥动力机械厂；皖江厂于1992年1月搬迁至合肥市张洼路，后改制为长江机械有限责任公司；皖东厂于1999年迁至合肥骆岗镇；安徽省长江计量所于1992年6月迁入合肥；皖中医院于1993年9月迁至合肥，与合肥市第三人民医院合并。

故土难离，三线厂在搬迁过程中历经艰辛，后来因设备陈旧等企业的境况日下。很多年后，一些三线厂逐步退出历史舞台，比如通用厂、先锋厂，也有的三线厂实现了转型升级，比如南门姚公庙的皖西厂、东风厂和红星厂共同组建安徽军工集团控股有限公司。最无奈的是那些解散的三线厂的职工，一次性买断工龄后，大都自谋出路，及时退休的还好点，不上不下的只有为生计继续奔波。很多三线厂里的家属工，在封闭的山里天天盼望着能走出大山，但很少有人能想到出来和融入是不一样的概念，不过很多人还是心生感激，合肥毕竟给了他们更多选择的机会。一些厂办的子弟学校的处境还不错，因为统一划归市里，原通用厂的子弟学校现在叫合肥市行知学校。

有人说，网络无所不能，但我有些失望，想从网上找一些迁到合肥的三线厂的资料却不能如愿，毕竟时过境迁，"三线建设"作为一个特定历史时期的产物，已在人们的记忆中逐渐淡去。

厂房可以拆掉，历史却无法抹去，正是一代又一代的"三线人"建成的"三线工程"，极大地震慑了帝国主义觊觎年轻共和国的野心，正如中央军委原副主席刘华清在谈到"三线建设"时所说的那样，在当时困难的政治、经济、自然条件下，广大干部、工人、知识分子、解放军官兵所表现出的自强不息、艰苦奋斗、无私奉献、产业强国的"三线精神"，是永远值得发扬的宝贵财富。

"青山依旧在，几度夕阳红"，望着桌上鲜艳的证章盒，我突然明白了，父亲想留下的其实只有四个字：

"三线岁月！"

（2011年7月）

重回三线厂

　　我终于接受了一个事实，那山，那水，那桥，已经变成永恒的记忆，它们不会再回来。

　　看到《合肥晚报》"发现"专刊特别策划关于三线厂的系列报道——《三线"忆"点，追寻大山深处的军工厂》，很是激动。脑海里，突然闪出一幅画面，在那个平静安详的小镇里，我站在大河滩的水里，水静静地流淌着，身后是一座有七八跨的石桥——五显桥，桥的后面是一座山——狮子山，狮子山像一头静卧的狮子，静静地卧在那里，昂着头，张开嘴。人、水、山、桥，在一瞬间，定格在记忆里，成了永恒。

　　忽然感到，自己是有点"过分"的。1993年，安徽省通用机械厂从舒城县五显镇搬迁到合肥，一夜之间我的身份从山里人变成了城里人，那个兴奋，无以言表。只是转眼间，20年过去了，我竟然再也没有踏足过曾经的土地，虽然听很多回去过的人说起，那里如今怎么怎么样，却总能找到一堆回不去的借口。渐渐地，日子里，总觉得有一桩未了的心愿。如今，短短的几篇报道，刹那间拨动了我的心弦，一种声音在不断地响起：要回去看看，一定要。

《合肥晚报》的众多记者们，做了一件非常有意义的事情。那些关于安徽地区三线厂的深度报道，填补了很多空白，引起了众多人的共鸣。曾经的"三线人"，如今的"三线二代"，甚至"三线三代"，不管他们生活在城市的哪个角落，有一种"标签"早已融入了他们的血液里，那标签叫"岁月"，永远抹不去的"三线岁月"。

"重回三线，共话未来"活动，报名的人可真不少，总算抢到了一张车票。这天，早早赶到报社门口，车前已围了很多人，见面后第一句话总会问："你是哪个厂的？"一种亲切感油然而生。开往舒城方向的大巴车里座无虚席，通用厂的、皖江厂的、皖中厂的，老老少少一车人，认识的，不认识的，回山里的渴望写在每张激动的脸上，那种期望，一看就知，和我一样，是为圆一个梦想。

舒城县政府对此次活动的重视，有些超出想象，把我们称为省里来的考察团。一名县委常委全程陪同，规格很高。我们到的第一站是五显镇的通用机械厂，车子一直开到了半山腰的原厂子弟学校的校舍旧址那，如今这里已是一个食品加工企业的驻地，不过学校的4层校舍保存完好。我就在这里念完了小学和初中，整整8年。故地重游，恍如隔世，学校旱厕旁边的一小段老围墙居然还在，还是那种原汁原味的红砖，我特激动，当年我无数次翻越过它。说真的，一路上看，小镇的变化还不算大，20年过去了，但山里还是山里。

老工厂、老建筑在城市里正在加速消失，突然感到一些庆幸，这里还保留着众多历史的痕迹，因为这里远离城市。最激动的时刻，是回到以前的家里看看，看看那里怎么样了？谁在住？房子还在吗？因为是集体活动，时间有限，好在我"家"离学校不远，可以遥望到。下车后，我一路飞奔到学校门口，终于遥望到了那片熟悉的房屋，嗯，还在，整整十分钟，我就站在那里，默默地注视着，心里决定，下次自己来，慢慢地，很慢地，把这里的一切重走一遍。

　　遗憾的是，河滩边盖满了房子，原先宽广的河滩缩去了一大半，很难再找到那山、那水、那桥的痕迹，那记忆真的随时间渐行渐远了。都说建筑是无声的生命，老三线厂的建筑能保存下来都是上天的恩赐，你能看到的任何一处，都显得那么沧桑。尽管有些破旧，就像城中村，但它记载的是一段活生生的有血有肉的青春岁月。若干年后，故地重游，你绝不会嫌它老，你只会感激万分，天啊，你还在这里。你又回到了从前，你会慢慢地寻找，在记忆里慢慢地对比，会有不断的惊喜，惊喜于它的不变。离开时，精神上，你是如此的满足，你回来过，哪怕只有一次，此生无憾。

　　"好人好马上三线""献了青春献终身，献了终身献子孙""没有住房，就砍树割草，建起'干打垒'"，这段历史，离不开当时的时代背景。今天回头看，当年伟人的决策，促成共和国腹地建立起相对独立的"小而全"的国民经济体系、工业生产体系、资源能源体系、军工制造体系、交通通信体系、科技研发体系和战略储备体系。没有国何来家，"皮之不存，毛将焉附"不仅仅是一个成语，比肩"延安精神""'两弹一星'精神""载人航天精神"，"三线精神"也是苦难的中华民族适应历史进程，紧紧扼住命运的咽喉，把握住自己命运的产物。所有的付出，是为了一个共同的中国梦，国富军强，国泰民安。

那山，那水，那桥，渐渐地，又清晰起来……

（2013年7月）

那山，那水，那桥（20世纪80年代摄于五显镇）

城市年轮

城市年轮

年轮，是指树木在一年内生长所产生的痕迹，它出现在横断面上好像一个（或几个）轮。尤其是在温带地区，一年内气候不断在变化，木本植物在春夏两季生长旺盛，细胞较大，木质较松，在秋冬两季生长缓慢，细胞较小，木质较紧。这两层木质部形成同心轮纹，根据轮纹可推测树木年龄，故称年轮。

树的年轮是一部活的档案，它不仅记录树木本身的年龄，还能推算出每年降水量和温度的变化。如果说树木有年轮，那么一座飞速发展的城市，在日新月异的背后，又会给我们留下什么样的城市年轮呢？

有些记忆中的东西，是说没就没的。比如东七的合肥玻璃总厂，当我猛然"发现"时，那里已是一片平地了。很早就听说那里要拆迁改造，虽然每天上下班都要经过那里，对它的小变化并不经意，可真到这一刻，当所有的建筑都不复存在的时候，我突然觉得有一丝恐慌，感到很多的记忆都化为一片空地，有一种丢失了什么的感觉，心里有点堵得慌。

　　我就站在马路对面，望着正在砌墙的民工，很快地，一堵长墙就把这个有近半个世纪历史的老厂区围了起来，只是里面已空空荡荡。放眼望去，只有十几棵老树依然茂盛，在两棵树中间，一条鲜红的横幅迎风飘着，条幅上写着"告别棚户区，迎接新居所"。紧邻围墙的是瑶海区政府立的一块标牌——"依法打击非法生产储存烟花爆竹"，似乎在提醒着人们这里众多小门面的过去和辉煌。如今的玻璃总厂，连原先矗立在东七派出所旁的大门都没留下，剩下的只有不时驶过的公交车上隐约飘来的语音："乘客们，玻璃总厂到了，下车的乘客请从后门下车，本车开往长江批发市场，下一站，纺机厂。"

　　与玻璃总厂一样，纺机厂也早已只是一个站牌名了（后来站牌也换成了"327地质队"）。纺机厂原名为合肥市纺织机械厂，20世纪90年代与从舒城迁出的通用机械厂合并，后来破产清算，变身为合肥恒通机械有限责任公司，2000年以后，一切都慢慢散了。在原来的厂区，靠近长江东路还留有一小片恒通批发市场，与漕冲批发市场隔路相望。目前厂区里只剩下原为子弟学校的合肥市行知学校和一个名为联家的超市，至于纺机厂，真的已成为一个历史名词了，不过幸运的是，老厂房被保留了下来，变身长江180艺术街区。

　　城市的发展，破与立似乎总是矛盾的。城市再大，也是由一座座建筑构成的，一座建筑是否有保留价值取决于两个因素：一是它的文化价值，二是它的历史价值。很多城市的老工厂，曾经为了城市的繁荣，为了时代的发展，为了共和国的建设，发挥了巨大的作用。而今，它们在完成时代使命之后，默默隐退在了城市的角落。

老工厂由于历史原因，大多已经略显残破，与新兴建筑比起来，显得很不起眼。在长江东路与当涂路交叉口，以前聚集着几家老工厂，如今都已烟消云散。合肥电缆厂所在的地方，一座大型商超综合体盛大开业，合肥芳草日化和合肥开关厂的地皮被一个名字不错的楼盘覆盖了，对面的电机厂早已不动声色地变为了合肥汽车东站。

"悄悄地我走了，正如我悄悄地来；我挥一挥衣袖，不带走一片云彩。"诗句是浪漫的，只是用在这些即将或已经消失的老工厂身上，却显得尤为沉重。老工厂代表的是一种城市文化的延续，工业遗产是现代社会文明不可或缺的历史见证。

说到合肥东部的老工厂，不得不提和平路，这里有合钢和安纺。合肥人曾经挂在嘴边的一句话就是"男娶安纺，女嫁合钢"。在计划经济时期，在工厂上班，每月能领到固定的工资，还有额外的奖金，逢年过节还会发东西。当时能在工厂上班是一件很荣幸的事情。从1998年开始，国企改制步入深水区，不少老工厂破产倒闭，工人们纷纷下岗。合肥和平路也曾经被戏称为"128大道"，意思是道路两边都是一个月只拿128元的人。也就是从那个时候开始，老工厂厂房开始被大规模拆除。

1956年11月5日，安徽第一纺织厂开始试生产，半年后，这座安徽当时最大的纺织企业正式全面投产，从此合肥走上了工业化道路，合肥有"小上海"之称，而安纺则是上海人最集中的地方。合肥马钢，成立于20世纪50年代，曾经作为安徽工业的代表接受毛泽东的视察，2015年12月底，合肥马钢彻底关闭，近5000名工人陆续分流。从历史的时间轴线看，很多老工厂都消逝在21世纪的前8年之内，那是个集中的退潮期。见表1：

表1　消逝的老工厂

老工厂及存在时间	老工厂及存在时间
安徽针织厂（1951—1996年）	合肥车辆厂（1958—1999年）
合肥酒厂（1960—1997年）	合肥化机厂（1958—2001年）
合肥动力机械厂（1961—2002年）	合肥玻璃厂（1957—2003年）
合肥搪瓷厂（1950—2004年）	合肥建材一厂（1950—2004年）
合肥电缆厂（1956—2004年）	合肥齿轮总厂（1956—2004年）
合肥矿山机械厂（1950—2003年）	合肥电镀厂（1966—2005年）
合肥仪表厂（1958—2005年）	合肥电焊条厂（1968—2005年）
合肥水泥厂（1958—2006年）	合肥电池厂（1964—2003年）
合肥铝厂（1958—2004年）	合肥电机厂（1956—2004年）
……	……

　　一串串老工厂的名字后面，都有一段令人难以忘却的记忆。很多年以后，当新生的一代在同一片土地上嬉戏玩耍时，他们是否会知道这里曾经发生的一切？也许只有在档案馆那尘封已久的故纸堆里，才能见到那些记录了历史、见证了那个阶段的曾经的梦工厂，它们从此只活在档案里。

　　一座城市的发展，在不同的阶段，都会留下不可磨灭的印痕。生活在城里的人们，有责任，有义务，去做些什么，让那些老工厂被永远铭记，被永远尊重，因为这是一座城市与生俱来的、不可改变的城市年轮。

(2011年1月)

城
市
年
轮

城市律动

那是2010年，合肥又有了一个世界首次。

2010年1月23日，对合肥市民来说，虽普通，却是有纪念意义的一天，世界首条新能源公交线路合肥公交18路开通，消息传来，合肥市民都不禁拍手叫好，合肥有了电动公交车啦！

电动公交车与普通公交车相比，最大的亮点是它的"零排放"。合肥首批投入运营的电动公交车，是30辆安凯纯电瓶车，主要用于连接市政务新区和滨湖新区的18路公交线路。据介绍，这种新型电动公交车采用磷酸铁锂电池，能极大减少空气污染，保护环境。针对我国人口多、人均资源匮乏的国情，新能源汽车的发展显然有着更为现实的意义。

虽然合肥的电动公交车开通已有些时间了，我却一直没有机会去体会一下，主要是因为18路公交车站离我家太远了，不过到底还是禁不住诱惑，决定抽个双休日专门去坐一趟，感受一下。从网上查询了路线，可以先从市府广场坐快1路到滨湖公交站，再转乘18路到市政务办公区去看看天鹅湖。

　　说去就去，那天，坐上快1路是中午12：40左右，快1路的车型不错，超长，很好看，从四牌楼过了大钟楼以后，车就开始一路飞驰了，到滨湖的路况很好，路边的绿化也搞得像模像样，徽州大道果然名不虚传，大约40分钟后，就到了滨湖公交站。下了车，往前不远，就是滨湖公交站的停车场，在偌大的停车场里，车并不多，期待中的电动公交车就静静地停在那里，于是围着它好好看了一番。从外观上看，此款车的外型很流畅，做工也很精致、上档次，车头上的拼音ANKAI很是惹眼，不远处有一辆18路车正在清洗，问了一下，原来在停车场里面是不给上车的，要到对面的站台上车。

　　走到站台不久，一辆18路就缓缓从停车场开出，上车的就几个人，票价1元。说实话，车内的设施还真不错，座位是皮质的，驾驶台是半封闭的，车子启动时很安静，平时听惯的那种低频的"嗡嗡"声没有了。我特意坐在了后排，果然闻不到那股汽油味，甚至在车子加速时，还能听到电磁转换的"滋滋"声，感觉车内的空气好多了，挺舒适的，像是坐旅游大巴。由于是双休日，上来的人并不多。沿途还有很多地块待开发，毕竟一座新城的建设也不是一朝一夕的事。

　　心中有些感慨！科技创新确实给合肥的腾飞插上了实实在在的翅膀，中国第一台微型计算机、世界第一台VCD、科学岛上的"人造太阳"等，这些出自合肥的科技成果，让合肥璀璨夺目、声名远播。如今，18路纯电动公交车的运营，让合肥再摘取一个"世界第一"。

回头想想！合肥公共交通的变化可真不小。从前些年的大拆违开始，城市的发展似乎一下子步入了快车道，之后更是快马加鞭。道路是越修越宽阔，高架桥也是一座座拔地而起，安徽第一路——长江中路，经改造后焕然一新，长江东大街横跨南淝河后突破了困扰多年的交通瓶颈，寿春路借道杏花公园是"明修栈道"，三里街下穿路桥的放行则是"暗度陈仓"，一环、二环、中环已经全线贯通，城市的路网改造有了明显的提升。地铁线更是在不知不觉中已经全线开通运营到5号线了。

好路配好车，借着发展的春风，跑在合肥大街上的公交车也有了喜人的变化，变得越来越靓，越来越舒适，科技含量也越来越高。在我印象中，20世纪90年代合肥的公交车以大通道居多，还是人工售票，在人满为患的车上，那些售票员居然能穿梭自如，着实让我佩服不已。后来，"白马""星辰"相继登陆合肥公交市场，合肥从此有了巴士，好几条主干线上还跑过不短时间的双层大巴。再后来，车上装了移动电视，实行了一票制，并向三县辐射，比如通往肥东的38、39、40路公交车的开通，极大方便了沿线的居民，让那些到处占道、横冲直撞的红面包车彻底告别了历史舞台。每次的变化，受益的都是合肥市民。

截至2022年底，合肥市建成区营运公交车100%实现了纯电动化。从18路纯电动公交车的运营开始，合肥作为首批示范城市之一，不断摸索纯电动公交车推广模式，稳扎稳打。10 多年来，合肥新建了高新停保场、张洼停保场、北城停保场、肥东立体停保场，合肥公交枢纽站、首末站、公交站亭建设进程大大提速。2014 年 6 月 25 日，公交集团最后208 辆黄标公交车下线，1281 辆黄标公交车报废。以 2021 年测算，合肥公交使用新能源车，全年减少二氧化碳排放15.57 万吨，按照一棵树一年吸收 18.3 千克二氧化碳计算，新能源公交车运行一年，相当于在全市种植了约 850 万棵树。

如果把一座城市比作一首宏伟的交响乐，那么行进在道路上的公交车无疑就如一串串跳动的音符，连接起城市的角角落落，对城市发展起着推动作用，记录着城市的成长与变化。公交车使市民体验到彼此间前所未有的接近，也缩短了城市和邻近村镇间的距离。

合肥的公交车还会越开越远，越开越稳，越开越靓，感受它的律动后，你会相信，合肥的路会越走越宽广！

（初稿写于 2010 年 6 月，2022 年修订）

城市年轮

城里的桥

△
△ △
△ △

要问城里与乡下有什么区别，不假思索，我会说城里有许多漂亮的桥，这是许多年前，我初到合肥时的感触。

桥，是一座城市的骨架，它穿南贯北，游走四方。每天，人们行色匆匆，很少注意脚下各式各样的桥梁，直到某一天，你抬起头，猛然发现，身边的城市在脱胎换骨，交通已从平地走向立体。

说起咱合肥的桥啊，虽不比北京的桥"千姿百态"和"瑰丽多彩"，却也应了那首动听的歌，"羞答答的玫瑰静悄悄地开"。

初识合肥，给我印象最深的是三座人行天桥：四牌楼天桥、三孝口天桥、大钟楼天桥。这三座桥是如此高大，又如此临近，三座桥连成的三角地带组成这座城市的心脏地带。曾经很多次，我久久地站立在桥上，望着脚下的汽车飞驰而过，体验着一种从没有过的心潮澎湃。是的，这就是城里的呼吸，这就是城里的心跳，这就是城里。有老家的亲戚到合肥来，我会带他到桥上走一番，仿佛到了桥上，才算到了这座城市。

后来，合肥有了第一座公路立交桥——五里墩立交桥。在 1996 年建成通车的时候，我是在广播里听的现场直播，喧闹的锣鼓声和欢呼声久久印在脑海里。当时，那是多么宏伟的一座建筑，整座立交桥分地上三层、地下一层，桥面面积 4 万平方米，最高一层的高梁桥距底层路面达 21 米。整个桥梁纵横交接，四通八达，如十几条巨龙翻江倒海，给人以美的动感，被称为"五里飞虹"。无数建设者挥汗如雨，很多青年工人推迟了婚期，当大桥建成后，31 对青年夫妇在桥上举行了集体婚礼，一时风光无限。

时间的脚步飞快，合肥需要拓展的已不仅仅是道路本身，城市规模扩大，人们对"畅通"的呼唤日益迫切，于是乎，四牌楼的天桥消失了，但合肥从此进入了"高空行驶"的时代。记得某天，要去大蜀山一趟，我印象中，那边的交通比较堵。谁知一路上非常顺畅，我坐的快速公交一直稳稳地行驶在一片"阴影"之中，因为在头顶上，长江西路高架桥一直跟着你，"不弃不离"，市委党校这个曾经让我感到很遥远的地方，随着行程时间的缩短，距离感渐渐淡化。

从合肥开始动工修建金寨路高架桥开始，高架桥这个新名词，就闯入了人们的生活。2008 年，合肥市第一座高架桥——金寨路高架桥拔地而起，书写了合肥大建设的壮丽篇章。今天，16 座高架桥飞架南北，一张便捷的立体交通网跃然眼前。短短几年，合肥的桥越建越多，感到交通更便利顺畅的同时，忽生觉悟，桥其实就是合肥融入血脉里的基因。

合肥与桥有缘，因为水，南淝水与东淝水汇合，故称"合淝"。合肥被水环绕，有湖（巢湖、少荃湖、南艳湖、翡翠湖、天鹅湖）、有水库（柏堰坝水库、董铺水库、大房郢水库），还有河（板桥河、匡河、十五里河、南淝河、二十埠河）。"所谓伊人，在水一方"，对彼岸的念想化为众桥的牵挂，从现实走进历史深处。

城西桥，是合肥唯一一座保存完整的古石桥，始建于三国时期，三孔拱形石桥，桥上青石板回荡的金戈铁马岁月，仿佛在讲述千年的过往。引江济淮工程开建，城西桥无法避让，易地迁移。

孝肃桥，始建于宋，横跨南淝河，原名通津桥，后为纪念宋朝名臣包孝肃公得名，一座桥和一位历史名人联系在一起，赋予了桥梁历史的厚重。有现代作家曾作赋《孝肃桥》："八百年前，一个黑脸庞的少年，穿过坝上街熙攘的米市，从桥上经过，桥弯了弯腰。桥，看见少年，拐进雨花塘，登上香花墩，从廉泉里打水，泡茶、洗脸，然后读书。孝于人民，肃于律己，声音很大如洪钟，此人名包拯，此桥称孝肃。"

飞骑桥，旧址在古逍遥津正南、教弩台之东。《水经注》："合肥城东有逍遥津，水上旧有梁。"梁即飞骑桥。飞骑桥之所以扬名天下，归功于中国四大古典名著之《三国演义》，张辽威震逍遥津，孙权被袭后骑马跃桥脱险，诗云："的卢当日跃檀溪，又见吴侯败合肥。退后著鞭驰骏骑，逍遥津上玉龙飞。"孙权的马被形容为"玉龙",唐人吴资也曾有"东门小河桥,曾飞吴主骑"的佳句。如今,从步行街向北望去,飞骑桥巷仅长 50 米,原飞骑桥已不复见,唯巷口的石碑记述了当年的英雄往事。

淮河路上飞骑桥雕塑和标识牌(摄于 2023 年 1 月)

桐城路上的赤阑桥,桥头有"赤阑桥"石碑,上写"赤阑桥",又称"赤栏桥"。南宋著名词人、音乐家姜夔,怡情山水,热爱自然,曾三次游历合肥,均居城南赤阑桥畔,在此种下相思,留下了不少带有合肥情结的诗词名篇。《送范仲讷往合肥》其二云："我家曾住赤阑桥，邻里相过不寂寥。君若到时秋已半，西风门巷柳萧萧。"赤阑桥坐落于环城公园风景区，在这里漫步，桥上虽车水马龙，但桥下休闲惬意，一种慢时光弥漫水上。

有形的桥通江达海，无形的桥创造未来。桥，代表着希望，体现着未来。当代中国最宏伟的桥叫"一带一路"，这是一座发展之桥。2021年6月，中国（安徽）自由贸易试验区合肥片区中欧班列跨境电商出口专列正式发运。"使者相望于道，商旅不绝于途"，一条沟通中西贸易的桥梁正续写着新的篇章。2021年，安徽自由贸易试验区合肥片区进出口总额达1041亿元，截至2022年底，合肥中欧班列累计发运超2800列，服务范围基本覆盖欧洲全境，中欧班列为共建"一带一路"贡献了力量。

城里的人是幸福的，桥一座座拔地而起，城市面貌因桥而得到提升，人们不应忘记一个特殊的群体——大桥的建设者们。他们散布在城市的角角落落，忙碌在工地上，刮风下雨或烈日炎炎，每个清晨、黄昏甚至深夜，都有他们劳作的身影。可能他们不属于这座城市，或许他们不属于任何一座城市，但他们和城里人一样，他们也是一位父亲、一位母亲，是儿子，是女儿，在城市与城市的边缘，在城里与城外的边缘，在梦想与现实之间，在拼搏与融入之间，他们没有时间停下脚步。

城市不是钢筋水泥的堆砌，城市的活力来自它的包容与温情。我想，每一位建设者心里大概都有一幅影像，支撑他们的是这样一种信念——在前方不远处，在好日子的面前，只剩下一条河，河上有一座桥，只要努力跨上去……

桥的另一头是城里，这是一座希望的桥，是通往城里的桥。

（初稿写于2011年5月，2023年修订）

城
市
年
轮

一座城市的价格

△
△△
△△△

上小学时，合肥在我的眼里很简单，就是两元钱——从厂里坐厂车到合肥的票价。

那时我随父母住在大别山区一个叫五显的镇子里，小镇三面环山，一条大河穿镇而过。父母是双职工，单位是个军工厂。工厂整个厂区和宿舍区都建在山坳中。我是在厂里的子弟学校读完小学和中学的，学校是幢4层的教学楼，依山而建，整个地基都是用大石块垒起来的，站在学校的走廊上望去，是连绵不断的山峦和盘山路，不远处是一个波光粼粼的水库，大得看不到边，那是龙河口水库，听说现在开发成旅游资源，改叫万佛湖了。不过那时水库在我心里还有一层意义，因为那是去合肥的必经之地，只有过了水库，我们才能去合肥。

山里的物资毕竟匮乏，很多东西只有去合肥才能买到，因此每个星期天，厂里都会有车到合肥，家庭条件稍好一些的会去采购一些货物。每星期都去是负担不起的，我们家基本上是一个月去一趟。母亲晕车，都是父亲跑腿，如果能捎上我，对我来说就是过节。我去合肥其实只想去一个地方——逍遥津公园，坐坐电马，逛逛动物园，玩上一整天都行，可惜厂车是当天往返，在合肥活动的时间只有6个小时，在公园里只能走马观花，遗憾喽！

每次去公园都要经过淮河路，那时的淮河路林木蔽日，两边大都是徽派的瓦房，跟山里的房子差不多，看着很亲切。现在还记得，一次在淮河路一个小地摊旁，偶然帮老奶奶扶了一下被碰倒的东西，老奶奶居然送给我两粒玻璃弹子，让我高兴了很长时间。以后到合肥，我都会在同一个地方下意识地找这位好心的老奶奶。那时的合肥，在我眼里就是天上，能住在天上的都是神仙，而我只能是她匆匆的过客。

1990年，合肥在我眼里是50元钱，那是我一个月的生活费。初中毕业，我考取了合肥的委培中专。那时，山里孩子上高中的很少，多是上技校和职高，能上个中专也是很让人羡慕的事。那时3000元的委培费用是我们家最大的支出，记得是先付了一半，另一半在父亲的工资里每月扣除一点，直到我毕业后还没扣完。就这样我在合肥度过了3年的住校生活，学校是三里街的十四中（职教中心）。

3年里，我一个懵懂怯生的山里孩子逐渐适应了城里的生活。记得那时三里街有一个很热闹的菜市场，往西一站是大东门，我和同学在大东门地下防空洞的录像厅里看香港录像片的情景还历历在目。记得放第一个寒假回家，我坐公交车时，瞪大了眼睛寻找百花井旁边的工商银行，因为当时的工商银行大楼如鹤立鸡群，只要看到这座大楼，我就要下车了。下车后，穿过嘈杂的市府广场，再经过四牌楼的天桥，就到了解放电影院，我们的厂车就停在那里。顺便光顾一下四牌楼邮电局门口的马路邮市也是令我流连忘返的幸福时光。

不过很奇怪，3年里，每当坐车回家，看到那熟悉的山峦时，我都会产生莫名的激动，是的，当时的合肥，毕竟还不是我的家乡呀！直到1993年，由于国家国防工业的调整，许多三线厂搬离了山沟，向城镇转移，我们厂搬到了合肥。父亲用略微颤抖的手接过新房的钥匙，全家人的户口落到了东七派出所，户口本上那鲜红的大印宣告了一个梦想的实现，我们真的是合肥人了，兴奋的心情持续了好多年。

1999年，合肥在我眼里是10664.28元钱，那是我6年多工龄的买断钱。此时的合肥给人更多的是生活的压力和对前途的彷徨。企业效益不佳、破产改制、下岗、失业、再就业，这些以前从没听过的词硬生生地摆在了每个人的面前。我们厂也没躲过破产的命运，面对这一切，父亲的一句话让我释怀——合肥虽好，但要活下去，每个人都是要付出努力的。

2006年，合肥在我眼里是24.4万元，那是我购买的一处商品房的价格。2004年后，合肥的房价像不断膨胀的气球一样，我一咬牙，在家里的支持下，按揭买下了一套离家较近的新房，从此，还贷又成了生活中的新名词，合肥此时对我来说已是如此的现实。适者生存，我不得不找了份晚上的兼职，为希望中的房子而坚持着，尽管苦点累点，但心中从不后悔，因为开弓没有回头箭。

如今，合肥在我的眼里是一张地图，一张渐渐清晰的地图。不论城市规模如何扩展，道路如何拓宽，不论合肥以后会发展成什么样子，我在心里已经完全接受了，合肥就是我的家。这种接受是如此的心平气和，波澜不惊。很多年前，我在距离上与合肥渐行渐近，到了今天，我早已从心里坦然面对，时间消融了一切。

我常常在想，我们一家是要感谢合肥的，尽管我们不是土生土长的合肥人，但合肥给了我们更多的选择机会，使许多像我们一样的外来人也能在合肥扎下根，生存和生活下去。在中国城市化进程中，合肥像许多大城市一样，敞开胸怀，海纳百川。

真的，要谢谢你！合肥！

（2009年9月）

从132到174

也许你会奇怪，这两个数字有什么意义？其实，它代表着一个国家海军装备的进步，也和一座城市密切相关，这座城市就是合肥。

合肥是个中部城市，不靠海，如果说合肥与海洋有什么联系的话，似乎很牵强，很遥远，直到一艘军舰的命名，使合肥与大海的距离，一下子拉近了许多。

2015年12月13日，合肥的天气有些阴冷，大街上一切如故。这天有两则消息：一则是条新闻——12日上午，国产新型导弹驱逐舰合肥舰入列命名及授旗仪式，在三亚某军港举行，标志着该舰正式加入人民海军的战斗序列。另一则是2015年12月13日，第二个南京大屠杀死难者国家公祭日在侵华日军南京大屠杀遇难同胞纪念馆举行。作为一个中国人，南京大屠杀带来的伤痛是刻骨铭心的。

天性使然，作为一名三线厂的职工子弟，我一直对军事比较着迷。在海湾战争爆发的前一年，我在合肥上学，一边听着广播里"多国部队展开空中打击""伊拉克导弹袭击以色列"等新闻，一边被从省城里买到的军事杂志深深吸引，诸如《舰船知识》《航空知识》《世界军事》等，虽然一个月的生活费不多（只有50块钱），我居然想尽办法集齐了每期杂志。许多年以后，当把那一大堆保存得崭新如初的杂志翻出，不得不处理掉的时候，不由黯然神伤了许久。

记不清是在哪期的《舰船知识》的彩页中，一艘威武漂亮的军舰跃入了我的眼帘。咦！这艘舷号为132的军舰，居然有着令人心动的名字——中国海军"合肥"号导弹驱逐舰，简称"合肥舰"。

一瞬间，没有任何理由，一股亲切之情油然而生，自此，合肥舰就如远在异乡的游子，成了我关注指数最高的海军舰艇。国与国之间的博弈最终靠的是实力，只有实力才能限制实力。军舰是一个国家"流动的国土"，一艘以一座城市命名的军舰，对城市而言是莫大的荣耀。

关注它，你就会努力追寻它的足迹。合肥舰服役期间在新中国海军史上写下了光辉的篇章。1980年，132合肥舰参加了我国首次远程运载火箭发射任务，作为护航指挥舰表现出色；1985年11月，当时海军中最先进的合肥舰和补给舰组成编队，前往巴基斯坦、斯里兰卡和孟加拉国进行友好访问，这是人民海军组建36年来，首次派舰出国访问。出访途中，合肥舰经受住了印度洋10级风浪的考验，随行摄像记者拍下了合肥舰舰艏被腾空的巨浪压入水底又昂然破浪而起的壮观画面，这个经典镜头被中央电视台《人民子弟兵》栏目编入片头，播放多年。2012年10月，132合肥舰光荣退役，移交烟台海军航空工程学院供教学使用。

长江后浪推前浪，国力昌盛，中国海军厚积薄发，174新合肥舰终于亮剑，值得关注的是，这次合肥舰被优先部署在南海舰队。

如今的合肥舰旧貌换新颜，是继172昆明舰、173长沙舰之后中国第三艘新一代052D型导弹驱逐舰，有"神盾"的美誉。2017年7月，合肥舰与571运城舰参加了在俄罗斯圣彼得堡举行的海上阅兵式，战舰驶过英吉利海峡时，引起英国媒体的惊羡和围观。从132舰到174舰，合肥舰的战力有了质的飞跃，不可同日而语。

今日的合肥飞速发展，经济规模跨入"万亿"。站在合肥的街头，一座座高楼大厦拔地而起，高架耸立，地铁延伸，厚积薄发中尽显"科"里"科"气。望着这片生机勃勃的土地，忽然想起一个严肃的话题，我们有多少合肥市民知道合肥舰，听说过合肥舰，关注过合肥舰呢？都说21世纪是海洋的世纪，但在许多国人眼里，海洋是遥远的，海洋意识更是淡薄的。

合肥是三国故地、包拯故乡，介绍合肥不应该只有李鸿章，只有滨湖，只有龙虾，只有逍遥津，只有中科大，还应该有，也应该有，那艘名叫"合肥舰"的海军舰艇。

从132到174，于合肥，于国家，是机遇，更是挑战。

（2015年12月）

听闻远方有你

——我登上了132合肥舰

"听闻远方有你，动身跋涉千里；追逐沿途的风景，还带着你的呼吸。真的难以忘记，关于你的消息；陪你走过南北东西，相随永无别离。"3年前的那段旅程，回想起来，心中依然久久不能平静，为了却一桩心愿，我终于登上了132合肥舰！

这是一段说走就走的行程，事先没有计划和征兆。2019年8月下旬，天气依然酷热，暑期临近尾声，在网上突然搜到了很多关于132合肥舰的视频和消息，心中那萦绕已久的念头突然被撩拨成莫名的冲动，即便是天涯海角，我一定要去找到你，看看你在哪里，看看你在他乡还好吗。

我还没有去过山东，我的目的地是烟台，从合肥到烟台。132合肥舰退役后，听闻是移交给烟台海军航空工程学院用于教学。我估算了下来回时间，请了公休假。高铁网虽密集，可惜合肥到烟台还没有直达的列车，于是采取中转方式。买的票是8月22日合肥南到潍坊的G246次，早上6：40出发，11：43从潍坊转到烟台南的D1621次车（无座），预订的酒店是烟台莱山区的银座佳驿连锁酒店。背上一个黑色背包，挎上一部黑色相机，带上一把黑色遮阳伞，一个人，踏上圆梦之旅。一路风尘仆仆，找到酒店住下，稍事休息，按照预先查询的方向再次出发。

山东是个半岛，烟台是个海滨城市，我国首批14个沿海开放城市之一。烟台，单听这个名字便仿佛置身于仙境楼台之中，烟台与蓬莱阁近在咫尺，烟台以"烟台城里烟台山"而得名。明洪武三十一年（1398年），为预防倭寇，曾在今烟台山设狼烟墩台，就是古时的烽火台，在胶东半岛北部设置"奇山防御千户所"，依山势建筑城堡。有了狼烟墩台，倭寇再也不敢前来侵犯了。因此，烟台作为海防重地，军事战略地位突出，我似乎有些理解为什么合肥舰会落户烟台了。

有些心急火燎，跨过莱山区的滨海中路，远远地看到大海，一个巨大的"水晶球"映入眼帘，浮在碧波万顷的海面上，熠熠夺目，闪闪发光。一条银灰色的飘带，是黄海栈桥，在万顷碧波中，一头连着"水晶球"，这是烟台市区内的地标性建筑——黄海明珠。渐渐走近"水晶球"，抬头惊叹它的唯美，向左转头，一艘青灰色的巨大战舰突入眼帘，它气势雄伟，面向东方，雄踞于海面之上。时间仿佛静止，我站在原地，远远地看着它，舰首的数字132格外醒目，是它，我遥远的家乡舰。我突然间觉得一切都值了，一切疑问都烟消云散了，原来合肥舰和黄海明珠紧紧相依，成了烟台东滨海岸线上的亮丽新风景。

剩下的时间，只有轻松和愉悦，踱着方步，走向它。军舰上导弹、火炮、火箭、深弹、雷达一应俱全，虽然只是静止在那里，但是靠近它，还是能清楚感受到那股披荆斩棘、守疆卫海的威慑力。海风轻轻吹着，海浪拍打海岸的声音中，海的气息迎面扑来，沿岸有市民在垂钓，一根长长的鱼竿架在岸边水泥墩上，伸向海面。海面稍远处，几艘小船随波起伏，却不见人影，倒是合肥舰上有人影晃动，还在开放中，我加快了脚步。合肥舰舰尾朝岸坐滩，泊位非常优良，位于景观大道中段，与黄海明珠平行。尾部建有一个亭台，牌匾上写着"莱山区国防教育基地"。上舰参观门票价格是30元，门票上写着"黄海游乐城"字样，售票处窗口右侧有一幅合肥舰导弹驱逐舰活动掠影的宣传画，上面是合肥舰落户烟台后，烟台市民争相登上合肥舰一睹雄姿的盛景。合肥舰离岸边有二十几米，一座小钢架拱桥连在舰尾和岸边，验过票，因为合肥舰负有教学任务，每人只能参观30分钟，这波登船的游客有十几个，有几个是孩子。疾步踏上拱桥，片刻后稳稳站上舰尾，昂头看着粗壮的双130毫米舰炮，心中一阵激动，我终于登上了132合肥舰。

合肥舰长132米，宽12.8米，标准排水量3250吨，最高航速达36节。沿着两舷，主炮、副炮、瞭望台、雷达天线、导弹发射筒、烟囱等错落有致，钢铁桅杆直插云端，对称中透着一股威风凛凛的工业美感，舰中部的舱门封闭了，铭牌上写着"驱六精神：忠诚、勇敢、精武、善战"。1982年，张爱萍将军参观后为合肥舰题词——追风逐浪，海上擒龙。

站在舰首最高处，凝望着高高昂首的炮口，天空中恰有一架战机低空掠过，轰鸣声响彻云霄，一刹那间竟有了一种金戈铁马的感觉，海风呼呼吹着，舰身却丝毫不动。

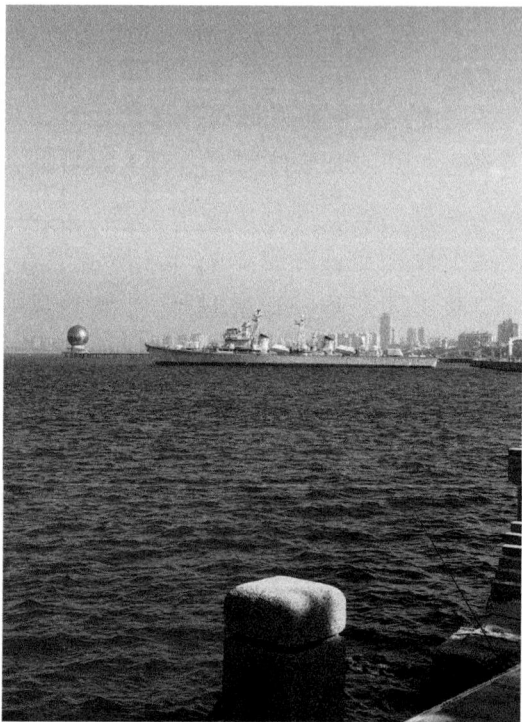

132合肥舰静卧在烟台海边（摄于2019年8月）

听闻这还有一段插曲，当年合肥舰由于自身吃水较浅，底部为尖形，遇风不易保持平衡，停靠采取坐滩方案，停泊海滩用大石头填平，底部设置托架，舰身浇灌混凝土，将军舰压实在海滩上。2013年10月6日晚上11：30左右（海潮处于最高峰值时），在陆地上两个绞盘、三台缆机（每台重

10吨）、两条300马力的辅助船、5艘渔船的合力作用下，经由固定在132合肥舰上的4个卯点，将合肥舰成功坐滩近海岸边。工程组得到鲁东大学的老师和学生的大力帮助。

合肥舰退役后，隶属烟台海军航空工程学院，这个学院并不简单，它的前身可追溯到清烟台海军学堂，作家冰心的父亲谢葆璋是学堂第一任校长。甲午战争后，清廷决定重建水师，1903年由北洋大臣李鸿章奏请，在海军提督萨镇冰的策划下，由谢葆璋负责筹建。

谢葆璋自幼怀揣海洋强国之梦，渴望中国有强大的海军，洗刷近代耻辱。16岁跟随严复进天津水师学堂，成为第一届驾驶班学生，毕业后在清四艘主力舰之一"来远号"上任职。1895年2月5日，日军利用鱼雷艇，在夜间偷袭了停泊在威海港内的中国军舰，鱼雷击中了"来远号"，舰身侧翻，谢葆璋跳入冰冷水中，游上刘公岛逃生。此种经历，使谢葆璋十分重视在校学生的游泳训练，他曾说，海军会游泳，就像陆军会骑马一样，是必备的技能。为此，他严格规定，学生不放暑假，而是在校进行游泳训练，凡是游泳课不及格的学生，即使其他课程都及格，也不能毕业。当时全国的海军学堂没有一所像烟台海军学堂这样重视游泳。

随父亲在烟台生活了8年的冰心，曾说烟台是她"灵魂的故乡"。烟台海军学堂成立之时，内忧外患的大清已经处在风雨飘摇之中。冰心在《童年杂忆》中回忆，父亲经常在下班以后带着她在海边散步，在一个夏天的黄昏，父亲对她说：中国北方海岸好看的港湾多的是，何止一个烟台，你没有去过就是了，比如威海卫、大连湾、青岛都是很美的。你知道，那些港口现在都不是我们中国人的，威海卫是英国人的，大连是日本人的，青岛是德国人的，只有，只有烟台是我们的，我们中国人自己的一个不冻港，将来我们要夺回威海卫、大连、青岛，非有强大的海军不可！

沧桑如烟，追昔感慨，一声鸥鸣，回到现实。时间很快，恋恋不舍中就要离别，我心中的那份牵挂却变成了使命。建设强大的海军，是每个中国人的梦想，梦想的实现需要脚踏实地。合肥舰虽然退役了，但在烟台景色秀丽的海岸上，能为中国海军人才的培养奉献余热，这不也是很好的归宿吗？听闻，与合肥舰同型的其他舰艇，也在全国各地面向公众展示，105济南舰位于青岛海军博物馆、106西安舰位于湖北武汉科技馆新馆码头、107银川舰位于宁夏银川黄河军事文化博览园、108西宁舰位于江苏泰州海军文化公园、133重庆舰位于天津滨海航母主题公园、163南昌舰位于江西南昌南昌舰主题公园。英雄暮年，壮心不已。

夕阳西下，一步三回头中，在黄海明珠的背景下，合肥舰静静地卧在海面上，我按下快门，在心中涌出一句话："烟台人民，合肥老兵请多关照。"

（2022年12月）

文后记：这场旅行似乎是注定的。原先，我的左后肩部有一个不疼不痒的肿块，体检时医生说是皮脂腺囊肿，如果没有突然增大可以暂时不管。到2019年时感觉有些大了，也准备天不热时去医院做个小手术。烟台之行，背着个包，来回摩擦，肿块发炎了，最后年底还是住院做了手术。月余康复后，开启了新冠病毒感染的三年，全国性流动受阻。回头想，2019年的这个时间点，不早不迟，是冥冥之中最好的安排。

城市年轮

书香庐州

书香悠悠新华巷

新华巷并不长，百米左右，一头连着素有"安徽第一路"之称的合肥长江路，另一头靠着益民街，夹在两街之间，称为巷也挺合适。每次陪同参加"作家进校园"活动的作家回酒店下榻时，路过这个不太显眼的巷口，我都会提醒司机该右转了，然后跟作家介绍：看！安徽图书城，这是新华巷。

合肥新华巷路牌

有很多巷名你可能转瞬即忘，新华巷却不会，因为它有一个非常独特的标签——被书店围绕。长久以来，我对书店总怀有一份向往的情愫，看着书店里种类繁多的书，心想要是能在书店工作该是一件多么幸福的事。机会还真有，在新千年的钟声敲响之际，路遇新华书店招人，于是去参加招聘，当负责人把我们带到位于长江饭店对面的安徽图书城，对我们说这就是你们的工作场所时，一切让人兴奋和惊讶。图书城东侧的这条巷子第一次进入我的眼帘，新华巷，新华书店旁边的巷子叫新华巷，挺好记。

新华巷其实就是夹在几家单位中间的一条通道。西侧是新华书店综合楼和家属区，东侧是口腔医院，南边是妇幼保健院，综合楼北面是书店，综合楼南面是酒店（最早叫华仑瑞雅），书店、医院和酒店扎堆的地方人流密集，连着长江路的新华巷自然是熙熙攘攘。2000年5月，安徽图书城盛装开业，轰动一时，这座当时全省面积最大、设施最好的书城，以其全超市化的开放格局吸引了众多人的目光。没想到的是，不多久，新华巷靠口腔医院一侧的门面房竟也陆陆续续开张了多家小书店，依附在图书城四周，一字排开，整个新华巷逐渐书香弥漫起来。

开在巷口的第一家书店是育才书店，规模不大，却有自己的特色和渠道优势，经营教辅图书多年，很有经验，进货及时、对路。最早图书城文教柜组的员工还被要求去关注育才书店的进货品种，因为新业务从头起步要多方学习。其他几家民营书店也各有优势，但总的来说，还是靠安徽图书城开业带来的效应，大型书店的品牌优势带来人气，人气聚集引来小书店驻足，大小书店连成片后形成规模，口碑相传，慢慢地，新华巷周边逐渐成为省城及外地读者在合肥看书买书的首选之地。新华巷终于与书店牵手成为书店一条街，它的命运也和书店的命运紧密相连。

新华巷靠近长江路的巷口一直很热闹。我进入书店工作以后，才逐渐明白书店表面的优雅和清闲只是一个方面，背后是一整套物流系统在支撑，旺季时更多的印象是不停地上货下货。长江路拓宽改造之前，新华巷不是很宽，路面也有些坑坑洼洼，还有一小半路面停满了自行车。给新华书店送货的大卡车就停在巷口，书店四周那时还有一段不小的自用场地，用围栏围着，由于有高度差，下货时比较麻烦，要好几个人推着小车上一个坡道。图书城规模大，几乎天天都有书送来，最多时一天有3大车900多件书，后来有人开玩笑说，书店工作其实是个体力活。对面几家民营书店下货相对轻松很多，小车疏导一番就能搞好，有时就在门口直接拆包对数，然后抱进店里上架。很多时候我们是同时操作，间歇时偶尔也互相看着，点点头，算是同行。

新华巷巷口有一点不好，容易积水，一下大雨，巷口有一段比较洼，水排不掉，自然影响出行，多数时候会有店员穿着胶鞋出来拿一个大扫把将积水扫到高处不远的排水口处。后来新华巷纳入合肥市小街小巷改造工程，重新设计与维修了地下管网和路面，通行和排水一下顺畅了。

新华巷的高潮和低落与实体书店的境遇息息相关。自

2004年开始，中国的房地产经历了长达十几年的高速增长，但对实体书店而言却是灭顶之灾，高成本加上网络冲击，大量实体书店难以为继，或倒闭，或转行，或无奈退出。新华巷的几家民营书店也是如此，一家接一家地关张，后来只剩下育才书店，再后来育才书店也另选新址了，新华巷里只剩下图书城依然屹立。2014年12月4日，安徽图书城也短暂谢幕，改造升级，只在酒店后面留有面积不大的第二卖场临时周转，巷子一下子静了许多，似乎一夜之间书香散去。那段时间，每当经过巷口，我还是会发现有不少读者在巷口徘徊，四处张望，他们或是不知道书店已停业装修，或是找不到第二卖场的位置。在很多人眼里，这里就是买书的地方，已经习以为常，可如今书店去哪儿了？

面对此情此景，不禁令人感慨。书店是城市不灭的灯光，开一家书店容易，坚守一家书店却不容易，困境之下的实体书店路在何方？在城市里，拥有书店一条街美誉的巷子是稀缺的，那种自然而然形成的氛围是可遇不可求的，它们存在或消失的背后，彰显的不仅仅是经济问题。2015年8月28日，安徽图书城重新开业，再焕青春，新华巷的巷口又一次人头攒动，人们翘首以盼。新华巷，送你祝福，"愿你有一个灿烂的前程"。

一个没有书香的城市是有缺憾的，一个因书店而闻名的巷子是幸运的。城市有很多种味道，书香味必不可少。城市有很多条小巷，有书店的小巷是温馨宁静的，它有一种特别的魅力，让人慕名而来，再小再偏你也能找到，因为有一种气息和你的心境相通。

　　书香悠悠新华巷，悠悠荡起的是一种始终不渝的情怀。

（2016年7月）

书
香
庐
州

风铃柒柒

1990年6月，时任合肥市市长钟咏三被一件事狠狠"刺痛"了，当时他是中国市长代表团中的一员，正在纽约访问，在拜访纽约市长的谈话间隙，他浏览起墙上的世界地图，"我没想到地图上居然没有'HEFEI'字样，在安徽的版图上，赫然只有'ANQING'，当时对我的震动太大了，可以说刻骨铭心"。这就是曾经的合肥，它太小了，别人根本看不到她，更别说聆听她的声音了。

巢湖，中国五大淡水湖之一，2011年8月22日，安徽省宣布撤销地级巢湖市，并对原地级巢湖市所辖的一区四县行政区划进行相应调整，分别划归合肥、芜湖、马鞍山三市管辖。此令一出，合肥一夜之间拥"巢"入怀，巢湖变成了合肥的"内湖"，一个中国中部中心城市的轮廓呼之欲出，大合肥诞生了。

且慢，大就一定代表了强吗？大纽约，大东京，大北京，大上海，大深圳，大武汉，各有各的大，哪一个合肥能比？"尺有所短，寸有所长"，比特色才是大合肥的明智之举。比GDP，你永远是在追赶，缩小差距；比地缘，你不沿边沿海，是内陆……凡此种种，何不转换思路，把一项特色发挥到极致，成为名片。

各大城市之间的比拼，除了硬实力，还有很多看不见摸不着的软实力在发挥着独特的作用。国际阅读学会在总结阅读对于人类最大益处的时候，曾经作过一份报告，报告指出，阅读能力的高低，直接影响一个国家和民族的未来。因此，世界很多国家把阅读作为重要的国家战略，用各种办法去推动全民阅读。合肥是有名的科教之城，中科大、38所等蜚声海内外，因此，发挥特色，打造合肥自己独特的文化名片，是大有可为的，合肥实体书店的发展要提升到战略高度。

书店里的灯光是一座城市最独特的风景，有这样一种说法，如果你想了解一座城市，不论它是大是小，就到这个城市的书店去看看，不管这个书店有多大，书店代表着这座城市的气质和气味，真真切切，你在那里感受到的书店的品格就是这座城市的品格。但现实是，实体书店正在消失。

合肥的实体书店也没能躲过这场风暴，曾经的辉煌不再。合肥市新闻出版管理部门的一份关于合肥实体书店的年审统计数据显示，合肥实体书店的数量从2009年开始减少。2009年合肥还有568家书店，2010年就只有516家了，少了52家。区划调整后，2012年，合肥将巢湖市、庐江县的书店算到一起，一共有1202家，但在2013年年审中，就只剩下1066家了。也就是说，合肥实体书店又少了136家。

从四牌楼到三孝口仅1000多米，矗立着三家大型书店，这也是合肥一景，如今这三家书店命运各异。合肥三孝口的老科教书店进行转型，模仿台湾知名的"诚品书店"的经营方式，书店里不再是单纯卖书，也不会拒绝顾客坐地看书的请求，顾客可以在极具小资氛围的店里看书、聊天，而且每周可参加书店文化沙龙，但销售额目前远低于成本，算是一次"试水"。四牌楼新华书店于2011年5月拆除，计划建成30层大楼后在底层重开书店，截至2014年9月，主体建筑还未封顶，未来的经营模式和方向具有不确定性，变数很多。安徽图书城历经14年砥砺前行，硬件设施早已不堪重负，按计划将于2014年11月起关门改造，并入原华仑大酒店的部分面积，改造后面积达到9700平方米，工程浩大，将继续以图书作为主营，值得关注。这合肥实体书店的"三剑客"，目前情况尚且如此，其他实体书店的日子可想而知。

艰难的背后，需要寻找新的方向。改革是为促进发展，发展离不开文化，没有文化底蕴的发展缺乏价值诉求和人文关怀。书店不仅仅是一个书店，作为文化传承的重要载体，不能简单以市场化之名一推了之。书店如果为了生存脱离了文化发展的内在本质，后果是难以想象的。实体书店遭遇的困境，需要重新认识，需要回归文化传承本质，对事关全局的实体书店进行输血，让其休养生息。任何艰难的改变都有一个点，这个点能起到杠杆的作用，书店可以是这个点，以实体书店的复兴，来完善社会的道德体系和价值标准，对西方无处不在的文化霸权和文化渗透，筑起一道防火墙。

合肥该做些什么呢？做书店吧。不用贪大，一切顺其自然，起风了，在窗台上挂起风铃，也许屋内简朴，这有什么关系，因为你相信，你的风铃，随风起舞，它能把你的梦想传播得很远很远。

期待满街响起柒柒风铃声。

（2014年9月）

书
香
庐
州

愿"书香合肥"飘溢书香

　　坚守21年的合肥爱知书店遭遇经营困境，难倒老板崔正义的也只是涨了一倍的房屋租金，困境说大不大，说小不小，但背后彰显的是实体书店的变革序曲。

　　文化发展是社会发展的重要组成部分，书店是体现文化发展的重要参照物。在党的十九大报告中，有一个划时代的关键词，就是重新定义的社会主要矛盾。报告指出：中国特色社会主义进入新时代，我国社会主要矛盾已经转化为人民日益增长的美好生活需要和不平衡不充分的发展之间的矛盾。对于这一新的重大政治表述，作为一个书店的从业者，内心不禁拍案叫好，非常赞同。

　　人们常说，图书馆和书店是一座城市最美的风景，足够数量的阅读场所是满足人们精神需求的文化家园，可从合肥的现状来看，无论是数量还是质量，文化家园的布局远远跟不上大合肥前行的脚步。图书馆，屈指可数，安徽省图书馆和合肥市图书馆，两家虽然不错，但数量太少，一到双休日，人满为患，加上地处中心区域，看书和借还书非常不便，搭上的时间成本让人无法接受；书店也是一样，安徽图书城、三孝口书店等大型实体书店也都坐落在长江中路附近，"中心开花"的结果带来的是交通和心理的双重距离。对文化场所，普通市民需要的不是"巨无霸"，而是"小而近"，家门口转转就到了一家书店或图书馆。文化硬件设施的现状，是典型的"不平衡、不充分"。

好在，一切都在变化之中。合肥地铁2号线于2017年12月6日起试运行，连同地铁1号线组成十字网络，大大拉近了东南西北四个方向的空间距离，合肥阅读场所的新布局也在不动声色中拉开了帷幕。

瑶海图书城闪亮登场。瑶海区是合肥东部的老工业区，发展相对滞后，但瑶海图书城的出现让人眼前一亮。瑶海图书城坐落于瑶海区郎溪路与长临路交叉口，与瑶海行政服务中心和瑶海剧院连成一体，组成瑶海区新的文化艺术中心方阵。书城总面积约5000平方米，集阅读、文创等多元文化于一体，是合肥东部面积和体量最大的图书"综合体"，由"保罗的口袋"负责运营，采用"图书馆+书城"的创新模式，大大方便了周边居民。一个周末，我漫步在书城内，里面有非常多的孩子在安心阅读。一位家长说，听同事说这里开了一家书城，今天带孩子过来一看，还真不错，关键离家近，很方便。"经常回来并占有我吧——卡瓦菲斯"，在书城楼梯的转弯处，一处射灯打出的文字格外显眼。

有没有发现，不知不觉中，身边突然多了一处阅读空间呢？是的，阅读空间将像一串串项链，连缀起合肥的街街巷巷。根据《合肥市城市阅读空间建设实施方案》，到2020年，全市将建成100个左右的城市阅读空间，构建市、区、街道、社区四级纵向贯通、横向互动的阅读服务体系和运营网络，形成15分钟阅读圈。罍街城市阅读空间——"悦书房"，首家社区阅读空间——庐阳区双岗街道一里井社区阅读空间，一个个阅读空间的出现，极大满足了市民日益增长的精神文化需求，"图书馆太远，书店光看不买不好意思"的尴尬随之被打破。这是一场以需求侧为导向，深化公共文化服务供给侧的文化改革，影响深远。合肥市市长凌云说："城市阅读空间是个小空间，但可以支撑大未来。要让城市阅读空间像'珍珠'一样，散落到城市的各个角落！"

共享的概念深入人心，共享书店的尝试也吸引眼球。2017年11月20日，有"全球首家共享书店"之誉的合肥三孝口书店迎来了特殊的客人，中宣部副部长、国务院新闻办公室主任蒋建国，中国外文局局长张福海一行。蒋建国在听取介绍后对三孝口书店的改革创新给予很高的评价，他表示："我看了很多书店，这家书店很精致，很值得看。"他指出，共享书店的模式很成功，实现了社会效益和经济效益的统一，互联网是大势所趋，不可阻挡，因此要顺应时代趋势。三孝口书店的前身是合肥科教书店，2013年6月16日转型开业；2014年10月31日，开启24小时营业模式；2017年7月16日起，通过"智慧书房"软件交99元押金，就可以免费借阅2本图书10天。共享书店的变革，促进了全民阅读活动的深入开展。

一座城市不能没有书店，一座城市也肯定会有旧书店。2017年12月3日，合肥增知旧书店老板朱传国遗著《永远的旧书店》的首发仪式在合肥市图书馆举行。省作协主席许辉、当代诗人祝凤鸣等现身首发仪式现场，与众多读者一起缅怀这位"文化摆渡人"。许辉表示，作为一个普通的读书人，朱传国对文化传承的执着，是我们这个民族文化自信、文化自强、文化自觉在普通民众中的一种具体呈现。一座城市对一个旧书店的留恋，引发出的文化共鸣，更加体现了合肥人对书香文化的向往和追求。

一座有气质的城市，必然是一个热爱阅读的城市，而合肥正是一座书香飘溢的城市。合肥连续多年入选"中国十大阅读城市""阅读潜力城市"。面对着文化发展的"不平衡不充分"现状，合肥迎难而上，创新发展，小有所成。合肥人是幸福的，感受着实实在在发生在身边的改变。

唯一不变的是变化。不管合肥的地铁最终能修到几号线，如果地铁在延伸，给予我们记忆的诸如爱知、增知等书店却消失了，这不是我们希望中的，缺失的会成为永久的痛。

站在合肥的街巷，感受着丝丝气息，心中默想：

愿"书香合肥"飘溢书香！

（2018年1月）

难找与合肥相关的书

写下这个题目，其实多少是有些无奈的。

在书店里工作的时间长了，自认为在琳琅满目的书架上找出某一类的书，还不是手到擒来，一找一大堆，直到前些天遇见了那位"驴友"。

那是典型的"驴友"装扮，一顶遮阳帽，一副颜色不算深的墨镜，一个硕大的旅行包，晒得黝黑的皮肤，非本地口音，阳光般的笑容，你不得不被感染。通过交谈得知，他是从东北来的，刚从黄山下来，昨天游过了西递和宏村，今天到安徽省会合肥来看看，同行的三个人不愿来，约好在芜湖会合。他要找一本关于合肥的书，画册最好，找的结果让我"怔"了一下。要说旅游类的书，目前品种很多，介绍安徽的也齐全，单单介绍合肥的还真不多呢，铆劲翻出了几本，可惜他不太中意，最后只买了一张新的合肥地图，彼此都有些遗憾。

我有些不甘心，把诸如"合肥""江淮""庐州"等关键字输到电脑里一查，希望能蹦出一长串结果，结局是令人失望的，书名带"合肥"的书还真是稀缺呢，寥寥几本，不过也还各具特色。

首先映入眼帘的是《寻迹合肥》。书的编者是几位土生土长的合肥人，自小与城市一起长大，人到中年，出于依恋，于是授纸为文，取相机留影，全书倒也图文并茂，"淝河蜿蜒而来，在此地绕了一个弯，缓缓东流去，这一绕，便绕出了一座合肥（淝）城"。书中从金戈铁马古战场讲到合肥名人，再到合肥的乡土文化，风俗民情，绿树荫城，一切亲切自然。其中一段对合肥的评价算为经典："若论繁华气派，合肥自然比不上北京、上海，在省会城市中，合肥名气也不大。倘要以一个字概括合肥之特点，一个'中'字庶几可用：规模不大不小，乃中等城市；实力不强不弱，居中游水平；位置不上不下，处江淮之中；饮食不咸不淡，介南北之间。城里人性格亦有些中庸，质朴、干练。"美中不足的是此书的开本小了点，页数也不多，拿在手上分量轻了些。

潘小平女士的《坐拥江淮——合肥》是英雄中国大型系列丛书中的一部，这本出版于2008年的书，正值合肥在"破"与"立"中经历磨砺，书中开篇就从刚刚封闭的长江路说起："选择长江路开始对合肥的描述，是因为它镌刻着这座城市的历史，象征着这座城市的未来，记录了这座城市的变迁，凝聚着合肥人的情感。它川流不息的激情、轰鸣与沸腾，坚强有力，铿锵有声，就仿佛这座城市的心跳。"书中以"合肥之变——看经济""合肥之特——看科技""合肥之美——看园林""合肥之真——看民风"四个部分让人再次注目合肥前进的脚步。

还有一部散文集——《阅读合肥》，在新中国成立六十周年之际，由六十位作者写就六十篇美文，此书由合肥新华书店有限公司策划编辑。书中的作者，包括省内外的知名作家、媒体资深记者、机关公务员、教育工作者、企业界精英、自由撰稿人等，他们用自己的笔触，从风情、景色、情怀、记忆、文化和建设六个方面记录了对合肥这座城市的微妙感触与念念情怀，是平民百姓眼里最真实的合肥印象。"一座城市的气息，其实是一座城市的精气神。一个人喜欢另一个人的气息，想必是爱上了这一个人；一个人喜欢一座城市的气息，也一定是深爱着这座城市。合肥这座城市的气息，是一种向上的气息，是人间烟火的味道。——苏北《合肥的气味》。"

另外，金安平女士的《合肥四姊妹》和王光汉先生的《庐州方言考释》也是不可多得的力作，一曰触摸历史，一曰学术典范。最近的一本是合肥市原市长郭万清所著的《从三线起飞——合肥"十五"发展回顾》，算是官方对合肥的最新定位：人们常把京、津、沪称为一线城市，把穗、宁、渝等区域性中心城市称为二线城市。

遗憾的是，似乎只有这么多了，而关于合肥的画册，只有 2003 年出的一本《翡翠项链——合肥环城公园》，可这只能算合肥一景，并不能代表新合肥。

这多少让人失望，记得去年到上海和杭州的书店参观，介绍上海和杭州的各种图书、画册、明信片占了一个专柜，甚至还有介绍当地风情的扑克。这从侧面也反映出合肥旅游的现状，至少在全国范围内，合肥的名气还不够响亮。就说这画册，去年为了国庆，安徽商报策划了一期《航拍合肥》，那期报纸我至今还保存着，从空中俯瞰合肥真是太美了，那些图片完全可以出本画册。

合肥的发展离不开实干，更离不开适度的宣传，旅游业是绝对的低碳经济，当外地游客在本地书店里难寻一本旅游书的时候，我们又作何感想呢？

热爱合肥，不妨就从找寻与合肥相关的书开始吧！

091

（2010年8月）

一本"好有味道"的书

　　曾经纠结过一件事情，写合肥方面的书太少了，到北京、上海等大城市，在书店里，介绍本地的书信手拈来，可是在合肥，关于合肥的书很少，于是感慨，难找与合肥相关的书。

　　不过，一切在不经意间，慢慢发生了改变，因为一位合肥"土著"的执着。这不，2013年8月31日，临近开学的日子，在安徽图书城，一本关于合肥方言的作品《享受合肥方言》的首发式隆重举行。说它隆重，因为人气旺。瞧！赶来参加首发式的嘉宾还真不少，齐聚一堂，有潘小平、裴章传、翁飞、赵昂、苏北、赵焰、王光汉、李学军等著名作家学者，还有来自省城媒体的资深编辑、记者——马丽春、张扬、戴煌、李云胜、程堂义、何素平等，平时也只在报纸上一见其名，今天终于一睹真容。安徽公共频道主播袁媛友情客串了首发式，袁媛也是位土生土长的合肥人，由她来客串正好。一帮合肥人，一腔合肥话，"会说合肥话，就把洋刀挎"，翁飞的发言把人带到李鸿章时期，让人想起合肥话曾经的强势。的确，方言不仅是一种交流工具，更是一种文化载体。著名作家潘小平认为，刘政屏和吕士民合作的《享受合肥方言》不但以"微博＋水墨漫画"的形式让人耳目一新，更是从民间角度对合肥方言进行了抢救性保护，这本书的出版既填补了介绍合肥方言图书的空白，更以接地气的方式记录了合肥这座城市的乡土味，就像书名中的"享受"二字，作者时刻想为这座城市做些什么。在作者眼里，方言只存在听懂与听不懂，不存在好听与不好听的问题，这话实在，想想，还很有一番哲学的味道。

这真是一本很特别的书，不论你走到哪里，乡音是骨子里永远无法抹去的印痕。160则生动有趣的微博、160幅趣味盎然的水墨漫画，以及16篇内容丰富的"趣谈"，借方言的歧义来表达自己的人文理想和人生态度，让读者在较短的时间内能够了解合肥方言，进而达到"理解"和"享受"的境界。潘小平在《享受合肥方言》的序言中对此书的出版给予高度评价："拯救方言，就是拯救地域文化，就是打捞民间记忆，就是提升文化自信。"难能可贵的是160幅漫画，配合着精练的文字，将"合肥味道"演绎得丝丝入扣，"三比三""烈躁""屎头混子"，句句入耳，亲切之情油然而生。

签售现场，秩序井然，吕士民先生还现场为读者画十二生肖，报出你的属相，寥寥数笔，一个活灵活现的兔子跃然纸上，还在啃大萝卜呢！忽然想到，这属相和方言正是一个人骨子里的东西，一生都改不了。

好戏连台，签售过后，周末七点档还有"读书沙龙"，与《最合肥》一起，呱呱合肥话。谈到合肥话，王光汉是专家，这位安徽大学中文系教授，长期从事语言文字及古籍整理研究工作，作为国家重点科研项目《汉语大词典》的主要编纂人，他的《乡音小考》长期在《合肥晚报》上连载，他的笔名是"白丁"。王光汉坦言，关于合肥方言的文学作品太少，大家要多一些这方面的创作，为宣传合肥自己的文化一起努力。而身为皖北人的吕士民热爱合肥方言，是因为其邻居是合肥人，邻居每次递烟都讲"兄弟来，拔一根"，久而久之，吕老师也特别爱逛菜市，"好些钱一斤啊？"，讲得特地道。话闸一开，旁听的读者纷纷抢说合肥话，"去家""小糖怎卖的啊？""你卡人哦！"。最有意思的是周纯，讲一次在外地买东西，听到一个人讲了一句合肥话，倍感亲切，竟然跟在人家后面走了好长一段路。

我想，应该要感谢这位合肥"土著"，历时三年的《享受合肥方言》终于出版了，细细算来，他对合肥是"真爱"，2009 年参与编撰大型散文集《阅读合肥》，2011 年出版散文随笔集《倾听合肥》，如今这本又"赞"又"得味"的书面世，正如他自己说的，期待老合肥人们能够因为这本书，唤醒对过去的记忆、对乡土的情怀。

（2013 年 9 月）

用脚步丈量城市

——2016中国黄山书会地推记事

接到"2016中国黄山书会"的地推任务，有些突然。去年的书会没有这项安排，今年也是其他部门在牵头此项工作，由于调整，半途中交接到我手上。

黄山书会始于1987年，已陆续举办了十一届，立足安徽，在全国也算小有名气。从综合因素考虑，主办地从黄山转移至省会合肥，也是众望所归。这不，今年的名称就统一为"2016中国黄山书会"，举办地点在合肥市安徽国际会展中心。

地推，从字面上理解就是地面推广的意思。一个事实是，经济高速发展，人们用于阅读的时间却在减少。据统计，我国的人均年阅读量还不到国际平均水平的十分之一，差距十分明显。提倡"全民阅读"都已经写进了政府工作报告，黄山书会的地推是有其积极意义的，让更多的合肥市民知晓身边的这项文化活动，有意愿到现场亲身感受书香氛围，能投入更多的时间去享受阅读的乐趣，让阅读成为一种习惯。虽任重道远，却值得一做。

一

翻开前期已有初稿的地推计划表，还是有些头大，时间跨度长（8月30日至9月8日），地域广（涵盖合肥所有城区），人员多（有40位学生参与），关键是所有的一切只是计划，人、财、物等都有待对接，感觉就像一张白纸，没有样本，要你自己去画。

首先和学校的老师建立联系，8月22日加入了一个黄山书会地推联系群，从群里了解到，参加地推活动的同学来自安徽城市管理职业学院市场营销皖新班，这个班级是和皖新传媒合作开办的班级，学校离市区较远，在磨店职教城。学校通知学生们8月28日下午2点前返校，29日到物流园还有个先期培训，于是29日就成为一个时间节点。

兵马未动，粮草先行。2016中国黄山书会作为一个以省委宣传部和合肥市政府为主办单位的大型文化活动，千头万绪，高效的组织体系是活动顺利实施的重要保障，地推活动也在按常规申请预算费用等基础上有序开展起来。

我最先考虑的是服装，因为学生们8月29日就要来参加培训，他们的文化衫必须要提前定做，了解到书会服装预计的颜色可能是灰色，具体是哪种灰色当时也没最终确定，所以决定给同学们统一定一种款式，颜色不一样也没关系，统一即可。于是，上网搜索"文化衫定制"，考虑到方便性，联系了一家合肥的店，打电话了解到，实体店就在安徽大市场，离单位还比较近，拉上办公室的严文杰大姐，坐159路公交车赶到，看了样品，选了一款淡蓝色、含65%棉、翻领的，样式也还可以，只在左胸上部印"2016，中国黄山书会"，后背没有印字。因为是印字款，店家要求必须先付全款。我将定制款尺码表发给学校的陶鑫主任，他第一时间联系了学生，让他们根据身高、体重等选择自己的尺码，汇总后发回，一切顺利。提货那天，因为是批发价，店家不负责送货，这边也没车，服装店里的小李给送到了159路公交车站（大市场西门是高架，打不到出租车），我下车后提着两大包衣服一路走走停停，虽一身汗，但衣服在手，心里踏实了许多。

二

急人的是书会的宣传物料还在"等米下锅"，前期计划的物料有三种：海报、DM（直接投递）单页和X展架，不要说制作，设计稿都没出来。一是书会的宣传文稿还没定稿，二是书会的很多活动还在联系中，能否最终确定还是未知数，因此只能等待。不过心中还是有些小谱，因为接触过PS，门店的一些海报、架头牌等宣传品也经手设计制作了若干。设计因人而异，同样一个主题，你让100个人设计绝对不会有一模一样的，之中创造的乐趣也是无穷的。当文稿和活动场次确定后，我立马联系了负责设计的陈老板，他还在开会，发给我一个电话，让我直接跟具体设计人员联系，电话一打，是个小姑娘，姓沈，我表明意思后，将书会的LOGO、文档等发给了她。在她接收后，我谈了想法，海报和 X 展架以简洁为主，突出主题，即 2016 中国黄山书会 9 月 10 日在合肥开幕，时间、地点、主办方、交通等要素加上即可，DM 单页一面同海报一致，另一面配上书会的介绍文字。第二天，小沈传来了初稿，设计得还不错，她说单页的文字太多了，排不下，好办，我来删，因为要得急，在晚上很晚的时候终于等来了定稿，一番小修改（文字颜色、大小、排列等）后，搞定。很快联系制作方，一番交代，答应所有物料在 29 号上午（周一）送到。

接下来是准备给学生们培训的内容，从前期与学校的交流看，学校的想法是让学生们通过这次实践有所收获，而不只是让学生们出去发发单页。经过考虑，培训的内容从两方面入手准备，首先介绍黄山书会举办的意义，学生们主要做什么，重点强调书会是文化惠民季的组成部分，深入辖区向居民广泛宣传书会的举办信息，是文化下基层的"最后几十米"，平凡却独特。另外，书会是读书人的节日，但很多人对"书"的认知并不高，特邀请著名作家给同学们作一场关于"书"的讲座。考虑到安全因素，给 40 位学生统一购买了短期意外保险。

29 号的见面和培训很顺利。学生们统一乘坐校车赶到北二环的新华物流园（办公地），他们的年龄 20 岁左右。我们把 40 位学生分成 8 个小组，每组 5 人，每组指定一位综合能力较强的学生担任组长。按照计划每组每天奔赴不同的地点，每组还有利用书会宣传"阅+小伙伴"的任务。如期送到的物料、文化衫、胶带、剪刀等直接交给学校去分发。作家刘政屏的讲座很精彩，学生们听得聚精会神。为便于联络，我新建了一个黄山书会皖新传媒营销班微信群。因为学校距离市区较远，除第一天由学生们自行坐车外，其余几天由校车送到指定地点，晚上再统一乘校车回去。

三

30号是地推的第一天，根据分工，我负责带第六组和第八组学生，早上在中绿广场公交站集合。当天还有其他组也在这里转乘。天气还是比较热的，我很早就到了，来了好几辆301车后，终于有身穿书会文化衫的学生下车了，远远看上去，挺精神，走上前询问是哪一组的，组长是谁，默默记下名字和面庞，嘱咐路上注意安全等。我算了一下，地推前后8天，一天跟一组，正好。等人齐了，两个组要分开，一组向左到安徽大市场，一组往右到火车站方向，我上午跟第六组到安徽大市场，下午去跟第八组。进了安徽大市场，里面都是门面，也简单，只要店里有人，就进去发一张彩色双面宣传页，设计的话语也简单，"你好，黄山书会9月10日开幕，在明珠广场，有空去现场看一下"。找到公共宣传栏，就张贴大一些的海报，为了醒目，一次好几张连在一起贴，并拍照留存。不多久，微信群里就热闹起来，一张张图片不断地传来。有的组到了学校门口，这几天正值开学，学校门口家长聚集，而家长和孩子正是书会推介的重点人群，地方选对了，事情就好办了。

进小区，是重点，也是难点。难在学生们是第一次做这件事，站在街头，手里抱着单页，心里没谱，担心保安不让进，毕竟现在乱发广告的太多，一群人穿着统一，拿着单页，背着展架，走到哪里都比较显眼，远远的保安就看过来了，看得学生们心里毛毛的（原话），这时随行的书店人员就要站出来发挥作用了。书店人员要主动打前阵，我一般是拿一张彩页走在前面，有小区就直接找门口保安，给他递一张彩页，表明来意：黄山书会是政府组织的，是文化惠民下基层活动，我们进去在小区里的公共张贴栏贴几张宣传海报告知一下居民，不乱贴。大部分保安室只有一人，讲清楚来由后都会让进的，有的保安还拿着彩页仔细看，更有热心的保安会指引或带你去，这样这个小区就基本能宣传到了。几个小区下来，大家就放松了，知道自己做的和一般商品广告宣传不同，没有具体的利益要求，没什么好担心的。心里隔阂消除了，学生们也轻松了许多，渐渐地主动意识也就有了。

比较考验人的是"阅+小伙伴"任务，因为皖新集团平台化战略的实施，利用微信平台搭建的皖新读书会处于发展阶段，让一位陌生人扫码关注你的二维码，成为你的读书小伙伴，不是一件简单的事。很多时候，被拒绝是正常的事，这时候，学生们就开始各显神通，沟通技巧和能力就显现出来了。很多学生都把自己的专属二维码打印出来，和学生证贴在一起，挂在胸前，在公交站台或路口随机推荐，有拒绝，有成功，对他们来说，能坦然面对拒绝其实也是一种成长。一路走下来，经历了不同的心路历程，收获的不仅仅是数字。当活动结束时，全班新增伙伴数近15000人，这是非常了不起的成绩。我清楚记得，一名女生鼓起勇气走进一家门面，出来时兴奋地告诉我，里面的4个人全都加上了，很顺利，看着她兴高采烈的样子，我想，这种成就感是书本上永远学不到的。

8天时间，不长不短，天气比较热，每天早出晚归，同学们很辛苦。合肥这么大，每天的地推地点都不一样，出发前要做好功课，查询好线路，有的社区没有直达的公交车，只能就近下车，更多的是用脚步丈量城市，七拐八弯后找到大隐于市的街道或社区门口，是很有成就感的。每天我都跟小组学生说，换个角度想，正是有了这么个任务，你们才有机会专门去"熟悉"这个城市的大街小巷，苦也变成乐了。一些地名比较有意思，比如荷叶地，其实就是姚公庙的皖西机械厂所在地，也许以前那里是一片湿地，荷花遍地，因此得名，如今早看不见荷叶了，地名却保留了下来。

四

每天，我除了跟随一个组，还要随时关注其他组的动向，微信是个好工具，在群里一呼，情况就都了解了，有图片，有声音，有定位，八个小组如八仙过海，各显神通，有一股互相比赛的气势。一张张图片不停地闪烁，一张张到达目的地的合影发到群里。合肥原来这么大，有这么多从没听说过的地方，我们都到了，人到了，书会的信息就到了，更有保安大叔和市民手持宣传单页的照片发过来，文化惠民的最后几十米就这样一点点被打通了。

对我而言，最大的收获是了解了这帮学生，每天带领着他们用脚步丈量城市，他们先跟着我，后来我跟着他们，从他们身上看到每天的进步和变化，从略显羞涩到活泼干练。8天时间，皖新班40位学生深入合肥7大区近220个小区，向市民散发书会宣传单页20000余张，张贴海报1000余张，新增"阅+小伙伴"近15000人，获"阅+小伙伴"推广活动团队第二名。在给他们的实践评语中，我写下这样一段话："2016中国黄山书会地推活动，对每位同学而言，都是一次新的体验，都会有自己不同的收获。你们早出晚归，顶着烈日，用脚步丈量城市，在巷陌留下自己青春的身影，为文化惠民活动的落地做了平凡却独特的工作，谢谢你们！"

当最后一次目送他们登上校车返程的一刻，我竟有些不舍，站在那里，静静地看着他们说说笑笑，打打闹闹。能顺顺利利地完成一件事，也是很不错的结局，是的，该道别了，祝他们一路顺风。

2016年的夏季，中国黄山书会地推，是一段美好的记忆。

（2016年10月）

怀恋小人书

只是拿在手里，望了一眼，就决定要了，因为那种感觉，实在奇妙。有人说，从一个人的喜好可以了解他是一个什么样的人，也许吧，只是当我重新面对这些小人书时，除去亲切，还有一种像是遇到故友的温馨。

书店店庆，图书六九折，这折扣，赶紧下手，其实早已暗地里物色好了。想淘书，就要经常来转，比营业员还要勤快。艺术书柜，这里的小人书来了不少新品种，只是，怎么说呢，现在很多新出的小人书，无论是外观，还是开本，尽管显得豪华大气，但总觉得缺些什么。后来我明白了，原因在我，是我在怀旧，我怀恋的是那种老版本的或是老样式的小人书，很多时候，甚至与内容无关，情不自禁。

小人书书摊，现在应该是消失的老行当了。如今，资讯满天飞，电视、电脑、手机、网络，将人"一网打尽"，在儿时那种封闭、依靠书信联络、文化生活相对贫乏的环境里，一本小人书是多少孩子的快乐源泉。因为封闭，我甚至还一度迷上了听评书。

记忆里，街头巷角，花花绿绿的小画书靠墙摊开，几条长凳，一张方桌，几碗清茶，看摊的老爷爷，低头不语的孩子，一切像是静止的油画，从容不迫。风来了，树叶微微晃了几下，有个孩子抬起头，呀！作业还没写呢，抓起书包一溜烟儿不见了踪影，老人在打盹，头都没抬，睡着了吧！

想起了外公，外公曾经就是一位摆书摊的爷爷，那时，很多小人书还是父亲从合肥的书店买的，然后捎回老家，我自然是近水楼台，这就是缘。那段时间里，摆小书摊成了外公的精神依托。我清楚地记得，外公走后，舅舅、舅妈居然发现了很多包得整整齐齐的纸卷，里面是一分、二分、五分的硬币，外公把它们按面值分别卷好，长长的，结实牢固，没有人知道他是什么时候做这些的，那时，看一本小人书两分钱。

后来，小人书在人们的视线里渐渐消失了，甚至成了收藏品，有些老版本的小人书据说早已价格不菲了，那又怎样？除去商人的逐利，它依然是它，只是如今的孩子，面对花花绿绿的彩图世界，他们会熟练地滑动平板电脑，会沉浸在游戏世界里，那普通的没有彩图的小人书会是他们童年的记忆吗？我看很悬，这是时代的变迁，与你我无关。

一代人有一代人的记忆，慢慢寻回的小人书其实是你我在追寻过去的时间碎片。《三国演义》连环画，上海人民美术出版社，全套60册，摊开满满一床，《桃园结义》《煮酒论英雄》《三顾茅庐》《智取陈仓》《五丈原》《三国归晋》，这些是连环画中的精品，就算是新版的，也值得收藏一套。

《杨家将》《西汉演义》《儒林外史》等中国古典文化连环画，你遇到了不会空手而归的。一套《中国历史人物（一）》有10册，陈化成、鲁班、张衡、扁鹊、辛弃疾、张骞、白居易、于谦、苏武、李时珍，了解他们，看人物传记要花费很久的时间，而在这套书里每人薄薄的一册，图文并茂，一网打尽，一套才50元，超值。可以讲，连环画是文学、绘画、历史、艺术的完美结合，绘画与文字浑然天成。

连环画就是小人书，包罗万象，一册在手，世界尽收眼底，无论你是藏，是读，它的文化价值始终在那里。虽然只是一介印刷品，想投机却也不易，你总要找人一页一页地去画吧，文字内容的连贯性就那么好把握吗？我看难。

以后遇到看上眼的，我还会买，因为怀恋，也不仅仅因为怀恋。

（2014年2月）

首届安徽黄山书市纪事

　　"东南西北中，黄山居其中。"中国黄山书会被誉为中国五大书展之一，与东部上海书展、西部天府书展、北方北京国际图书博览会、南方南国书香节齐名。"中国黄山书会"品牌是由"安徽黄山书市"创新升级而来，徽派书香在悠悠岁月中流淌。

　　首届安徽黄山书市于1987年在合肥举办。黄山，是安徽名山。1987年11月27日，国务院批准同意撤销徽州地区，设立地级黄山市，并在设市批复中明确指出："设立地级黄山市的宗旨是山上山下统一领导，更好地保护、开发和利用黄山风景资源，以黄山为中心，以皖南为重点，发展皖南旅游事业，带动皖南经济发展。"自此，黄山成为安徽对外宣传的一张名片。

　　1987年9月11日，"桂子摇香秋色好，庐州文苑尽芳菲"，合肥市首届文化节隆重开幕，地点在合肥市工业展览馆。这天工业展览馆东大门前彩旗招展，鲜花怒放，巨大的文化节节徽和横幅显得格外醒目，横（竖）幅上书"为中华之崛起而读书""合肥市首届文化节暨安徽黄山书市隆重开幕"。展览馆楼顶,"安徽黄山书市"六字熠熠生辉。由百灵玩具厂20多个昼夜赶制出的象征古城庐州历史风貌的"吉祥物"——四只长毛绒大狮子活灵活现地展现在人们眼前,它预示着本届文化节吉祥如意,万事顺利。上午9时许,时任市文化局局长李训华宣布首届文化节开幕。时任中共合肥市委副书记致开幕词,他说,首届文化节是我市群众文化的一次盛会,是群众文化活动由小文化向大文化发展的新起点,是开展全市群众文化活动的一次新尝试、新探索。开幕式结束后,文化节的首项活动黄山书市旋即正式开始。

首届安徽黄山书市由合肥市新华书店承办。为了办好首届安徽黄山书市,合肥市新华书店从上到下付出了诸多艰辛和努力,集思广益,想了很多办法。比如图书分类问题,当时合肥市新华书店的两大门市——四牌楼书店和科教书店,图书管理还是以部门为主,但黄山书市进货改为以类别为主,以类别分类货源,才能更有针对性、更快捷地联系到相关的出版社。经过讨论,最终决定以科教、文学、少儿、社科四大类别为货源分类。有些出版社能电话联系,而更多的出版社需要书店员工出差"跑"联系。

邵宏宜2003年退休前,是合肥市新华书店的党委副书记、工会主席。1987年,39岁的邵宏宜,正值当年,首届安徽黄山书市开幕在即,为了组织好货源,她和同事根据图书类别,跑遍了京、津、沪、宁等12个省市,行程万里,与30多家出版单位达成战略合作关系,精心组织了上千种优秀出版物。书市开幕后，邵宏宜整天待在展销厅，从清晨到深夜，始终在第一线，负责现场调度、补充货源。长时间的超负荷劳动，使她喉咙嘶哑、人形消瘦。看到每天增长的销售额，她说"再累也值得"。辛勤的汗水，换来了丰硕的成果，她直接负责的小组在书市期间销售额突破10万元，在14个销售小组中名列前茅。1983年和1988年，邵宏宜先后荣获全国新华书店"先进工作者"、安徽省"劳动模范"称号。

1987年，20多岁的刘政屏还是个刚到书店不久的年轻人，他说，首届安徽黄山书市给他最深的印象就是累，特别累。刘政屏回忆，书市的所有书架都是从书店拉过去的，一车一车地，从长江路上走，很是壮观。书市的场地是在工业展览馆的2楼，要买门票进去，每天一大早，书市门前就排起了长龙。9月13日这天售出门票1万多张，销售额达6万元。每天一开门，众多读者就冲了上来。是的，他用了"冲"这个字。然后很多书架上的书瞬间就被搬空了，他和同事每天就是不停地拆包。读者们的求知欲非常强烈，书市实行开架售书（门市当时还是半开架），书店每个收银台都被围得里三层外三层，人山人海，热闹非凡，就像"过节"一样。现场气氛"热烘烘"的，每个人脸上都洋溢着兴奋与喜悦。刘政屏在书市现场负责的是上海辞书专柜，他说原先比较保守，怕书带多了卖不掉，后来发现合肥这个科教城市读者层次广，读者购买力很强。他们带的千余册《辞海》分册很快出售一空，只好连夜从上海火速调入书源。

书市中最受欢迎的是当时全国十大畅销书之一——上海文化出版社出版的《五角丛书》，这套以"质优、价廉、畅销"为宗旨的丛书，得益于选题的精粹、知识信息的高度密集。《人性的优点》《人性的弱点》《处世的艺术》《中国姓氏寻根》等贴合了读者实际需求，名列畅销书销售总量前茅。

首届安徽黄山书市盛况空前，历时10天的书市于9月20日晚送走最后一批读者。据统计，主展厅总计售出各类图书近百万册，销售总额高达76万多元，按当时合肥全市人口计算，人均购书一册以上。本届书市销量最大的是《五角丛书》，47000册被抢购一空，第二是《走向未来丛书》，销售6000册。《当代学术思潮译丛》《你的误区》《处世的艺术》《十万个为什么》《新概念英语》《围棋的宏大构思》《家庭快餐谱》等13种图书是进多少销多少。中宣部、新闻出版署有关同志给予安徽黄山书市很高评价。

1987年10月13日，历时30天的合肥首届文化节圆满结束。时任副市长、首届文化节组委会主任江孝鸿在闭幕词中说：首届文化节累计举办了35项全市性活动和100多项区域性活动，吸引了大约150万人次的观众，声势之大、范围之广、影响之大，在我市前所未有。

首届安徽黄山书市创办于合肥首届文化节之中，一鸣惊人，获得了良好的社会效益和经济效益。更名为"中国黄山书会"的这一文化盛事，为安徽文化强省建设作出了积极贡献，中国黄山书会正以厚积薄发的姿态，为徽派书香翻开新的篇章。

　　它的明天，令人期待。

（2023年10月）

首届安徽黄山书市现场

书店忆事

书城幸会"帮女郎"

21日上午，接到领导电话，让我赶快上网接收一封邮件，然后传给广告部制作海报，下午要贴出来。不敢怠慢，赶紧登录邮箱，果然有一封未读邮件，打开一看，居然是"帮女郎"10月23日要到安徽图书城签售的海报。有些惊讶，有些意外，怎么，"帮女郎"也出书了？

印象中，"帮女郎"名头很响亮，"美丽帮女郎，天天帮你忙""3658080，365天帮你帮你"，说这两句口号妇孺皆知，绝对不过分。不过名头是一回事，签名售书是另一回事，书城对签名售书并不陌生。在经历的无数场签售中，有的火爆异常，有的平平淡淡，冷场的也有不少，签售可不是想象的那么简单。一场成功的签售活动，请谁来签、签什么书、什么时间、什么地点、怎么宣传、主题是什么，环环相扣，但重要的还是作品本身要能得到读者的认可。让读者掏腰包，可不是一件容易的事。"帮女郎"出的是什么书呢？

打电话到总台一问，书已经来了，连忙找来，先睹为快。书名挺长的，叫《帮女郎——二年级女生的新闻咀嚼》，封面照片很酷，黑色的背景，八位"帮女郎"一字排开，黑发飘逸，一袭黑衣，个个仪态万千。这是电视上常见的"帮女郎"吗？

《帮女郎》栏目开播两周年，在这样一个时间点上，该书用自述的方式，讲述了八位"帮女郎"的成长历程以及台前幕后的辛酸苦辣，通过典型案例展现了《帮女郎》作为冠军栏目的生存"密码"。全书向读者展现的，是一个既充满新闻理想和热情，也热爱生活和时尚的帮女郎形象，正如她们自己所说的，读了这本书，你会了解到一个更立体、更生动、更全面的帮女郎。看到这里，心定下来了，书和主题都不错，帮女郎的人气更不用愁，签售好办了。

估计得不错，23日一大早，书城还没开门，就有不少读者已经在门外等待了。门口，电视台的同志还连夜搭建了一个弧形拱门，面向车来车往的长江路，很是抢眼。一楼大厅内，背景墙已经布置好，左右两边是八幅一人多高的帮女郎写真图片。让总台把门口电子显示屏的内容固定："今日上午10点，美女主播吴薇、吴婷及六位'帮女郎'，齐聚安徽图书城，新书《帮女郎——二年级女生的新闻咀嚼》现场签售。"

八点半一开门，人群涌入，收银台前很快围满了人。一位大妈抓住保安的手说，要排队啊，我来得早，你们要不管，我挤不过人家的。队伍很快有秩序地排好了。一切按预案操作，书城里的男同志们维持秩序，我们搬下来五张桌子，四张桌子用来签售，一张桌子用来接受咨询。签售时间临近，一楼大厅的人越聚越多，签售队伍顺着书架拐了好几道弯，还有众多的媒体来到现场，帮女郎的人气真是旺。值得一提的是，排队的人从年龄上看没有明显的倾向，中老年人稍多一些，但青年人也不少，还有很多家长拉着孩子一起来一睹帮女郎的风采。

终于，帮女郎们闪亮登场了。吴薇、吴婷两位主播一身浅色便装，常怡秋、方倩、宋博雅、梅兆卿、饶辛欣、张靖涵六位帮女郎是统一的套裙装，楚楚动人。人群中一阵骚动，大家都想往前挤，可苦了前面的几位男员工，他们只好手拉手勉强稳住阵脚，等吴薇讲完开场白，签售可算开始了。按顺序从一边进，从另一边出，一本书要签八个名，像条流水线。人群中不断有人直呼帮女郎的名字，帮女郎一边签名，一边打招呼。让我感动的是，每次签完，她们都抬起头，说一声谢谢，一个灿烂的微笑使距离在这一刻化为无形。更多对准帮女郎的是相机，我也拿了个相机，可惜人太多，等你取好景，按快门的一刹那，前面又冲出一个人，事后一看，拍了不少后脑勺，可惜。

现场的气氛始终热烈："常怡秋，我家宝宝想跟你合个影，行吗？""好呀！""吴婷，我最爱看你们的节目，每天都看。""是吗，谢谢！"还有读者陆续赶来，望着长长的队伍："请问书在哪买？""在哪排队？"很程序化，这样的人气，你不得不感叹。正想着，一位焦急的女孩找到我，说她的钱包在签名时丢在吴薇的桌子上了。我赶紧挤进去，一看，吴薇的那张桌子上还真有个钱包，挺精致的，我连忙向女孩晃了晃，女孩看到钱包，激动地点点头，如释重负的样子。女孩连声道谢，我跟她开玩笑，你运气真好。这时，旁边突然有人插话，放在吴薇的桌子上，别人肯定以为是吴薇的，在她眼皮底下，谁敢拿？周围一阵大笑。

望着得到签名后一张张欣喜的脸庞，看到许多人拿到书还没来得及翻就赶紧去排队买单，我突然觉得，这真是一场另类的签售。书本身已经不重要了，与其说是这本书有多好，还不如说是《帮女郎》栏目办得成功。栏目里的八位帮女郎，她们才貌兼备、勇于担当，她们的个性魅力已成为栏目独特而深刻的标识。《帮女郎》栏目因为贴近大众，所以受到大众欢迎，人们因为喜欢帮女郎，从而心甘情愿掏钱买有关她们的书。我想这也是营销的一种境界，与其直接推销产品，不如先推销人，人被接受了，还会拒绝你的产品吗？

美丽帮女郎，书城签售忙。我一上午忙下来，身上都有些出汗了，不过，在忙忙碌碌的背后，似乎又收获了一些什么。

（2010年10月）

夏秋之际的皖风书韵

——第三届"皖籍作家图书联展"侧记

海军有"皖籍舰队",文学也有"文化皖军"。书店作为文化传播的主阵地,立足当地,讲好本地故事,传播特色文化,责无旁贷。安徽图书城作为全省最大的图书零售卖场,2009年11月1日举办了第一届"皖籍作家图书联展",第二年11月,"皖籍作家作品专柜"正式揭牌。2013年,第三届"皖籍作家图书联展"开幕,时间长、影响大、氛围好,远超预期。事实证明,文化皖军不缺人才,缺乏的是环境、氛围与平台,作为活动的亲历者,谨以此文记之。

2013年的夏天,那个热啊!中华大地,唯余橙红,大河上下,一片见底!40℃的高温算什么,根本排不＿全国前十,大热天,心里除了堵,就是憋得慌。

地处江淮的合肥,虽也是烈日当空,但丝丝皖风夹杂着浓浓书韵,让人为之一振,舒坦。

2013年8月4日上午10点,第三届"皖籍作家图书联展"在安徽图书城盛大开幕。在中国文坛,皖籍作家方阵是一道亮丽的风景,在接下来两个多月的时间里,一幕幕别具风味的"徽剧"登场，读书人有好"戏"看了。

吴雪、林存安、胡正言、许辉为联展特制的大型书模揭幕，这些可都是平时难得一见的人物。吴雪是省文联党组成员、书记处书记，著名书法家；林存安是中共合肥市委常委、宣传部部长，还是安徽省美术家协会常务副主席；胡正言是原南京军区创作室主任、电视中心主任，正军级作家；许辉则是安徽省作家协会常务副主席、秘书长，著名作家。他们的到来，为这次"皖籍作家图书联展"活动增色不少。

著名作家、安徽省作家协会副主席裴章传新作《暗枪》的首发式及签售会率先登场。有人评论，《暗枪》是安徽的，也是民族的，此话不假。老家窝子，乡里乡亲中，裴章传可以称得上是一位人气王，热热闹闹地，为本届"皖籍作家图书联展"弄了个开门红。

在合肥驻扎有一支部队，功勋卓著，却鲜为人知，它就是武警交通六支队。30多年前，一支神秘的工程兵部队，从内地赶赴天山，历经磨难，成功开辟了我国西部边陲第一条国防公路——独（山子）库（车）公路。廖振华，一名有15年兵龄的军人，曾经参与四川汶川抗震救灾、天山守墓退伍老兵陈俊贵和舟曲特大山洪泥石流抢险等重大宣传报道，并多次立功受奖，被官兵们誉为"兵记者"。他的新书《戎涯丝语》，亮相安徽图书城，以这种特别的形式拉开了"拥军爱民　悦读相约"活动的序幕，让更多的读者了解了军营和军人。

潘小平和赵昂是老搭档了，潘小平称赵昂是"一棵思想的芦苇"，潘小平新著《前朝旧事》，赵昂新著《看来看去》，签售效果不凡，出现图书断档的现象，当天下午的读书沙龙也是有的聊了。嘉宾许春樵、苏北，都不是外人。《前朝旧事》系潘小平读史札记，语言个性，见解独到。所写人物，虽是晚清政治舞台上的重要人物，所写事件，也多为晚清历史上的重大事件，但潘小平多从小处落笔，以求还原历史的细节和生命的温度。快人快语，酣畅淋漓，引经据典，谈古论今，是一种学习，更是一种享受。

曾经感慨，写合肥的书太少了，不过这一切因为一位合肥"土著"的执着，慢慢发生着改变。《享受合肥方言》是刘政屏继《阅读合肥》《倾听合肥》后，又一部关于合肥的力作，只是这一次的视角是合肥"方言"。不论你走到哪里，乡音是骨子里永远无法抹去的印痕。8月31日，可以称得上是合肥方言日，签售接着沙龙，那个热闹紧凑劲儿，没得说。王光汉，吕士民，一曰"白丁"，一曰"杏林画家"，娓娓道来，加上著名电视主持人袁媛的客串主持，沙龙现场，一个字——赞。

数学和文学之间，似乎有着不可逾越的鸿沟。《点面之间》的作者杜明成是合肥一中的数学教师，利用自己40年的人生经历与读者分享成长的故事，每一季的拔节，每一丝成熟的轨迹，并不离奇精彩，但有足够的诚恳和真实。一位学生对老师说道："遇见一个会教数学的老师容易，但遇见一个会教学生做人的数学老师难，而你，恰巧是这个人。"学生的话，我相信。签售那天，他的许多学生结伴而来，给老师送上了束束鲜花，师生情谊，令人感动。

《又见炊烟》是许辉最新的散文作品集。朴实无华的语言，漫记的形式，记述了淮北大地的风物人事，倾注了作者对故乡一草一木的无限深情，再现了乡村生活的细节之美，保留下许多鲜活有趣的旧时风俗。他写出了失去故乡的人珍藏在心底的故乡记忆，他笔下的故乡比所有人记忆中的更美。因此，刘震云点评："又见炊烟起，勾起往昔。" 9 月 14 日签售当天，苏中、刘祖慈、唐先田、段儒东、时红军等几位重量级的作家、评论家和诗人都出席了仪式。

郝或和郝朝帅是姐弟，二人联手撰文，漫画家韩一民配图的《风从哪里吹——热眼看传媒》比较有意思，从新闻人的视角透视媒体现象、点评媒体行为。韩一民创意独到、技巧娴熟的漫画更是为本书增色许多，姐弟档是这场签售的一大特色。

作家邱晓鸣带来的作品是《乡里·城里》《像狗一样奔跑》。散文集《乡里·城里》收录了邱晓鸣近年发表的优秀散文 60 余篇，作品既有对远去了的乡村生活的真实描述，也有作者对生活的发现、认识和感悟。新书《像狗一样奔跑》收录了邱晓鸣近年创作的 6 篇精品中篇小说，具有浓郁的人间烟火气息，节奏明快，语言风趣幽默，故事生动，引人入胜又发人深省。

赵美萍的《谁的奋斗不带伤》被誉为一部超越苦难的励志经典，读这本书，速度会很快。10 月 13 日那天，许多老读者慕名而来，他们都看过她的《我的苦难，我的大学》。

一位读者说，听说这本《谁的奋斗不带伤》是最新的修订本，主要补充了作者真实的情路历程，特地赶来购买，非常喜欢美萍的文字，就像读《知音》一样，很亲切。其实，你会觉得，这确是一本会讲故事的书，情节曲曲折折，不过比起《我与地坛》的思想深度，还是仁者见仁、智者见智吧。作为一个时代百姓生活的见证，这本书还是很有看点的。谁都会有自己独一无二的历史。

不知不觉中，盛夏已过去，一幕一幕，精彩回放。敲完这些文字，忽然有些汗颜，如今已经很少用笔写东西了，想想昨天，中国汉字听写大会，载誉归来的合肥五十中的几位小选手，他们都才九年级。我想，会写一手好字，是每一个文化人传统的根，当下，是不是有些不经意的东西，我们丢下得太多？

（2013年11月）

爱上一起读

阅读是一件私事，对吗？那当然！要是以前，我会毫不犹豫地这样回答，应不应该去读书，读什么内容的书，想在什么时间读，在什么地方读，读书的目的是什么，当然是我说了算。

我们私下里称刘政屏为"三叔"，叔者，书也。他的身份从大的说有三个：卖书人、读书人、写书人，他除了是一位颇有名气的作家外，还有一个身份——安徽图书城总经理。他从 2010 年上任以来最执着的几件事之一，就是"逼"书店的员工读书，理由很充分，"卖书人更要是读书人，自己都不读书，不懂书，怎么向读者推荐书，怎么能够卖好书"。就这样，安徽图书城在成立 10 年后，有了自己的读书会，这一点，他是可以写进安徽图书城发展史的。

刘政屏会在各种场合讲读书的事，比如某某是怎么坚持读书的，提到的名字有潘小平，他讲潘小平如果书看不完就摊在客厅地板上，逼着自己看，看完后再收起来。他在一篇文章《为什么还要读书》中写道："我曾经对一位年轻的母亲说过，为了以后你孩子没完没了的这为什么那为什么，要让他（她）觉得你了不起、很伟大，而不是看不上、瞧不起或觉得你没文化，你需要读书。""我曾经对一位小伙子说，为了你和别人聊天甚至吹牛的时候，你可以比别人知道得更多更准，你能够说得别人一愣一愣的直让人佩服，你需要读书。""我曾经有很多时候追求一些不该追求的，计较一些不该计较的，看不明白许多东西，搞不清楚许多问题，但后来发现读书可以教会我许多，让我明白许多，让我的日子自在许多、敞亮许多。看来，为了好好地活着，潇洒自如地活着，我们必须读书。"对书店的员工，身为领导的刘政屏不止一遍地讲过这样一句话："一句，哪怕仅仅是一句内行的话，没准就会促成一笔生意。因为我们是安徽图书城的员工，介绍图书、让读者买到他们想要的图书是我们的义务，卖更多的书，让更多的书随着读者从图书城的大门出去，而不是从图书城的后门退回到出版社去，是我们努力的方向。因为只有卖更多的书，我们才会有更好的收益。因此，为了我们的工作和生活，我们必须读书。"

于是，几年坚持下来，前后十几期读书会，也别说，员工的改变和进步是有目共睹的。我们读的书包罗万象，有《此生未完成》，让人思考活着的意义，有职场读物《你的礼仪价值百万》《从优秀到卓越》《谁动了我的奶酪》，有大众经典《茶馆》《经典天天读》《纪伯伦作品精选》《笑话中的经济学》，有企业家著作《任正非内部讲话》《史玉柱自述：我的营销心得》，有莫言的《蛙》、毕飞宇的《人类的动物园》、史铁生的《我与地坛》、刘醒龙的《天行者》，有吴念真的《这些人，那些事》，有倪萍的《姥姥语录》。最后一期读书会，我们邀请的是中国作家协会全国委员会委员许春樵，他的小说《酒楼》中的"舍"与"得"，是人生哲理。刘政屏始终在坚持，坚持读书，并带领自己的员工一起读书，因为坚持，就有了您手中的这本书。

2014年12月，刘政屏主编的《以书的名义聚会（2）》出版，有上、下两册，上册为《亲，读书沙龙见！》，是安徽图书城4年来与媒体举办的44期读书活动的媒体报道与相关文字合集，下册是《爱，一起读书吧！》，是安徽图书城员工读书会作品合集。你没看错，带着员工读书，还能把员工作品结集出版，让很多人的文字第一次变成铅字，这也是份别样的情怀。

也许，书中的文字还不甚优美，也许书中的观点还不甚深邃，这有什么关系呢？这一篇篇文字都不是出自大家，全部原创于普通的基层书店员工之手，他们中许多人和你我一样，时光飞逝间，早已生疏了阅读，早已生疏了笔头。但可喜的是，通过读书会，他们重新找回了读书的习惯，他们重新发现了读书的乐趣。他们的视角，他们的感触，也许更贴近我们的生活。其实，只要你捧起书，"开卷有益"说的何尝不是一种境界。

书可以一个人读，也可以大家一起读，思想的交流碰撞出的是璀璨的火花。阅读也一样，当一本书的几十份读后感汇集在你手里时，你对这本书又有了更全面的认识，原来同一本书在不同人眼里，是不同的哈姆雷特，这是一份莫大的惊喜和收获。

于是，爱上一起读。

（2014年8月）

书
店
忆
事

与许春樵面对面

　　这是难得的一次与著名作家面对面。许春樵，男，安徽天长人，安徽省作家协会副主席，中国作家协会全国委员会委员，安徽文学院副院长，国家一级作家。

　　许春樵的名字，我并不陌生，最初对他的了解，是《五虎出列》在安徽图书城首发，他是五虎之一。后来我陆陆续续在书城参加了不少活动，对他有些眼熟。进一步的了解，是因为他的作品，图书城的读书会选读了他的一部小说《酒楼》。如今大众的阅读习惯、阅读能力和阅读品位是不便擅自评论的，能有机会静下心来读完一本书也是一种缘分的使然，就如这本《酒楼》。当我拿到书的一刻，一念一闪，书就应该是这个样子，不需要很大的开本，装帧朴素，好的东西不需要刻意去炫耀什么，它就静静地在那里，等着与有缘人相逢。作家是用作品说话的，读《酒楼》，其实就是与作者隔空面对面，感悟有两点：小说很棒，文字老练。

　　人物、情节、环境，是小说的三要素。《酒楼》把三要素把握得恰到好处，环境贴近生活，情节跌宕起伏，人物栩栩如生，读来一气呵成，不忍释手。

受书店热情邀请，许春樵应邀参加了读书会活动，能把作者请到场，读书最快乐的事莫过于此。许春樵一露面，就受到了大家的热烈欢迎，活动还吸引了《合肥晚报》的资深媒体人何素平老师前来，她专门写了一篇《盛夏读书要交"作业"》刊发在《合肥晚报》上。

认真听完员工的读后感，许春樵十分诧异，他感叹，这年头有人读小说已经很稀奇了，居然还写读后感，居然还真发现这么多问题，太让人惊喜。关于《酒楼》的创作，许春樵坦言，他是想写一部和《茶馆》一样，记录中国改革开放以来的社会变革和历史变迁的作品，酒楼是社会的缩影，是商场、情场、官场、名利场，"我所能做的就是忠实地记录一个时代的命运史和心灵史"。

对于小说中情节的塑造，许春樵认为，"搭架子"是必须的，人物不能脸谱化，不能太俗，作家对所写的故事和人物要有独特的发现和判断，要从人性的角度去考量。对于大家关心的，《酒楼》会不会有续集呢？许春樵笑笑，给读者留下想象的空间，岂不更好。

书城掌柜刘政屏也认真写了一篇读后感，对《酒楼》"反映了社会变革大背景下人们的手足无措与彷徨迷乱"的评价，许春樵认为概括得非常准确。现场我私下问了许春樵几个问题，写作品是什么时候写？可熬夜？用电脑打字还是手写？答案是晚上也写，但不熬夜了，年龄不饶人，用电脑写。

作品具有思想高度，是许春樵的一大优势。原本一件普通的事情，经他的文字传递出的是别样的精彩。潘小平评价："春樵的优势在小说，早年的《跟踪》《谜语》《悬空飞行》《守望冬季》《推敲房间》等，有着强烈的形式意味和形而上的抽象与荒诞，在安徽作家中独树一帜。近期的长篇《放下武器》《男人立正》《酒楼》等，注重对人性的挖掘，表现对灵魂的震撼，叙事也趋于现实和通达，思想、情感、阅历在更高的层面上融合。"

这段点评中肯、到位。《酒楼》流露出的是作者的一种情绪，文字当中有那么一股愤愤不平的呐喊，只是作者巧妙地把它表现得"润物细无声"。我在想，许春樵在创作《酒楼》的时候，心中一定是有一股"气"在顶着，心中有不甘的情绪。也许，多年以后，当他回过头重温《酒楼》时会发现，时过境迁，同样的文字，只能感叹一声曾经"意气风发"。

作为一位不断成长和成熟的作家，岁月有痕。与许春樵面对面，人散曲未终！值得回味！

（2014年8月）

一位合肥"土著"的别样情怀

我认识的L君，绝对是个"得味"的人。他自诩为合肥"土著"，作为土生土长的合肥人，骨子里对合肥充满深情和热爱。同时，他又是一位值得敬佩和让子女感到骄傲的父亲。当然，他也是一个普通人，从你身边走过，你不一定认识。

L君供职于合肥市新华书店，2000年左右，我原来的单位解散了，正赶上新华书店招人，在某个下午，我也成了书店的一员，与L君就有了交集。

我先在科教书店实习，那时L君在二楼的科技柜组分管工业类图书，和我一起实习的有不少书店员工的子女，闲暇时就有人跟我们聊各位师傅的家长里短。提到L君，大家说他很特别，能写，还出书了呢。我想这可不简单，当时下意识留意了L君，感觉L君干事特麻利，一副手套，一身灰色的长大褂，找书上书一板一眼，有条不紊。有一次，恰巧碰到他和上面的一个人"斗嘴"，声音不大，味道十足，几句话就把那人噎得哑口无言，满脸通红，看着L君的慢条斯理和那人憋着气又发作不出来的样子，当时特想笑，心想这人嘴皮子挺利索的。几年后，在一位员工的婚宴上碰到L君，隔着一桌，那一桌很热闹，敬酒喝酒气氛热烈，看得清楚，全因为L君在，他是个热闹人。

L君负责市场营销，2008年市场营销需要人手，我被抽调过去帮了一段时间的忙，算是和L君正式认识了。L君是个出过书的人，不久后，我也跟着他认识了不少文化界的人士。4月23日，是世界读书日，那一期的读书沙龙邀请的是苏北和闫红，真是汗颜，我这个圈外人对两位一无所知，让查查《误读红楼》可有货，我开始以为书名叫什么"雾都红楼"，后来才弄明白。苏北成名甚早，最迷汪曾祺。闫红是位美女作家，粉丝众多，那一期的读书沙龙挺成功的。苏北虽是长者，但闫红的人气更旺，记得一个细节，闫红发言时，苏北想拍几张照片，两人是并排坐的，角度不佳，于是苏北起身翻过桌子在闫红前面拍了几张，后来我把这个写进了读书沙龙的花絮里，L君就此找到了把柄，他说我写一些侧记、花絮之类的还不错。以后，凡写这类的文字，就成了我的任务，L君"认定"了就让我写。

在一次有红十字会相关人员参加的读书沙龙中，L君成了主角，关键词是骨髓移植。对着话筒，平静的L君娓娓道来，全场寂静无声。我终于了解到，多年来，L君还一直在热心宣传骨髓捐献知识，他本人也是一名造血干细胞捐献者，他称自己是骨髓捐献的"民间倡议者"，并被媒体称为安徽"志愿捐献骨髓的先行者"。2005年11月1日，L君获得合肥市文明市民称号，并被表彰。作为一名曾经患过重症血液病儿童的父亲，他呼吁：每个人都应该尽自己的一份力量，共同打造世界上最大的骨髓库，挽救那些需要帮助的生命。

因为这些经历，有本书不得不提，《就这样，我们赢了》是L君的呕心之作，不忍不看，不忍细看，书中L君写道："一个人如果不在生活中落到一个很低的状态，他是不会看清许多问题，弄清许多道理的，他也不会以一种感恩的姿态，去珍惜眼前的生活。"他还写道："磨难折磨着人，磨难也在考验、锻炼着人。历经磨难，如果你没有被打倒，那么你一定会有所收获，你一定会变得更加坚强勇敢。从这一点来说，磨难是老师——一位我们不喜欢、不愿意遇见的老师。"L君的书和事迹感动、激励了很多人，我想，这既是一位父亲的成功，也是这个家庭的幸运，故事的背后蕴藏的是那句普通且深刻的话：不抛弃，不放弃。如今，书里的"壮壮"已经快要大学毕业了，我见他经常来找L君。提起儿子，L君眼里总是多出了许多温情，是的，孩子的十八岁是他从北京背回来的，其中的父爱如山是用语言无法概括的。望着长大的儿子，话语间，L君又有了新的"烦恼"："我家那小子，还懵懵懂懂，……"嗯，想抱孙子了！

2009年的一天，L君突然打来电话：你也写一篇关于合肥的文章吧，试试看，能写什么样就什么样。对于合肥，我其实只能算个外来人，但对这座城市多少有些自己的感受，写就写吧，完稿后发给了他，很快L君打来电话，说我写得不错，还建议把文章的题目改成《我渐行渐近的合肥》。后来得知，L君与办公室的潘林松合作，一起做了一件非常有意义的事情，在国庆60周年之际，请60位合肥的作家、学者等每人写一篇关于合肥的散文，然后整理成册，交由正规的出版社出版，2009年10月1日首发，于是这本《阅读合肥》面世了，后来销售得非常好。喜悦之余，L君私下和我感叹，瞅别人的稿子瞅"伤"了，校对是件苦差事，那条向认识和不认识的作者约稿的短信他会永远保留。现在想想，这是L君对自己"合肥情怀"的一次完美策划和践行。

跟你熟了，L君会有一些你想不到的举动。我是个"触网"很晚的人，说来不信，收进《阅读合肥》的那篇文章还是抽空在网吧里敲出来的。2009年下半年家里通了网，我赶潮流也开通了博客，把那篇文章发了上去。第二天，L君打来电话，一本正经地说："喜事，要请客啊！"我一头雾水，原来L君抢到了博客的"沙发"。我就纳闷，昨天开的博客，还没告诉别人，他怎么知道的，后来明白了，我开通博客后看了L君的博客，浏览痕迹暴露了我的行踪。再后来，有时很晚才睡，就上网发博客，写到凌晨几点。有一天L君见到我时，悄悄把我喊到一边，声音很低却有些严肃地讲，最近在忙什么，搞那么晚才睡，要注意休息，身体最要紧。我连忙解释一番，感谢一番，感觉此时的L君就像一位邻家的老哥，虽不在你身边，却时刻关注着你，总在不经意间温暖着你。

2010年，L君有了一个全新的舞台，他走马上任合肥最大的图书零售卖场安徽图书城的经理。放眼全国的大书店，像L君这样既是一位出书人又是一位卖书人，并走上管理岗位的，并不多见，看上去文质彬彬的L君很快进入了角色。L君与新安晚报副刊部主任马丽春一拍即合，安徽图书城和新安晚报联手，"周末七点档·新安读书沙龙"于2010年8月28日晚在图书城一楼正式开场，这是L君想到的借力强势媒体合作举办读书沙龙的创新之举。随后新安读书沙龙在省城逐渐声名鹊起，从最初的邀约嘉宾，到后来名家主动参与，沙龙给安徽图书城乃至省城带来了浓郁的读书氛围和崭新的阅读感受。村上春树作品《1Q84》的翻译者施小炜，《酥油》的作者江觉迟，教育专家孙云晓，美女作家闫红，国家一级编剧王丽萍，合肥知名水墨漫画家吕士民，合肥籍台湾东吴大学物理系教授郭中一，嫁入马鞍山的韩国新娘金美净等一大批不同背景的嘉宾纷纷亮相图书城，书店乘机开辟了主题书架和皖籍作家专柜，开拓了新的市场空间。印象很深的是，L君对读书沙龙中的人都是自来熟，常常在旁边给我们介绍，这是谁，写的什么书，那是谁，是干什么的，某某今天也来了，他也是《阅读合肥》的作者之一，写的是哪一篇文章等。在L君的"牵线"下，我们认识了不少"圈内人士"，有时在想，L君的到来，就如空降一般，他使图书城的发展换了一种思路，也使我们对很多人渐渐熟悉起来。

书店卖书，总离不开签售这件事，对签名售书，L君有自己的见解。"尽管为别人举办过数十场签售会，之前自己也出版过三本个人的集子，但对于签名售书这件事，我一直是保持足够的距离的。因为我太知道签名售书这件事的深浅，它需要充分的策划、宣传，需要精细的落实、准备，需要全面的统筹、安排，除此之外，还需要一套完备的应急预案，也就是预判可能出现的情况及如何应对。"这是L君博客里的一段话。

L君有时也挺会"害"人的，经营什么不好，非去卖什么扑克，不但卖，还挺痴迷的。据他讲，他收藏的扑克有好几千副了，这个我相信。他还会收拾，店里的扑克专柜只要销量不好，L君下去摆弄摆弄，位置调调，扑克又动销得快了，这就是他专业的地方，他知道如何去推销。

L君痴迷合肥，更痴迷合肥方言，"闹门子""屁磨""值价""不得手"，这些原汁原味的合肥话在L君的眼里是如此的地道。他的新书《享受合肥方言》即将面世，这就是L君，说到做到，要为这座城市留下些什么。因为方言，还见到《庐州方言考释》的作者王光汉老师来找L君，这是一位非常朴素非常谦虚的学者，在《合肥晚报》上连载作品的"白丁"就是他，一时间很有触动，做学问做事情就应该这样，来不得半点浮躁。

L君的故事还会很多，还会很长，就如他喜欢步行一样，别人是跟不上他的，如果你是一位热爱合肥的人，其实，他就在你身边。

L君是谁？合肥刘政屏是也。

（2013年2月）

回望"政屏说书"的那些瞬间

2021年1月23日的下午，赶到三孝口书店的五楼时，那张熟悉的长方桌刚刚清场，有些空荡，我在桌角找了个位置坐下，回望四周。现在已是2021年，"政屏说书"自2017年7月20日第一期至今，已经横跨五个年头，时间真快。在一个群里，看到一个关于家长会的段子，结尾是"呵呵，时间好不经用，抬头已是半生"，这种慨叹，感同身受。

"政屏说书"第一期聊的话题是东野圭吾，"东野圭吾为什么那么红？"。本期是第四十六期，主题是回顾，回顾"政屏说书"的往期精彩。虽说一月一期，几年时间不长不短，能坚持下来，除去信念，我想也一定有某种内在的东西存在，好比投资，吸引你的是其内在价值，越稀缺越值钱，"政屏说书"背后稀缺的是什么呢？正想着，下午活动的第一个嘉宾到场，看到她，我似乎恍然大悟，不是问题的问题，迎刃而解，嘉宾是马丽春。

在我眼里，刘政屏和马丽春就是一对黄金搭档，他们俩往那一坐，我脑海里会蹦出一个成语——珠联璧合。一个是发行人，一个是媒体人，还都是读书人。策划文化活动，单打独斗不比人差，合在一起是锦上添花、强强联合。早期在安徽图书城，他们联手打造的"周末七点档·新安读书沙龙"就非常叫座，影响和口碑颇佳，从图书城到三孝口，"政屏说书"延续了这种合作。书店有举办文化沙龙的传统，纸媒有拥抱新媒体的诉求，移动互联时代，资深书店人刘政屏解读每期（前一个月）全国畅销书排行榜榜单和书籍知识的"政屏说书"应运而生，每月一期，早期在大皖客户端直播。有意思的是，这种合作不是捆绑，是一拍即合，这是让双方都很舒服的一种联系，依靠却不依赖，某种距离感保持了他们各自的特色。

我想，"政屏说书"背后的核心逻辑，是不断坚持，它从"栏目化"逐步演变为"平台化"。合肥的GDP突破万亿，强省会战略成效明显，发展的平衡需要硬实力也需要软实力，省城的文化发展需要不同层次的平台，来对接方方面面的文化诉求。"政屏说书"就是这么一个接地气的平台，每期的活动已不限于对榜单的解读，而是提供一个平台，不同层面的读者在书店产生交集，定期的文化交流成为常态，成为一道风景。

坐在那里，听着讲述，欣赏着讲述人精心制作的PPT，一幕一幕，几年的时光浓缩在一起，原来有这么多的作家和读者在"政屏说书"里留下他们的故事和声音。陈家桥谈东野圭吾热，许辉解读《人类简史》和《未来简史》的走红，翁飞解析"一带一路"倡议的国家背景，闫红聊的是"鸡汤文学"的取与舍，余同友回顾了他2017年的阅读记忆，许若齐谈的是《芳华》，许春樵分享了《小说的阅读与创作》，张纪回忆的是《我的祖父张恨水》，汪军离不开他的安庆《记忆场》，章玉政下功夫的是《刘文典传》，还有黄复彩的《墙》，温跃渊的《小岗村》，康诗纬的《半个世纪的手账》，常河的《一脚乡村一脚城》，苏北的《呼吸的墨痕》，汪朗说《百年汪曾祺》，期期精彩，错过了何其遗憾。

《合肥的小街小巷》这一期尤为特别，众多作者齐聚，表达了对合肥这座城的热爱：78岁的陈频写的是义仓巷；程耀恺的老家在刘老圩子旁边，程耀恺当年扛着箱子就来合肥上学了，他写的是女儿住的地方——永红路；许春樵写的是飞凤街，飞凤街和城隍庙在他看来不再是文化想象，现实赋予了街巷新的意义；常河写的是梨花巷和拱辰街，每个人都有自己的个人地图，挖掘打捞合肥的烟火文化和市井文化，真的还要继续；马丽春想了很久，没敢对芜湖路下手，熟悉的安庆路和环城路在她看来没有挑战性，于是她写了新居所旁的书箱路，一气呵成。主编刘政屏直言："还有多少人关注我们身边的小街小巷？回味的时候，很多东西找不到了。"

2020年的关键词是疫情，刘政屏一定会记忆犹新，因为有好几期，他面对的是空空如也的现场。没错，因为疫情不能聚集，"政屏说书"开启了抖音直播和线上连线模式，书店里空无一人，他独自站在那里，想象着下面有很多人，像上网课一样，完成了至少三期，那份坚持，值得敬佩。当书店暖心回归时，他一定感慨良多吧？

"政屏说书"的很多期，来参加的都是普通读者，因为读书，因为文学，因为热爱，他们走到了一起。读书达人的会聚，谈的话题多种多样：正在读的书的分享、读茅奖作品的体会、夏日读诗的悠韵、我和我的书店故事、最难忘的一本书、文博会的读书会专场、出版社的图书专场、《阅读合肥》十周年、《傅雷家书》之谈父亲、读书会读《她们》、那些写合肥的书、走进大学的校友会等。这也是"政屏说书"

的接地气之处，以书为媒，只要爱读书，不论你身在何处，心始终在同一频道。

"政屏说书"还会有更多的精彩瞬间，在"十四五"开局之年，刘政屏说，"政屏说书"会坚持线上线下两种方式，会坚持走出去，会坚持求变求新，但贴近图书、贴近读者的宗旨永远不会改变，读者永远是参与者和主人翁。

"政屏说书"一路走来，一路坚定，一路执着，就像一位经常参加活动的作家说的，平时很少能见面的一些人，都能在这里遇到。这是不是对"政屏说书"的一种褒奖呢？

（2021年2月）

我和新华书店

小时候，对书的印象是饥渴。物资匮乏的年代，有藏书的家庭是很少的，我随父母蜗居在三线厂的山里。厂里有图书室，品种很少，全封闭的，借书是通过一个小小的窗口，把借书证递进去，过一会儿里面递出来两本书或杂志，你没得选，拿什么就是什么，我清楚地听到里面有小孩的打闹声，心想，图书管理员的孩子是多么幸福。

厂区有大广播，家里有台收音机，每当吃饭的时候，我会打开收音机，听单田芳的评书，听着听着就着迷，一到"下回分解"就很期待。老家的外公要摆一个小人书书摊，父亲到合肥买了很多小人书，托人捎回去，小人书就放在家里五斗橱上面的一个箱子里。我一开始是搬凳子，后来是踮脚，从里面摸书，摸到一本看一本，第一次看到了《岳飞传》和《三国演义》，这让我对小人书有了很深的亲切感。到合肥上中专是20世纪90年代初，买食品还要粮票，还好买书和杂志不用票。经常光顾的市中心的书店有两家——四牌楼书店和科教书店，每家店门口都有人行天桥，就像一条彩带，指引着你不知不觉就沉浸其中。

　　成为新华书店的一员，是偶然。我在街上逛，想着去书店看书，见到一群人在书店后院附近排队，一问，说是书店在招聘，我也就报名试试。后来经过笔试、面试等环节，最终录取的首批人员中有我，与新华书店的缘分就这样开始了。我第一次被带到长江中路279号安徽图书城的卖场时，还是有些震撼的，这么大的书店在21世纪初还是很少的。从读者到店员，从看书、买书到卖书，身份的转变也是挺有意思的一件事，当然，离书更近了。一切都是新的，逐步熟悉了图书发行的业务流程，从手工抄单到电脑录入，从数据分割到全省联网，从地域管辖到整合上市，新华书店走出了一条不平凡的路。我印象深刻的是，开放式的管理损耗也大，每年都有不小的盘亏，有书籍损毁的，还有书籍被盗的，碰上几个"职业"偷书贼，会很闹心。对待书，有看的，有买的，有卖的，居然还有盗的，一言难尽。

　　在安徽图书城这个全省最大的图书零售卖场，我人生最美好的一段青春时光和它相遇相伴。图书城从小到大，从弱到强，为省城的文化发展做出了巨大贡献。在这里，"周末七点档""新安读书沙龙"蜚声在外；在这里，员工成立读书会，卖书人更是读书人，《爱，一起读书吧》记录在册；在这里，《阅读合肥》让我的第一篇文字变成铅字，值得纪念；在这里，铁打的营盘流水的兵，向左走向右走，时常让你选择。

　　安徽图书城东边有条小巷子，叫新华巷，那里曾经云集了很多家书店，新华巷靠近长江路的巷口一直很热闹。

2014年12月4日，安徽图书城的一楼大厅空荡荡的，我默默取下固定在总台墙上的营业执照，轻轻擦了擦。自2000年5月1日起，风雨无阻，安徽图书城从青涩到成熟，销售越做越大，影响越来越广，人气越来越旺，伴随着三孝口书店的转型、四牌楼书店的重建，合肥这座高速崛起的省会之城，在很长一段时间里就只剩下安徽图书城这一家大型书店，于是汹涌的文化消费增量让它有些喘不过气，硬气的是，它默默挺过来了，用新华人无私的奉献承担了光荣的社会责任，但硬件设施确已不堪重负，改造势在必行。图书城里这支坚忍耐劳的员工队伍，普通的人，合在一起，做了一件了不起的事，最好的回报就是读者的追随。改造期间，第二卖场在原卖场后院，面积小了许多，因为是临时的，没有电梯，也不太好找，但人流依旧，很多读者都是自己摸上来的，一些上了年纪的读者是一步一步挪上来的，就为了看看新的地方，方便以后看书和买书。有了读者的认可，一切坚守都有了意义。

新时代，新征程。安徽图书城重新开业，原科教书店变身三孝口24小时书店，更是开启了共享书店新模式。为打破合肥公共文化设施（场所）发展瓶颈，一个名为"城市阅读空间"的文化新地标出现了。2017年以来，合肥市围绕"加快打造书香合肥，创建全国乃至全球全民阅读典范城市"的目标，在全国省会城市率先形成"十五分钟阅读圈"，合肥新华书店在阅读空间的建设运营中成为主力军，运营着几十家城市阅读空间。

2022年1月7日，在"你的2022年愿望"纸条上，我写了四句话，其中第一句是"帮助阅读点改善库存结构"，从2021年12月起，我就开始了这项工作。阅读点从无到有，快速扩张，硬件建设容易，运营提升不易。我关注到很多阅读点存在一个短板：门店图书品种的时效性滞后。我利用平常巡店的契机，针对库存进行了较为详细的数据分析，比如店里图书的总品种数是多少？近一年、近两年、近三年和三年前的不同品种占比各是多少？什么是配发参数？如何补充新的货源？为什么说库存是团购的支撑？每到一家店，我会联系店长，跟店长面对面沟通，从反馈来看，很有益处，力量虽小，贵在坚持。

时间在变，世界在变，时代在变，不变的是心中还留有那丝眷念的情怀。李宗盛在《凡人歌》中说，你我皆凡人，生在人世间，平凡，是这个世界的底色。有些东西在我们眼里光芒万丈，是因为自己在心中给它们镀上了一层光辉，这光辉不也正是你无悔的选择？

书香悠悠情未了！

（2022年10月）

书店忆事

1937年4月24日，新华书店在革命圣地延安的清凉山创立。1935年，中央红军胜利到达陕北。1936年，西安事变和平解决，国共团结抗日。1937年1月，党中央进驻延安。为加强党的宣传工作，由张闻天、秦邦宪、凯丰等同志组成中央党报委员会，负责领导新华社，编辑《解放》周刊，出版图书。1937年4月24日，中共中央机关刊物《解放》周刊创刊，发行科在创刊号上署名"陕西延安新华书局"，同年10月初改称新华书店。1947年6月起，刘邓大军千里挺进大别山，中国人民解放军转入战略进攻阶段。1948年8月，党中央在西柏坡决定建立全国出版工作的统一集中领导机关，统筹全国新华书店的工作。12月，毛泽东主席在西柏坡重新题写了"新华书店"四个大字，自此，新成立的北平新华书店及全国各地新华书店，统一用这次的题字复制店招。

一

安徽省（合肥）新华书店的历史，要溯源到它的前身——皖北、皖南新华书店。皖北新华书店是在江淮新华书店的基础上发展起来的。

1948年5月，解放战争不断取得胜利，苏北解放区华中新华书店总店按照上级党委指示精神，抽调甄海澄、杨振亚、金志贤等精干人员南进江淮，在淮北半城镇（雪枫镇），奉命与华中新华书店七分店（前身是雪枫书店）合并，成立江淮新华书店总店，后随着淮海战役的胜利，江淮新华书店总店先后迁宿城和蚌埠。

1949年1月21日，合肥解放，中共合肥市委宣传部抽调施志祥等4人，在十字街原农业银行旧址内（宿州路75号）开办了一个临时售书门市部。同年3月，江淮新华书店总店由蚌埠迁来合肥（地址在前大街119号）；4月改建为皖北新华书店总店；5月1日，皖北新华书店总店门市部（安庆路73号）正式营业，中共合肥市委宣传部的临时售书门市部撤销，同日在宿州路73号筹建的直属古楼桥门市部开业，虽只有4名营业员，却是新中国成立后新华书店在合肥建立的第一个综合性门市部；9月，皖北新华书店总店改名新华书店皖北分店。1951年1月，新华书店合肥支店又改为分店，直属门市部。1951年11月18日，新华书店合肥支店成立，担负全市的图书发行任务，支店22人，营业面积150平方米。1952年初，新华书店皖北、皖南分店合并，于6月1日成立新华书店安徽省分店。1958年9月1日，按市文化局〔58〕文化字214号文，新华书店合肥支店改名为"合肥市新华书店"。

二

采访宋昌晓老人是《新华红，永传承》故事收集撰写任务的一部分，现实中对这些口述历史的收集非常有限。退休本身很独特，当手续办完，档案移交后，人和单位的关系似乎就断了，从此隔开。城市的档案记录，需要宏大叙事，更需要微观细节，每个普通人的故事就是城市的故事，记录本身亦是年轮。

2023 年 5 月 18 日下午，当钻进车子的一刻，我问总经办陪同采访的叶海林：宋昌晓老人（后称宋老）年龄应该不小了吧？她回答宋老今年 94 岁了，老人身体好得很。车子开往淮河路步行街东口，宋老住的地方位置非常好，离步行街就一墙之隔，房子在四楼，宋老还能每天上下楼。进到房子客厅，宋老正坐在桌子旁看报纸，家里非常整洁，桌子上铺着一份很大的老合肥地图，几份报纸和一个放大镜放在桌子上，头发花白的宋老看上去状态很好，在随后的近两个小时里，老人侃侃而谈，思路清晰。

宋老记得，他是 1951 年 7 月加入新华书店皖北分店门市部的，那年他才 22 岁。宋老不是土生土长的合肥人，他的老家在舒城干汊河镇顺河村宋家湾，他是 1951 年才来到合肥的，这一年他第一次见到电灯。宋老追随着合肥市新华书店一路成长，是书店发展历程中很多事件的亲历者和见证者。

宋老回忆，从 1956 年下半年起，各地新华书店贯彻"古为今用"的方针，开展古旧书收购业务。1956年10月25日，新华书店安徽分店下发《古旧书收购暂行办法》。全省确定22个县店为古旧书收购点，并在安庆、芜湖、屯溪、合肥建立了古籍书店。早在1951年冬，合肥支店购买宿州路116号两间半门面及后院和厢房的一栋房屋，连同门面的二楼，共计200平方米，作为职工宿舍和食堂。1956年6月，合肥支店决定，利用其临街门面（40平方米）开设"合肥古籍书店"，当年9月开始对外收购业务，1957年3月1日，正式开业。

后排：黄建斐、张　明、李　英、彭克荣、花家禄、胡铨炯
中排：杨志平、吴家骅、宋昌晓、赵华诚、陈嘉壁
前排：黄平菊、吴　静、唐佩娜、吴新瑾

新华书店皖北分店门市部全体工作同志留影（照片由宋昌晓老人提供）

合肥古籍书店的业务开展得有声有色，当时，曾邀请合肥市知名画家徐子鹤、王石岑、萧龙士、童雪鸿、张建中、

光元鲲、冯儒珍、孔小瑜等为古籍书店开业作画，画作布置在店堂内。从1956年10月到1961年，古旧书收购成绩显著，全省累计收购古旧书100多万册，其中稀有、珍贵的古旧书有3000多种，达2万多册，如《大清实录》《明朱买臣家谱》《五朝名臣言行录》《新安名宗志》《董西厢》等书颇有研究价值。1960年7月，安徽省店转发"合肥古籍书店怎样组织旧书回收工作"的经验。1966年，合肥古籍书店因"文革"被迫停业，同年11月17日，书店将停业封存的古旧书籍赠给省图书馆63226册，价值46004.09元，赠给市图书馆6815册，价值3930.70元。

宋昌晓清楚记得，因回收古旧书和字画，一天，省里和市里的两位领导来到古楼桥门市，当时门店面积小，字画都没地方摊开，一位领导说，你们这地方确实太小了。领导又了解了一些情况后说，省里会安排给你们写封公函，你们到北京看看可能争取些资金回来。时值门市部组建不久，除去组长、会计和2个通信员，无人可派。1954年，身负重任的宋昌晓独自登上了开往北京的火车，到新华书店北京总店寻求支援，可那时百废待兴，总店也很困难，根本没有余力支援，宋昌晓空手而归。

1953年春，中共安徽省委派省委工业部副部长李广涛前往上海，商谈沪企迁皖事宜，开展"大招商"。按照党在过渡时期的总路线，全国掀起了社会主义改造的浪潮，轰轰烈烈的公私合营拉开帷幕。在合肥，很多上海企业内迁合肥。1954年36家上海工厂迁入合肥，寻求外援便成为当时发展合肥工业的一条捷径。1955年，到北京总店寻求支援未果的合肥市新华书店，在主管部门的关心下，向民营资本借款27万元，筹建长江路门市部，本金、利息分10年还清。正是利用这笔宝贵的启动资金，1956年在长江路与徽州路交叉口处开始兴建建筑面积为3800平方米的5层营业大楼，1957年建成，1958年2月15日开始营业，首次实行专柜负责制。

当时，宿州路门市部和科技门市部分别迁入一楼和二楼，一楼经营马列、文学和艺术等方面图书，二楼综合经营自然科学、工农业和医药卫生等方面图书，自此长江路门市部（老四牌楼书店）正式翻开了合肥市新华书店的新篇章。这个十字路口，新华书店、百货大楼、供电公司、轻工大楼各占一方，逐步形成四牌楼中心商圈。老四牌楼书店的命运密码源于古旧书的收购，正如它地处庐阳老城区，嫁接城市历史，厚重和文史是它的基因。

宋老铭记心中的一件事是，1958年9月19日，毛主席乘坐敞篷车，从金寨路上的稻香楼宾馆出发进入长江路，从西往东巡视合肥市，与20万合肥民众公开见面，十里长街，万众欢腾。营业中的长江路门店，读者连同营业员瞬间"跑光"，争先恐后去一睹毛主席的风采，时任门市部主任的宋昌晓只好一个人留下来"看店"，独自聆听着外面排山倒海般的欢呼声。

1958年12月，合肥市新华书店在铜陵路工厂区新建了一座二层楼的门市部，一楼用于营业，二楼用于办公，取名铜陵路门市部。1959年3月，租赁长淮电影院的观众休息室，设立了长淮门市部。1966年，在南七里站兴建南七门市部，含仓库和宿舍，总建筑面积330平方米，门市营业面积50平方米。1982年，在东郊工厂区兴建花冲门市部。1984年3月17日，在长江路与金寨路交叉口西北角，开始兴建前半部4层、后半部8层，总建筑面积3860平方米的营业大楼，1985年8月建成，这就是科教书店。

后排：杨得善、戴礼冕、沈士伟（经理）、童 玖（组长）、王友尧、宋昌晓、董守望
中排：赵雅春、余祝新、刘 彬、赵静波、吴祝霞
前排：魏汝华、邵瑞芬、罗恒甫、梁建文
新华书店合肥支店门市组爱国主义工作竞赛优胜纪念
（照片由宋昌晓老人提供）

2011年2月28日，老四牌楼书店在春天的丝雨中谢幕。站在熟悉的十字路口，只剩下百大还是老样子。我在想，如果长江中路不改造，如果四牌楼天桥还在，这些保留下来的老建筑，让记忆有个承载的地方，是不是一种幸福和幸运呢？正如同这十几年来，新华书店的自有网点大幅萎缩，音

像城撤了、南七店撤了、花冲店拆了、始信店（华仑）撤了，五里墩店也缩减了面积。不同的历史时期，一群人和一群人的区别在于，有些是建设的见证者，有些是终结的见证者。

后排：徐步英、李治玉、沈光云
中排：徐凤英、丁秀文、杨素琴、周桂娣
前排：杜玉泉、郑占美、宋昌晓

新华书店文艺组的伙伴们（照片由宋昌晓老人提供）

（2023年6月）

记录本身　亦是年轮（后记）

城市有年轮吗？我说有，跟树木一样。

城市有"传记"吗？我想，严格意义上说是没有的。人当生命终结的一刻，生命发展就停止了，生命的轨迹从动态变成静态，可以有"传"。但世界上99.99%的人都不会留下传记，因为"人类群星闪耀"的毕竟是少数人。

城市是不断发展的，特别是有科技加持后，呈现出发展加速度，"士别三日，当刮目相看"。城市可以有"年鉴"，可以有某个时期的"发展史"，但更多的是日复一日的"记录"。

2020年，合肥正式迈入万亿俱乐部，GDP总量首次突破万亿大关，这是个历史性的时刻。合肥被誉为"最牛风投城市"，"合肥模式"令人瞩目，"芯屏汽合""急终生智"战略性新兴产业格局傲立江淮。

这本《城市年轮》的小册子，你可以把它当成一本记录集，它是以"我"——一位普普通通市民的视角，去尝试记录下这座城市发生的变化，以百姓视角，记录城市变迁。我把这种记录当成"日记"，写"日记"感觉没什么压力，不用想那么多，不用去揣摩一些东西，就是平常的记录。更轻松的是，"日记"本身也没有什么"好"与"坏"、"对"与"错"之分，囿于学识、角度、立场等因素，记录会有查询、有借鉴、有引用，有道听途说，还有想入非非。你在阅读中，如果发现有谬误或者不当之处，不妨一笑了之。

合肥快要有千万人口了，每个人的故事加起来，犹如一支巨大的画笔，在合肥这片辽阔的土地上，描绘着不一样的色彩，勾勒着不一样的线条。若干年后，当人们回头看这座城市时，会不会有人惊讶地说："看，这有线条，很丰富。"

我相信，记录本身，亦是年轮。有云：

记天记地记苍穹，

录春录秋录繁花；

本是人间惆怅客，

身随云飞看浮华。

亦真亦幻亦无极，

是左是右是天涯；

年头年尾年经过，

轮回深处有人家。

感谢所有关心、帮助我的亲朋好友，感谢安徽师范大学出版社的老师。感谢刘政屏老师为小书作序，题曰：《叶纯写合肥》。我会继续努力，继续行走合肥，记录合肥。

叶纯于合肥
2024 年 12 月

庐州文化丛书

合肥古今

合肥烟火

安徽师范大学出版社

ANHUI NORMAL UNIVERSITY PRESS

·芜湖·

图书在版编目(CIP)数据

合肥古今/叶纯,范家生,高峰著.—芜湖:安徽师范大学出版社,2024.12.—
ISBN 978-7-5676-6832-4

Ⅰ.K295.41

中国国家版本馆CIP数据核字第20244BD429号

合肥古今
HEFEI GUJIN

叶 纯　范家生　高 峰◎著

责任编辑:辛新新　　　　责任校对:李　玲
装帧设计:王晴晴　　　　责任印制:桑国磊
出版发行:安徽师范大学出版社
　　　　芜湖市北京中路2号安徽师范大学赭山校区
　　　　邮政编码:241000
网　　　址:https://press.ahnu.edu.cn
发 行 部:0553-3883578　5910327　5910310(传真)
印　　　刷:江苏凤凰数码印务有限公司
版　　　次:2024年12月第1版
印　　　次:2024年12月第1次印刷
规　　　格:880 mm×1230 mm　　1/32
印　　　张:14.875
字　　　数:310千字
书　　　号:978-7-5676-6832-4
定　　　价:51.80元(全3册)

凡发现图书有质量问题,请与我社联系(联系电话:0553-5910315)

见字如面

一生，爱一座城。因为烟火气，因为生活情。

风景就在身边，而我们常常错过。曾记否，逍遥津公园的热闹，九狮桥前的繁华，花园街的快乐，还有四牌楼书店里那些美丽的身影，似水般缓缓流淌的时光……

二〇〇〇年五月一日，第一次来合肥，如今，定居合肥。一晃，二十多年过去了。让我没想到的是，合肥发展得这么快，建设得这么美，确实是个来了就不想走、到过就想留的"养人"城市。有些人，相处了才知道他的好；有些事，经历了才懂得它是那么的重要。但无论如何，我始终坚信，再过二十年，不，十年甚至五年，合肥一定会变得更美、更好。因为，她像地铁，似动车，猛然闯入眼帘，恍若世外桃源，天上人间，一路向前。

幸好，还有手中的笔，记住了她曾经的过往，书写了她美好的现在，描绘出诗一般的未来。让人时刻难忘，也令人充满遐想。

见字如面！

感谢政屏老师的鼎力相助，让这本小册子成功面世。也诚谢为此付出辛勤劳动的所有人，包括购买此书的你！但因水平有限，难免存在有待商榷和失之偏颇之处，敬请各位方家指正。见字胜过见面。

是以为序。

范家生

2023年5月30日

目　录

诗意合肥

　　傍晚，夕阳西下，乘公交车回家，看到天鹅湖畔戏水的孩子、安大站牌处的对对情侣、雨花塘边的垂钓老人，还有广场上的纳凉人群，突然想起宋瑄《过护城》中所描写的合肥："古道当长坂，肩舆入暮天。苍茫闻驿鼓，冷落见炊烟。冻烛寒无焰，泥炉湿未然。正思江槛外，闲却钓鱼船。"李白在《杭州送裴大泽赴庐州长史》中描述合肥："好风吹落日，流水引长吟。"姜夔："我家曾住赤阑桥，邻里相过不寂寥。"而王守仁在《立春日合肥道中短述》所描写的合肥则是另一种意境："腊意中宵尽，春容傍晓生。野塘水轻绿，江寺雪初晴。"

　　合肥至今已有2200多年的历史，由于北接中原、南近江南，自古就有"淮右襟喉、江南唇齿""江淮首郡、吴楚要冲"之称，一向以"三国故地，包拯家乡"闻名中外，悠久的历史孕育出深厚的文脉和众多俊杰，单从百花井、稻香楼、雨花塘、赤阑桥、梨花巷、回龙桥、杏花村这些地名，便可以看出和体会到合肥的诗情画意。

　　清人邵陵诗云："惨淡郊原落日黄，一声秋笛下牛羊。

高楼不见人危倚，依旧西风送稻香。"清晰描绘了一幅动人的田园诗话图。罗贯中的一首七言绝句："的卢当日跳檀溪，又见吴侯败合肥。退后着鞭驰骏骑，逍遥津上玉龙飞。"对三国古战场"逍遥津"当时的战况作了精彩的记述。唐人吴资曾用"曹公教弩台，今为比丘寺。东门小河桥，曾飞吴主骑"，形象地概括了明教寺的历史演变。明教寺建于教弩台故址，俗称曹操点将台，位于逍遥津南面，与逍遥津隔路相望。教弩台，俨如城堡，虽历经无数风雨，但始终屹立，并成为合肥兴衰沉浮的历史见证者。殿东厢墙壁上有诗人刘夜烽手书的"貔貅百万举刀弓，誓夺江东气似虹。横槊高歌雄一世，骑兵无奈遇东风"，从诗句中依稀可见旧日的恢宏气势。与逍遥津、明教寺合称为合肥三大名胜古迹的包公祠，背靠老城区环城路，三面临水，莲荷盈盈，绿树掩映。"照耀千秋，念当年铁面冰心，建谠言不希后福；闻风百世，至今日妇人孺子，颂清官只有先生"，这是合肥知县陈斌题写的楹联，书写在堂内两侧廊柱上。

　　位于肥东境内的四顶山，因四峰并列，故名四顶山，虽不高，但因紧靠巢湖，尤显峻伟。张彦修在《四顶山》中描述："翠峦齐耸压平湖，晚绿朝红画不如。寄语商山贤四皓，好来各占一峰居。"浮槎山，在肥东境内，层峦叠翠，逶迤10余千米。释用逊在《题浮槎山》中写道："地控好峰排万仞，涧馀流水落千寻。灵踪断处人何在？日夕云霞望转深。"蜀山，应是合肥的绿色之肺，景色宜人，让众多诗人留下优美诗篇。如张瀚的"郡城西接蜀山头，夏木千章苍翠浮。蜃起南巢疑贝阙，水环神姥即青邱"。马犹龙的"山拥淮城近，溪流楚塞长。暮云闲出岫，凉月夜侵床。梵响禅扉寂，碑残古殿荒。置身缑岭上，何必问西方""岚烟寒不堕，秋树老逾闲。苔砌空门古，云深石磴删"。黄道日的"春色坐来晚，山闲尽日青"。龚志益的"一径鸟声喧夕照，半湖帆影乱湖波"。

"气吞吴楚千帆落，影动星河五夜来。"千里江淮，巢湖最美，如今她已成为合肥的内湖。旧时合肥八景之一"巢湖夜月"，月光、灯光与湖光交相辉映，月影、塔影与云影融成一片，真正的"一湖夜色万顷秋"。康熙年间庐州府学正朱弦在《巢湖夜月》中写道："当其微风不生，流光接天，静影沉碧，羁人当此神开，劳者对此而机息，恍乎置身于广寒世界也。""四面晴峰来远黛，一湖秋水浸浮槎"的湖中最大、最美的湖心岛——姥山，上有文峰塔，安谧宁静，景色四季宜人。司马光诗云："湖岛映微寒，荷菱连水天。"李鸿章留诗："巢湖好比砚中波，手把孤山当墨磨。姥山塔如羊毫笔，够写青天八行书。"1964年郭沫若亲临巢湖也留下翰墨："遥看巢湖金浪里，爱她姑姥发如油。"

诗影寻踪觅合肥。诗情也好，画意也罢，那是对家的一份怀想、一份眷念，更是一腔豪情、满怀希冀。

（2019年11月）

合肥的桥

　　合肥是南淝水与东淝水的汇合地，故称合淝。其实，"合肥"首见于司马迁的《史记》，《尔雅》《水经注》《天下郡国利病书》《南畿志》《通鉴地理通释》《嘉庆合肥县志》等古籍中也有不同的说法。总之，"合肥"是由于"淝"水与其他河流相"合"而得名的，与水有关。

　　现在的合肥，南面是我国五大淡水湖之一的巢湖，顺时针环绕分别有柏堰坝水库、董铺水库和大房郢水库，少荃湖、南艳湖、翡翠湖、天鹅湖，板桥河、匡河、十五里河、南淝河、二十埠河环绕东西南北，当然，还有一些水坝、水塘之类的，如老城区的黑池坝、雨花塘、包河、逍遥津，以及合肥工业大学内的斛兵塘等。有水的地方，自然有桥，而且有故事。

　　市民广场南侧的县桥街道，从名字判断，应与桥有关。从市民广场向东穿过市场通道，便能见到一座写着"镇淮桥"的石碑，虽然没有多少人见过该桥长啥样，但一段美丽传说还是常被人说起。据《合肥县志·疆域志》记载："镇淮桥，在北门大街，十字街南，一名市桥。"旧时此地生意兴隆，人烟辐辏，为商业中心。相传隋唐年间，合肥白水坝附近，有一位白老汉带着孙女白小玉以种田牧鹅为生。有一天，白小玉与出身云南名医世家的段飞在丽友桥上相遇，两人一见钟情，段飞把白老汉的病治好后，与小玉成了亲，这让一直暗恋小玉的蟹仙又气又恨，蟹仙利用段飞外出学医的机会，用毒药让段飞失去了记忆，学医归来后段飞一人回了云南。小玉千辛万苦赶到云南后，遭到段府恶语相加，伤心之下回合肥隐居牧鹅，后来大白鹅帮段飞恢复了记忆，段飞便赶来合肥寻找小玉，两人终于团圆。后人为这段传说作了一副对联："合肥肥东肥西肥东西，丽友丽江丽水丽江水。"丽友桥，正是今天的鼓楼桥，更早时名作"镇淮桥"，而且，小玉养的鹅被说成今天合肥特色菜肴"吴山贡鹅"的前身，这段美丽的传说，也与《白蛇传》《牛郎织女》《梁山伯与祝英台》《宝莲灯》《孟姜女》合称为中国六大民间故事。

桐城路上的赤阑桥，因大词人姜夔而出名。姜夔第一次来合肥时，结识了在赤阑桥边弹琵琶、抚古筝的两个歌伎，并爱上了弹琵琶的美丽女子。他在《送范仲讷往合肥》中写道："我家曾住赤阑桥，邻里相过不寂寥。"可见，赤阑桥在姜夔的心中刻下了深深的印记。姜夔最后一次来合肥时，金兵来犯，琵琶女不知去向，赤阑桥也毁于战火。姜夔无比惆怅，留下了"淝水东流无尽期，当初不合种相思""花满市，月侵衣，少年情事老来悲"等诗词。清《嘉庆合肥县志》记载，赤阑桥"在城南，赵宋姜夔留寓处"。今天，已经很难找准当年赤阑桥的位置。

而最传奇的应是迴龙桥。相传康熙皇帝有位贵妃，是合肥龚大司马的干女儿。一次，贵妃想回合肥省亲，康熙心血来潮欲亲自陪同，为了让皇帝不经城门直接入城，地方官员准备架天桥从稻香楼越雨花塘到德胜门内，此举弄得民不聊生，在京的一些大臣听闻后上奏，说合肥有梅龙坝、斩龙岗，恐犯圣讳，于是皇帝取消御驾合肥，百姓闻讯放鞭炮相庆，将已备好的砖石在城内九曲河上修建了一座便民桥，取名"迴龙桥"。如今，"迴龙桥"早已消失，留下的只有一条迴龙桥巷，东连金寨路，西接永红路，过去"安徽报社"公交站就在这里，现在又改回"迴龙桥"站，多少也增加了一些历史的意味。

遗憾的是九狮桥。九狮桥横跨金斗河，很短，南起长江路，北至淮河路，新中国成立后淮河路改造，九狮河被填平后成了中菜市。后来在教弩台前重修了九狮桥，桥身两边各刻有四只小狮子，走到桥顶才能看到第九只狮子卧在桥面上。两年前大东门改造又把九狮桥拆了，虽然现在长江路已经修好了，但九狮桥依然未见复建。遗憾的是，当时我就在九狮桥旁边上班，整天来回经过，却没留下一点儿影像，现在想起来就后悔。

事实上，这些桥都与水有关，应属水桥，在合肥还有许多，像道遥津公园的飞骑桥、渡津桥，包河公园内的拱桥，都与周围风景浑然一体。而"孝于人民，肃于律己"的横跨南淝河已近千年的孝肃桥，成为刚直不阿和清正廉洁的代名词。如今，这些桥有的还在使用，有的已经不见踪影。随着经济发展与条件的改善，越来越多的旱桥进入市民的视野。

五里墩立交桥，地上三层、地下一层，分五个交叉道向四周辐射，也是安徽第一座高标准的公路立交桥。铜陵路桥无论在造型上还是在科技含量上都堪称合肥最现代的桥，而两侧刻着三国故事画面的长江路桥更成为交通要道。像大钟楼天桥、四牌楼天桥、三孝口天桥，在合肥比比皆是，尤其是长江路和徽州大道上。但这些已经无法解决现行人流与车流问题，于是，金寨路高架桥解决了老城区与政务区的交通问题，长江路高架桥解决了西向出路问题，而即将建成的马鞍山路和铜陵路高架桥，解决了向南、东南的交通问题，合作化路高架桥更是解决了金寨路拥堵和北向出路问题，所有这些再连接上现行的合肥环城高速、南环铁路，一个庞大的交通网络逐渐形成。

合肥的桥，虽然没有赵州桥、卢沟桥那么具有历史厚重感，没有杭州跨海大桥、南京长江大桥那么有名……但一样让人体会到历史的风韵、人文的厚重。合肥的桥，与合肥的水、合肥的路、合肥的绿一道，构成合肥的灵魂、合肥的脊梁、合肥的精神，开明开放，求是创新。

（2017年5月）

合肥风味

△△
△△

2006年刚到合肥时，宋哥便在桐城路上一家吴山贡鹅饭店请我吃饭，到了才知道，老板是宋哥的一个亲戚。坐定，倒茶水，闲谈，上菜，宋哥笑着问，没吃过吴山贡鹅吧？没，真没！那就好，今天就请你尝尝贡鹅的滋味，听听贡鹅的传说。贡鹅的传说？我还真是第一次听说。于是土生土长的宋哥便对我进行宣传。唐末五代十国时期，吴国的创立者杨行密攻庐州、克淮南、伐江夏，后占据淮河以南、长江以东的三十余州的地盘。天复二年，被唐昭宗封为吴王。杨行密为官清正廉明，人民安居乐业，深受群众爱戴。故乡人民以当地特产大白鹅配美味佐料制成卤鹅送他品尝，吴王食之大悦，谓众人曰："行密自幼贫寒，不敢忘本，以此卤鹅进餐，堪称'贡品'。""吴王贡鹅"因此得名。后又由于产自吴山，改称"吴山贡鹅"。是不是这样，既姑妄言之，则姑妄听之。但禁不住贡鹅的诱惑，在宋哥说的同时，贡鹅早已成了口中食物，真的是色泽清爽、香气浓郁、味道醇厚，但是不是如老板所说，具有健脾养胃、益气补虚、清热解毒之功效，那还得以观后效。

上班地点就在步行街文昌阁楼上，楼底下正好有家合肥老母鸡店，平时没带饭的时候，我们两三位同事就到合肥老母鸡店里消费，虽然价格有点贵，但禁不住引诱，因此，还是会经常到那里打打牙祭。虽然就是只鸡，但他们简直把味道做绝了。有清炖，有红烧，有腌渍，鸡的各个部位也被他们开发到了极致，腿、翅、内脏的做法各不相同，味道主要以辣、咸、清香为主，加之是快餐连锁经营，店内装潢典雅，环境舒适，服务优良，生意火爆，经常是座无虚席。

吃到庄墓圆子。植树节那天，我们到长丰检查工作，中午就在庄墓镇政府食堂就餐，中间上来一份圆子，如果不是主人介绍这是他们那里的特产，还真没引起我的注意。经主人介绍得知，猪肉要选上等五花肉，面粉也要精细的，肉煮熟以后切成细小丁状，馍馍搓成粉末，用面筛过滤，然后以猪肉、馍馍絮、猪板油为主料，葱、蒜、姜、盐、老母鸡肉、味精等为佐料，搅拌后揉成面团，再在绿豆粉里滚一圈，最后放进开水锅里煮一下捞上来放在白菜叶上冷却。吃之前，把圆子轻放在铺有纱布或千张的蒸笼上，旺火蒸二十分钟左右，中间点一次凉水，这样上桌的圆子质软、嫩滑。吃圆子的场合也是有讲究的，比如在结婚喜宴上，在家里来了多年未见的亲友时，就必须上这道菜。看来，我们是享受到了后者的待遇哦。

前两天，陪领导到他原来驻点的肥东梁园品尝到了特色菜肴——泥鳅下挂面。说真的，我还真不知道这道菜到底是

合肥风味

饭还是菜，因为它是作为菜上桌的，但又像道主食。从外表看根本没有什么特别之处，如我一样的外地人初看往往不屑一顾，如果不是老书记介绍，还真吊不起胃口。泥鳅都是田间新捕的，鲜嫩可口；挂面也是梁园当地的手工挂面，经多道工序纯手工精制而成，劲道、细软鲜香，不提前订购根本买不到。听这么一说，自然是大快朵颐了。还真如老书记所说，泥鳅嫩滑而不腥，挂面柔韧而剔透，就连汤也火辣鲜香，那感觉如同小时过年一般。

其实，在合肥，吃的还有很多。每年一届的龙虾节自然是吃龙虾的好时机。庐州烤鸭，鸭皮酥脆，脂肪也不是很厚，再用面皮包上，绝对是一大特色。巢湖银鱼，细长如银，透明似水，味道让人垂涎欲滴。麻饼、烘糕、寸金、白切"四大名点"，不仅风味独特，更是待客、馈赠的上好礼品。到合肥，不尝尝这些，多少有点惋惜。来过，就不能错过。

（2017年5月）

合肥公交

第一次坐合肥公交是 1999 年国庆期间，当时从济南坐火车到合肥，到的时候是早上，按照女友信中说的，下车后坐 10 路公交车。出了火车站才发现，周围一片荒凉，当时在火车站附近只有孤零零的一个还没住人的小区，更多的是荒地或者正在开发的商品房，路上也不见几个行人，直到双岗附近才看见烟火气比较浓郁，有了城市的味道。经过原市政府西侧的花园路直到省政府的北门，才能真正感受到这是个省会城市。应该讲，公交车到了三孝口左拐上了金寨路再右拐上黄山路，才见到城市的繁华，可过了炮兵学院和电子学院这两所军校后，10 路公交车也就到了底站。

我前不久到磨店办事，在网上做了下功课，发现从洪岗村到磨店路程 28.2 千米，坐公交车全程约需 98 分钟，途经 47 个站点，需换乘 1 次。于是按照网上提示，出门下楼乘坐 111 路公交车，到周谷堆下车过人行天桥步行 300 米到河边乘坐 301 路公交车，始发站人很少，到了安徽职业技术学院附近下车，发现用时 70 分钟左右。一路上见证了城市的建设与变迁、发展与繁荣，这才发现合肥这个城市真正变成了大都市，人口越来越多，环境越来越好。

而这些变化与发展，通过公交车这个城市窗口则可以看得清清楚楚、明明白白。2006年我从部队转业来合肥，成为一个真正的合肥市民。当时租住在包河苑，工作单位在明教寺左前方文昌阁四楼，每天乘902路公交车到小东门下车，步行四五百米就到单位了。或者坐14路公交车到市府广场下，然后穿过淮河路步行街到单位，选择这条线就有点远，但人多拥挤的时候也不失为一种选择，总比坐不上车要好些。后来工作地点又换到金寨路与庐江路交叉口，再后来又搬到天鹅湖湖畔。工作地点不断地变换，乘坐的公交线路也在不停地变化，看到的城市风景、观察到的城市变化、体会到的人情世故也在不断地变化。

坐公交车上下班，应是城市大多数上班族的首选。虽然没骑电瓶车、自行车那样方便，但少了风吹日晒雨淋，甚至可以避免一些交通事故；虽然公交车速度较慢，没有开私家车那般舒适，但经济实惠应是更多上班族必须考虑的现实问题，再说现在大部分公交车都装了空调，冬暖夏凉。另外，就是公交车循环往复，定点准时，只要在运行时间内，就一定能够乘得到，而且在金寨路、徽州大道、望江路等一些主干道上，都开辟了公交快速专用车道。

现在开通了地铁，而且增加了公交线路和公交车辆，出行相对以往而言要方便得多，远到巢湖、肥西、肥东、长丰，近到蜀山、紫蓬山、植物园、滨湖，都能畅通直达。就像原来我到天鹅湖这边来上班，先坐14路公交车到东陈岗转129路公交车，然后才能到单位。当时有没有其他直达的车呢？有！就是那种郊区到城市的小中巴车，从大圩到西站，5元钱，到市中院下车再步行到单位。乘坐中发生过不少故事，我先后都把它们写成文字在一些媒体上发表了出来，比如超载呀、改变线路呀、发生事故呀等。后来增加了52路公交车，刚好经过我家小区门口，坐到明珠广场再转乘从滨湖过来的18路公交车，直接到单位楼下。52路公交车，一开始时车辆少，而且还慢，没少挨乘客的埋怨，后来条件得到改善，而且司机师傅非常有心，把车内装饰得跟家似的，经常贴些温馨提示，或在车内搞些花草装点一下，让人觉得坐公交车也是一种享受。

坐公交车上下班，其实还是很有乐趣的。在我看来，公交车就是展示城市社会风情的一个流动窗口。路过阜南路与六安路交叉口，西南角上的那个偌大的报亭没有一个顾客，只见老板一个人裹着军大衣坐在寒风里，看不出是个男同志还是女同志。在百花井站，一对穿着入时的年轻人正热烈地拥抱在一起，不知是在寒冷的冬天里相互取暖，还是在这个寒假中相互告别。在长江路口等红灯的时候，看到交警正忙着疏散拥堵的车辆。屯溪路站牌下的一个窨井盖被打开，五名工作人员正架着一个竹梯在忙上忙下，身边还放着两大堆电缆，他们在寒风中忙碌的身影在雪的映衬下，与背后八大碗酒店内推杯换盏、喜气洋洋、热气腾腾的场景形成鲜明而强烈的对比。

合肥公交，每天都在不断上演着精彩的故事。对于每一个乘客来说，或许还有诸多不如意，但合肥公交的每一个细微的改善与进步，都在畅通着我们的生活，温暖着这座城市。

（2018年9月）

△
△△

书香合肥

到党校学习期间发现，学术报告厅一楼有间"求是书屋"，一了解才知道原来是与市图书馆联合举办的一个阅读点，而且正在举办"美丽书屋我来拍"活动。这让我想起今夏有天吃完午饭从食堂出来遇到同事刘，他告诉我政府办公大楼六号门旁开了家新书店，于是两人散步找到书店，走近一看是家"读书会"。此时正是暑假，除了许多在这里上班的爱书人利用午休时间过来，还有许多孩子或坐或躺在沙发上看书，姿势各式各样，专注、认真，还有几个小朋友一边看一边记，模样甚是可爱。

其实，在合肥，这样的读书场所还有很多，她们像鲜艳的花儿盛开在路边，扮靓这座城，照亮前行路。1999年我第一次来合肥时，逗留时间最长的地方就是四牌楼书店和三孝口书店。我记得那时四牌楼书店门前有一排高大的香樟树，书店外墙上留有宽宽的外凸，许多走累了或爱看书的人可以坐在上面靠着墙小憩一会儿。2008年，为了资助汶川，四牌楼书店还搞了次打折销售活动，之所以印象那么深，是因为当时一口气买了2000多元的书，再后来四牌楼书店被推倒重建。前不久，途经那儿发现，新盖的大楼正在装修，估计过不了多长时间书店将重新营业。而三孝口书店早已开启了24小时"共享书店"经营模式，不仅成为2017年山东高考作文题素材，更成为合肥人心中的"文化地标"，那不眠的灯光是夜读者心中的花，在书香的滋润下次第开放。在两家书店中间的安徽图书城，每到双休节假日，也成为爱书人的精神家园，孩子们享受书香的新天地。

一花独放不是春，百花齐放春满园。比较有名的"保罗的口袋"原先在水阳江路有一家，而现在离我住的地方比较近的是1912街区的口袋书店。她不仅是个休憩、放松、静坐、交流的好地方，比如喝一杯茶、读一本书、打一会儿盹、做一个梦，并且非常适合孩子，是他们享受时光、品味书香的乐园。有次坐地铁2号线到安徽农业大学站下车，发现这里也开了家书店，一问才得知是合肥轨道公司为"推进全民阅读，建立书香社会"而推出的全国首家轨道交通共享书店，将阅读融入轨道交通文化之中，帮助读者实现更加便捷的图书借阅。

除此之外，在合肥的街头巷尾还有许多值得一去的旧书店。六安路的"增知"旧书店因店主朱传国用心收集旧书、帮助爱书人找书、与藏书人交流书被传为佳话，后来因为店主生病，书店濒临关闭，引来全城爱书人购书相助，温暖了人心，也展示了这座城市的情怀。有次到安徽医科大学老校区替朋友报名在职培训，从肥西路门出来的时候，右手斜对面就有一家旧书店，匆匆间淘得一套关于长征的书。在明教寺旁的勤劳巷里有家旧书店，面积不大，书也不对口，去了两次便不去了。倒是兴泰大厦下边的旧书店去得挺多，窄窄的书架间只能容一人浏览和挑选，但里面却有两间大的屋室，摆放着各种书籍，图书种类非常丰富。后来在九州大厦旁发现一家旧书店，我还在那办了一张优惠卡，书店详细登记了每本书，很多我喜爱的书都被我成捆成捆地买了回来。当然，最为人熟知的还是花冲公园旧书市场，每个星期天的上午开市，人山人海，甚是火爆，曾经在那里发现了许多鲁迅作品的单行本，一元钱一本，不同年代、不同版本、不同的出版社，花了我45元。

　　书香合肥并不仅仅如此，那些分布在大街小巷的时代印记——报亭，也成了一道亮丽的风景。曾经在六安路与阜南路交叉口的报亭买过报纸，在美菱大道与明星路、环城路、芜湖路交叉口的报亭驻过足。有次去中医院看病，发现东门对面有个报亭，老板的儿子，上三四年级的样子，坐在一个破铁桶上，头都不抬地在看着一本书，老板拿来一张海绵垫子吆喝着让儿子站起来，把海绵垫子塞到了儿子屁股下面。这场景，很温暖，也让人充满感慨，或许生意挣不到多少钱，但若能培养出一个读书的种子，倒也值了。稍微留心就会发现，住宅或学校附近，是书店布局的好地方，就像包河苑里的阳光书店、稻香村小学旁的学林苑书店等，它们不仅是孩子们购买学习用品的地方，更是孩子们看书的好去处。

　　当然，诸多的阅读活动也为书香合肥增光添彩，就像在前不久举办的第十二届文博会期间，周大新、叶辛、范小青、岳南等众多文学大咖先后现身，为书香合肥注入了无声的动力与色彩。资深文化人刘政屏老师还开创了每月一期的"疯狂读书会"，利用周六或周日半天时间，关闭手机，静读一本书，为深爱书香的人们开辟了一番新天地。省图书馆每周的讲座、樊登读书会在合肥的推广，以及其他读书活动的广泛开展，让阅读的种子生根、萌芽、枝繁叶茂，继而次第开放，书香盈城。

　　书香合肥，阅读越乐。如果说文明让城市更加美好，那么阅读一定会让生活更具魅力。因为那里蕴藏着智慧，涵养着胸怀，更让一个人、一座城饱含诗意和远方……

（2018年10月）

巢湖北岸是我家

今年国庆期间，由于工作原因，没能带着妻儿回老家看望年迈的父母，倒是抽出一天时间，坐上巢湖北岸边开通的旅游大巴，第一次与巢湖亲密接触，实现了看巢湖、览秋色的美好心愿。

风轻云淡，天蓝如洗。带着3岁半的小儿，陪着妻子，出门坐上14路公交车，在东陈岗转1路豪华大巴抵达滨湖时代广场，然后花了60元钱，与妻儿登上观光缆车，沿着巢湖一路东行。看到碧波浩渺的巢湖，小儿兴奋得小脸通红，一张小嘴不停地问这问那。于是告诉他，那是巢湖，那是渔船，那是滨湖湿地，那是一些不知名的水鸟……

车上，看到了滨湖林立的高楼大厦，看到了渡江战役新馆的雄伟，看到了派河大桥的光鲜与灿烂。面对路边不时出现的金黄稻穗和饱满的黄豆，小儿更是欣喜若狂，非得摘上一些抓在手上不可。在中庙下车，参观完中庙，与许多游人一道乘上渡轮到湖中间的姥山岛。姥山岛，秋色正浓，树头微黄，一些不知名的小花在路边盛情开放，好像知晓客人的到来而展新颜，露笑意。

拾级而上，到一休息处，看到许多人或坐着，或站着，或靠在树边，正在聆听一位"老团长"演奏各种乐器，还为客人演唱了黄梅戏。那悠扬的曲调，那动听的歌曲，那拥挤的人群，不仅让小儿高兴，更让妻子和我高兴不已。文峰塔，只能容一人前行，我抱着儿子与众人排成长队缓缓而上，直到峰顶，一览巢湖的浩渺，一同沉醉于假日的美好。当然，到此一游，立此存照，固然少不了。一山一水一峰塔，一人一庙一世界。八百巢湖展新颜，万里庐州竞妖娆。或许，许多年以后，儿子想起，倒不失为一份美好的回忆与想念。

事实上，合肥，并不是我的老家。

2004年，我还在部队服役，刚认识的爱人在合肥已租房十余年，正好赶上包河苑回迁房建造，一些本地居民就将自己多余的房屋出售，我利用休假，与爱人一道，看着路边贴的小广告，找到一处房源，买了个60平方米的现房，我们终于结束了租房的历史。那时的包河苑，交通不太便利，整个小区建设还没成型，住的人也很稀少，每到晚上，基本可以用一片漆黑来形容。

15年过去了，此时的包河苑，绝对可以用繁华来形容。包河大道高架桥畅通南北，繁华大道贯通东西，西侧毗邻包河区政府，离312国道合宁高速出入口也就500米左右，合家福、苏果等超市分布小区前后，实验中学、大地中学、包河苑小学，以及十多家幼儿园更为孩子上学提供了方便，与长江医院、骆岗街道医院及社区卫生服务中心相距不远，偌大的菜市场每天人声鼎沸，生意兴隆，而且，小区北侧的一条街道还成为包河区创业一条街，阿庆嫂、重庆火锅、沙县小吃等富有各地特色的小吃店、土菜馆林立道路两侧。小区中心的广场也成为人们休闲的好去处，夏天的露天电视，冬天的庐剧演出，以及夜晚的舞蹈乐队，都能吸引众多居民或围观、或参与。那散发阵阵桂花香的树下，更成为孩子们游戏的天堂，镌刻在他们的记忆里。

当然，东边的大圩，春夏之交的草莓，秋天的葡萄，都成为合肥有名的农家经营品牌。而就在上个星期天，我还骑着电瓶车南去义城，巢湖的鲫鱼、米虾以及银鱼，是那么新鲜，那么让人垂涎欲滴。巢湖岸边是我家，碧水蓝天稻花香。不辞长作庐州人，快乐祥和满心间。

合肥，不是故乡，胜似故乡。

（2019年10月）

不辞长作庐州人

今日合肥，古称庐州。因东淝河与南淝河交汇而得名，具有2000余年的历史，而1999年第一次偶遇她的时候曾问起身边的战友，许多人却不知道合肥在哪，但合肥确实是个"养人"的地方，来了就不想走，到过就想留。于是，2006年我转业来到合肥。

那时我居住在包河苑。在合肥知道包河苑的人很多，不知道的人很少，就因为它是一个较大的回迁居民安置点，建成后有A、B、C、D、E、F六个区100多幢六层楼房，居住着几万人。骆岗街道和派出所位于小区西北角，沿着门前的纬一路向东，分别有花园、大墙、义兴、观音庙等，而东面空旷的农田被勤劳的乡亲们开辟成一片四季常青的农家菜地。南面与包河工业园隔着一条柏油路——纬二路，沿纬二路往东是另一个回迁点——包河花园，坐32路公交车再往东就到了大圩，往西几百米是包河区政府，往南坐27路公交车可以到义城镇。小区的北边是合宁高速，高速出入口就在区政府的东北角包河大道的东西两侧。

当时我的工作地点在明教寺东南角的文昌阁。每天从小区门口坐902路公交车，顺着包河大道一路往北，两边一片荒凉。经过热闹的葛大店，越过南二环上马鞍山路，在车上可以看到周谷堆的拥挤，瞧见合肥工业大学东门的喧哗，感受到冰箱厂的繁荣，欣赏到包公园的风景，还可以领略九狮苑的风采。过了长江路桥就是胜利路，在大东门下车经过小花园往北左拐上淮河路桥，再往西走三五百米就到了单位。当然，也有眼瞅着902路公交车的车尾叹息的时候，却转眼看到14路公交车已到了面前，迅速上去。与902路不同的是，14路在过了葛大店后便左转上东流路往西，到凌大塘后右转沿着美菱大道一直向北，沿途经过中国科学技术大学南校区、卫岗、东陈岗，再越过黄山路、南薰门桥，便到了合肥的地标性建筑——大钟楼，再往北便是市中心——四牌楼。14路继续往北一直到建材一厂，但我要在四牌楼下车，穿过百大，越过紫云楼，挤过中菜市，便到了单位。

2008年工作岗位变动，上班地点在九州大厦斜对面的金寨路与庐江路交叉口。那一年，我买了辆车——电瓶车，它带我走过宁国路、芜湖路、桐城路以及环城南路，陪我欣赏过香港街、女人街，而且还让我享受了赤阑桥边的歌声，领略了月潭庵里的静谧。2009年6月，单位整体搬迁到天鹅湖北侧，它又继续捎着我走过机场路、南二环、繁华大道，带我走过祁门路、龙川路，当然姚公庙的交通也成了司机的行路小插曲，让你难忘，还时常令你回想。

后来，为了减少路上辛苦，在考察了天鹅湖湖畔、水墨

不辞长作庐州人

阑庭、九重景以及汇林阁等众多房源后，毅然择倚匡河而居，不像现在我身边有的同事和朋友，家住北二环却要到肥西上班，或者家住大蜀山却要到巢湖工作，当然还有家住肥东却要到经开区上班，或者家住老城区却要到庐江工作的。"现在每天路上四五十分钟感觉好多了，一是习惯了，二是路宽了。不像刚搬迁的时候，我觉得上班就是被折磨、活受罪。"说这话的是安徽国际商务学院的董副校长，家住望湖城，工作在磨店。而如今的我，每天早晨下楼出小区，不慌不忙地沿怀宁路向南越过松荫桥，欣赏完匡河美景，过休宁路左转走300米便到了单位。双休或节假日还可以坐公交或地铁，去大蜀山、紫蓬山，去包河、蜀峰湾、天鹅湖、翡翠湖，去逍遥津、植物园、地质博物馆、科学岛，当然也可以到市图书馆。如果去省图书馆的话还可以顺道浏览下包公园与李府，自然也少不了去三河古镇、巢湖岸边，瞧瞧省博物馆，瞻仰下渡江战役纪念馆，还可以顺便到国家森林湿地公园或姥山岛浏览一番，而罍街、黉街、半边街更是要去的，毕竟有人文、有美食，更有历史、有生活。

之所以如此啰唆，是因为在近20年的时光里见证了合肥这座城的发展，尤其是10多年来3个工作地点、每天两个小时的路上时间，让我亲眼见她道路纵横、四通八达，亲眼见她高楼拔地而起、鳞次栉比，亲身体会她绿意遍地、浓荫匝地，亲身感受她的街巷人文、市井烟火……第一条高架桥的诞生，第一条地铁的开通，新桥机场的建设，世界级城市群副中心，综合性国家科学中心……20年前，我不会想到合肥会建设得这么美，但我相信，20年，不，10年或5年后，她一定会发展得更好。

今年国庆前夕济南战友一家来合肥，我带着他们游览了蜀山、高新、滨湖，最后沿着包河高架入城，他们看完后不禁对合肥的城市建设赞叹不已，尤其是绿化和交通。战友问合肥怎么建得这么好？我笑道："好，那就来呗！"

不辞长作庐州人。大湖名城，创新高地，日新月异。不识合肥新面目，只因离去三五月。每想起"合则留不合则去，肥吾民不肥吾身"这句话，我就暗自高兴：合肥，你醒了，我来了……

（2019年9月）

合肥向南

　　认识一个人最好的办法是相处，了解一本书最好的办法是阅读，而熟悉一个地方最好的办法或是勤走常思。

　　像我这样一个生在农村、长在农村的农民的孩子，如今，能够在省城生活，应该是一种缘分，更是一种幸福。当然，能够熟悉自己生活的城市，也是一种机缘，一种巧合。就像现在，如果不是单位整体搬迁，我也不可能像现在这样天天往返合肥以南。

　　从合肥的东南到合肥的西南，应该有好几条道路可以选择。就像以前到老单位，可以从包河大道走马鞍山路再到芜湖路拐入金寨路，虽然路途有点远，但可以切身感受城市的发展与变化。尤其是包河大道的风景，正在一天一天美丽起来，芜湖路上的浓荫，也为夏的烈日、冬的风雨提供了遮挡与庇护。当然，金寨路的高架桥虽然不容电瓶车行驶，但也可以让人亲切地感受到城市建设的飞速发展与日新月异的变化。如果走青年路上望江路经徽州大道再经环城路，自然是最佳的路途选择，但一样可以使你感受到合肥的发展速度与建设力度。原本凹凸不平的青年路现在早已成了平坦的康庄大道，略显拥挤与省城形象不符的美菱大道经过改造已经更名为徽州大道，不仅缓解了交通压力，更提升了省城形象，方便了群众出行。如果现在你走在徽州大道上，槐花满地与银杏翠绿一定会让你有一种不知身处何处的感觉，尤其是在霓虹灯闪烁的夜晚，但如果从绿色讲起，那当然应该还是环城路上的绿，她宛若一串碧绿的翡翠紧紧地镶嵌在城市中央，为烟火合肥平添了一道绿色风景线。

　　不过，如果你能有机会行走在合肥以南，那么，这种绿就会发生明显的变化，并会使你发出由衷的敬佩与感叹。原来的机场路也就是现在的庐州大道，一年四季都被绿色环绕甚至覆盖，一些说不出名的植物盛开着鲜艳的花朵，就如同前进的合肥正洋溢着青春的笑脸在迎接天下四方宾客，让来访者感受到花的海洋、绿的世界一般的享受。投入了大量人力、物力与财力的繁华大道，应该是二环路以南又一条贯通东西的动脉，与二环路的拥挤与繁杂相比，她就显得有点安静，但是她的宽敞、她的翠绿、她的平坦，让每一位经过的人都会感到心灵的平静和快慰。行驶在路上，往往会被两边的绿色吸引，不仅是树木花草静静地站立两旁，还有久违的绿竹在微风中摇曳着俊美的身姿，对你欢快守望与默默远送。

　　从合肥的东南到合肥的西南，并不一定非要走繁华大道，对此，我曾经从徽州大道向西走望江路，但明显感觉拥挤与狭窄，而且不时亮起的红灯明显在控制着你的速度，消耗着你的时间。如果从庐州大道上二环路再到政务新区，自然是最近的路，但二环路上的载货车辆较多，特别是江淮汽车厂门前，不安全因素明显增加，而且，那一道早已不用的铁轨，也在制约着来来往往的车辆与行人。最方便、最快捷的就是走繁华大道上习友路，虽然有点远，但那种感觉、那种滋味、那种享受也只有途经的人才能深切体会到，自然也就更加难忘而多加选择了。

合肥以南，并不仅仅如此。顺着繁华大道一直往东，自然可以到大圩去品品葡萄的甘甜；顺着包河大道一直往南，没准可以到巢湖边上钓钓鱼，度个愉快的周末或节日。当然，如果你能顺着徽州大道向南，美丽的滨湖一定会闯入你的眼帘，宽阔的道路、绿色的植物、清新的空气让人舒畅自在。同样，美丽的天鹅湖、气派的奥体中心、宽阔的合肥大剧院都坐落在合肥的西南，如果你能有闲、有心地走走看看，心得一定比我这个上班族要深刻得多、心情也一定比我快乐得多。毕竟，合肥向南，是一块充满希望的热土，洋溢着时代精神，演绎着城市发展，预示着美好未来。

（2016年10月）

重走红星路

站在金寨路上向东望去，红星路好像没有什么变化，高大的门楼上方的那颗红星依然闪耀，南北两侧还是工商银行。但直觉往往是靠不住的，东行才发觉，左手路边的音像店已经换成了卖蔬菜和卖水果的门面，可在我的记忆里，卖水果的小摊原来是在右手路边、红星路的南侧的。此时才发现，街道上已经没有了小摊小贩，当年所有的小摊全部进了门店，再也没有了那些熟悉而亲切的"哦，冰糖雪梨……""烧饼、油条、豆浆呐……"等此起彼伏的喧闹声。

原本杂乱的街道整洁一新，时不时会看到街道两侧的那些涂鸦，是艺术，更是生活，仿佛时时带你回到曾经。于是，在一面墙前停下脚步，细细品味那些岁月的美好。

家明同志：

记得少年时，大家诚诚恳恳，说一句是一句。

清早上火车站，长街黑暗无行人，卖豆浆的小店冒着热气。

从前的日子很慢，车、马、邮件都慢，一生只够爱一个人。

从前的锁也好看，钥匙精美有样，你锁了，人家就懂了。

祝：一切都好。

1983年5月3日

呀，1983年，我在干吗？深入一想，仔细一算，那年，我正在读小学五年级。时间真快，一晃，已经年过半百！那时，大家都诚诚恳恳；那时，小店冒着热气；那时，日子很慢，总想快快长大；那时，一生只够爱一个人，同样，只够爱一座城。因为热气，因为精美。不论迟早，无论快慢。

突然，绿色的、熟悉的邮筒出现在眼前，还有几份报纸：1982年1月16日第2054期《人民日报》；1982年3月27日第2033期《安徽商报》；1984年6月21日第1119期《合肥晚报》，在报上发现，当时的报社地址就是红星路一号。而同样挂在墙上的《新安晚报》，却没法得知哪年多少期。还有那辆亲切的自行车，永久牌的，前后搭着同样绿色的邮包，里面放着信、报纸、电报，甚至还有汇款单。1992年参军，这辆车，那些人，就成了我和家联系得最亲密的使者，每每看到他们，感激之情油然而生。

在桐城路交叉口东北角的道路指示牌的背面，我发现一张印有合肥红星路儿童自行车图案的邮票。一眼可以判断，这就是一张艺术品，与邮票无关。因为，儿童自行车的模样虽然古老，但从上面"2019-11"和（3-1）T可以得知，它应是2019年第11号特种邮票，一套三枚，这是第一枚。第二枚、第三枚呢？或许，在不远的将来，它们同样会出现在红星路上的某一处，让人惊喜，令人畅想。遗憾的是，如果能将2019改为1999，或许更能让人回味，甚至信以为真。

前行至一橱窗，里面摆放着众多20世纪七八十年代的标志性的生活用品，暖瓶、茶缸、脸盆、饭盒、马灯、饼干盒等，它们无法不让你想起生活的点滴。乡下学校，上晚自习，蜡烛比较贵，煤油灯多是同学们的选择，但煤油要凭票供应。于是，在镇供销社的表哥成了我的救星，每次都能从他那里搞到五斤或十斤的油票，分给同学，也为自己。在铝制的饭盒上刻着名字，但依然会丢，此时想起曾经，饭盒还在，饭却没了，不禁咧嘴傻笑，开心无比。说与小儿听，他根本不信。当然，40年前，你与我说起肯德基、汉堡，我也不信。

在舒城路口，红府超市还在，但省政府已经搬走，曾经热闹拥堵的场面已无法再现。西北角的报社——市场星报呢，什么时候也换了地方？因为业余爱好写作，曾经造访几次。还好，南侧的秦记小吃还在！哦，不，当时不叫这个名字，肯定是后来秦记盘下的。之所以记忆那么深，是因为它原本是个快餐店，便宜，五元、八元、十元炒一个家常菜，米饭和汤不要钱，随便吃，管饱，管够。因此，每到中午，店里挤得磨不开身。常常光顾，时时想起。

政府幼儿园还在。天锋书店还在。布店没了。幸好，徽州大道交叉口西北角的那个报摊也还在。仁爱巷，还是那么热闹，只是那个曾经卖过服装、开过药房、办过医院的门面，现在成了宾馆。商之都没有了以往的繁华，省立医院也换了新的名称，只是，通往环城路的那条道还在，欣赏包公园还是那么方便。

重走红星路，勾起诸多往日回忆。2006年从部队转业到合肥，办公室在文昌阁四楼。下楼，顺着九狮桥路，穿过长江路，沿省委西侧便至红星路，西行至金寨路左转到庐江路，便到了单位。重走红星路，发现虽然没有了以往的热闹，但更整洁了，更安静了，充满了人文气息，增添了岁月的厚重，显得那么安详，漫步其间，仿佛寻找到了一种生活的静谧，感受到了人间的安好。

红星路，多好听的名字，闪闪的，亮亮的，凝聚着无数人的美好记忆，还有那些珍藏的往事。每每想起，顿觉如沐春风，心花怒放，浮想联翩。

（2021年12月）

桐城路97号

桐城路97号，月潭庵。朱红大门上有副对联："月光皎洁禅心寂，潭影澄清色相空。"大门右侧六个红字——南无阿弥陀佛；左侧四个大字——佛光普照。往南，是跨越环城河的赤阑桥；往北，是原师范附小。

好多次路过那扇红漆大门，紧闭着，静静地坐落在这闹市之中，静静地观望着这都市的车流与人群。在初春一个阳光洒满白墙黑瓦院落的时刻，静静地一个人，走进这静静的月潭庵。

推门而进，迎面是一个香炉，静静地立着，右手一个大殿，里面供着几位菩萨，两边是十六幅菩萨画像，对于我这样一个俗人来说，自然分不清他们是哪路神仙。说实话，在这些信仰上，有一点或可以确定，那就是教育和引导人向好行善。

看守的两位老妪倒很客气，气质确是与众不同。墙角堆放的书引起了我的兴趣，于是出钱购买，但老人说这些书是可以送而不可以买的，而且问我是否参加什么早晚场，见我只有目瞪口呆的份，方知我只是一个庸人，便言只要你想看，这些书随便拿去好了，于是便选择了两本书三本小册子拿在手上。仔细看来，月潭庵并不大。所有建筑的面积都算上，估计也就在七八十平方米而已，与明教寺旁的宝莲寺、蜀山脚下的开福寺相比，月潭庵真是静静的，静得没有一丝喧嚣，没有一丝张扬，或许洗净铅华之后，真的具有了一种佛的境界。

　　静静的月潭庵，坐落在繁华的都市街头，虽然寂静无声，但见证着岁月更替，见证着社会进步，见证着时代前行。或许，这就是佛的所愿，神的期盼。虽然空间有限，但内涵博大精深的佛教文化，让我们在喧嚣中品味，在浮躁中修炼，在孤寂中领悟。

（2017年5月）

松荫桥畔

深秋午后，艳阳高照，一扫早晨的清冷，与儿子下楼散步。出门，右转，准备上松荫桥，再沿匡河走走。孰料，儿子看到桥下路已修好，嚷着要到下边走走、玩玩。

原来这是条水泥路，但因两旁都是泥泞，遂很少有人前行，多是桥下的民工或前面那两幢楼的居民到超市购物才经过此路。只是，国庆前后，不断有各种运料车或挖掘机出入，才知道要大修改造。如今，真的是别有一番天地。

路修得平坦干净整洁，路面铺上了棕红色的沥青，路牙用条砖砌了起来，路边栽上了花花草草，因是刚补上去的，没多少生机，两旁稍微高大些的树木，也在秋阳中失去了生机的模样，恍若在积蓄春天再次绽放的力量。

"看，爸爸，桥下面修好了！"儿子的惊喜，让我发现原本脏乱差的桥下，已被沥青覆盖，与前些日子相比，整洁明亮多了。我猜，这或许是个停车场。松荫桥面有多宽，桥下就有多宽，如今能够被利用起来，将能停放不少车辆，真该为想到并实现这个主意的人点赞！

走到前面，发现原本用来隔离行人的火车道护栏在小区院墙处被人扒开了一个缺口，儿子说："爸爸，我们就从这过去看看。"过去一看，火车道两侧的空地被附近的居民整理成了一块块菜地，两位老人正在忙碌，身边还有个五六岁模样的小家伙，正在不停地捣鼓这、捣鼓那。松荫桥下，阳光里，老少三人，构成一幅温馨画面，定格在手机相册里。沿轨道向东，虽然是深秋时节，有种萧瑟之感，但两旁依然有绿色不时闯进眼帘，儿子兴奋地在轨道上跑来跑去，不时俯下身来，仔细观察轨道间隙中那些顽强生长的小花小草。走到稻香村小学墙外的时候，我们便折了回来，沿着松荫桥向北。那里正居住着一个建筑工地的许多民工，民工房共东西两排，南北约百米长，从中穿过，适逢一老人在砸花生。原来，那些花生非常小，老人用手捏不开，于是就用一个小石块一个一个地砸，然后再把花生米剥出来。这个动作，让儿子很好奇，觉得与奶奶剥花生的动作完全不同，解释后他才明白，反问我："那为什么不买些大的饱满些的花生来剥呢？"我无言以对！

转过民工房，就是一片杨树林，地上落满了树叶，厚厚的。此时，暖暖的太阳，像一束束光柱，穿过枝头残留树叶的缝隙，明晃晃地照在落叶上，儿子高兴地跳了起来，在阳光下、树林里、落叶上，连续摆了几个姿势，快乐地高声大喊："爸爸，照下来！爸爸，照下来！"

放心，照下来了！记录在手机，印刻在脑海，珍藏在岁月里。

松荫桥，名字好听，景色更美。

此时此刻，每天路过，一身桂花香，一路好心情。虽然秋日来临，依然满目绿色，恰如那爱美的女子，依然眷恋着夏日的清爽、秋日的天高，让人心旷神怡，心情大好。如若冬日来临，桥下的水清澈透明，三五只野鸭在水中自由自在地游来游去，时而在水面漂浮，时而潜入水下觅食，口含猎物东躲西藏，兄弟姐妹忙着打闹争夺，一场水中戏鱼图顿时呈现眼前。

当然，经过一个冬天的雪藏，松荫桥畔就如同那少女一般，终于可以秀起自己飘柔的长发，亮出婀娜身段。看，那一团团、一簇簇、一丛丛绿的、青的、黄的、粉的草呀、花呀、树呀，好像时刻都在期盼着你，你在桥上看着她，而她此时也在桥下欣赏着你。这一座桥，这一处景，这一份情，已被多人错过，已被错过多时，不承想却被你偶遇。尤其是那水边洗衣的红衣少女，倒映在水中的身影，更让匡河增添了几分姿色。树下遛鸟的老人，岸边玩耍的父女，水旁的垂钓者，无不让人对这座桥、这份景生发出无限的遐想与眷念，自然也就多了几个锻炼的身影。

其实，松荫桥不仅是为了沟通匡河，而且也是为了下边那一条铁路，时常有火车远远驶来，轰轰而过。在桥下，在火车道边，市民开发出一块块菜地，那些鲜嫩的蔬菜挂着露珠，迎着朝阳，折射出一片片勤劳的光芒。尤其在雪后，桥下的美景绝不逊色于"爱情隧道"。当然，这需要偶遇，而不是强求。

松荫桥，就在脚下，天天路过，时时丈量，在脚下，在耳畔，在眼前，在心中……

（2017年11月）

山 南 的 荷

一

我见过荷花，却从未见过像山南这样的荷花，用"接天莲叶无穷碧"来形容，恰如其分，毫不为过。

我曾观赏过包河公园里的荷，也曾欣赏过西湖中的莲，更流连于大明湖的水芙蓉，然都不曾有山南荷花这种铺天盖地的气势，都不曾有山南荷花这种独霸田间地头、房前屋后的铺张。山南的荷，她就像一幅绚丽的彩画，让你目不暇接，让你流连忘返。

山南，属淮河水系。江淮丘陵地，普遍缺水，也正因如此，以致山南的长庄村曾是全省有名的困难村。因此，山南的荷，更显难得，尤显可贵。回首往事，当年，正是这个山南镇，小井庄，为农民生计带了头；如今，还是这个山南镇，长庄村，为乡村振兴开了篇。山南的荷，含苞欲放，遍地开放，满目流彩，传世流芳。

二

映日荷花别样艳。山南的荷花，不只是红的，还有白的、黄的、粉的、紫的，满目芳菲。我见过荷花，却从未见过这样美、如此艳的荷花，用万紫千红来描述，可能有点过分，而用争奇斗艳来形容，绝不夸张。

山南的荷——太空荷，新品种。也许，你不曾到过山南，因此，你也无法知晓太空荷花的色泽与艳丽。太空荷，花大，"莲花过人头"，色艳。无论是"十二钗""百荷园"还是"百莲园"，荷花盛开之时，成为一道亮丽的风景，无论白天，还是夜晚，吸引着众多游客观赏游玩，拍照留念。当然，"一日长庄，不再赏荷"，"百花园""百蔬园""百草园"一定可以让你深感不虚此行，平添人间仙境之感。

流连于山南荷花，穿行于长庄乡间，你一定会被那优美的环境所感染，所折服。同行一作家不禁有了这样的愿景："老来盼去处，但得荷间住。"空气清新，绿树成荫。移步荷花间，不时偶遇野鸭突然从荷叶间闪过，亦有一只红色的蜻蜓展翅莲头。不说那白鹭在荷间翻飞，倒有一只喜鹊立在荷上。也许，它是在与荷花仙子私语；也许，它是在静候那一场艳遇。如果，如果荷花知晓，不为大雨所顾，定会赴这场久久之恋，情深深，雨蒙蒙……

荷塘旁，公路边，一树树怒放的紫薇。"紫薇花对紫薇郎。"或许紫薇郎与荷花仙子正脉脉相对，或款款相依，细语新生活，漫谈新愿景，误了喜鹊之盼，耽了蜻蜓之立，但恰恰从了山南之景，圆了长庄之梦。

三

　　山南的荷，全身都是宝。荷叶茶，清香浓郁。莲子，皎白营养。莲心，清心淡雅。藕粉，浓稠可口。而荷花蕊，竟也可制作成茶。闻所未闻，既惊诧，亦感叹！勤劳的长庄人，用他们的智慧、创新、责任与担当，收入翻番，成功脱贫，不枉莲一场，不负荷一片，不误情一潭。

　　与一阿姨交谈，浓浓的自豪情，满满的幸福感，洋溢在脸上，飘溢在心间，流露在言谈中。"你们城里人也不如我们哦。"说者无心，听者有意。乡村，曾经的过往，让多少人顾盼，令无数人书写。而此时此刻，此地此景，那消散的乡愁，正一点点聚拢，一丝丝凝聚，在眼前，成现实；聚成海，汇成洋，亦留恋，更向往。乡关何处去，正在此荷间。不负韶华，不陌人间。

　　山南的荷，合时而作，合而有力。"出淤泥而不染，濯清涟而不妖，中通外直，不蔓不枝，香远益清，亭亭净植。"这正印证了山南人的专注，山南人的创新。而这些丰硕的成果，正是山南精神的写照，更是山南人民奋发的成果，传承着精神，印证着时代，顺应着潮流。

四

　　荷花成节，岁月如流。

　　山南的荷，她的精神、她的气质、她的丰硕，还有她的美、她的艳，正向游客次第绽放。一方水土养一方人，一种植物照映一种精神。荷花，中国十大名花之一。"金玉不足喻其贵，冰雪不足喻其洁，星日不足喻其精，花月不足喻其色。"她的美好寓意，她的亮丽风景，虽各有各的不同，但一样映生活之红，证时代之美。

采莲南山下，悠然见山南。酒香也怕巷子深，藏在深闺人不识。也许，正是荷花节，让更多的人知晓山南，懂得山南，赞赏山南，珍惜山南。

山南的荷，让人流连忘返，令人思绪飞扬、情意绵长……

（2020年8月）

走，到长丰去

走，到长丰去！

收到王晖老师微信消息的时候，我毫不犹豫地就答应了。虽然是立秋后的第二天，一行40余人还是顶着高温走乡串户进展馆，切身体会和感悟长丰的经济发展、人文历史和美丽乡村建设。

其实，我对长丰并不陌生。早在20年前，我与对象——现在的妻子，从济南回合肥经过水家湖车站的时候，她就告诉我，合肥快到了！那时，我才知道，长丰是合肥下辖的一个县，有火车经过，不像我的老家来安县，没火车，若想乘车，只能到滁州或南京，以至于我当兵走的时候第一次坐火车犹如刘姥姥进大观园，突然冒出句"火车真稳呀"，惹得连长哈哈大笑。

2006年从部队转业回合肥，老连长在桐城路一家吴山贡鹅饭店请我和几位战友聚会，饭店门面不大，但装修得很别致。饭店是老连长的亲戚开的。连长笑着问，没吃过吴山贡鹅吧？真没！那就好，今天就请你尝尝贡鹅的滋味、听听贡鹅的传说。

后来，几个同事到淮南出差回来的途中统一了意见：中午到吴山吃贡鹅！

说起长丰，与它真的挺有缘，因为我们单位先后有5名选派干部去往庄墓镇的枣林、庄王、杨湾、张圩，直到现在。因此，吃到庄墓圆子那是再自然不过的事情了，但如果不是当地人介绍这是他们那里的特产，还真没引起我的注意。他们向我们介绍圆子独特的做法，后来我还写在了《吃在合肥》那篇文章中。

说起长丰的特色美味，当然还不止这些。暑假带儿子到省图书馆看书，坐17路公交车在宁国路菜场下来后就有一家下塘烧饼店，烧饼3元一个，儿子吃得津津有味，边吃边把纸袋上面的故事全部看完，直夸好吃。有次我们一行人回来的途中正好也路过下塘，报社的朱汉彬主任还为我们每人买了一个烧饼，不仅详细介绍了烧饼的历史，还认真地给大家普及了烧饼的吃法，真的是很美很快乐，美的是味，快乐的是心。

能够成为美味小吃、特色品牌，不仅是文化，是智慧，更是面对困难不低头、勇于争先不服输、敢于担当不退缩的精神写照，也正因如此，实现了长丰"长治久安，人寿年丰"的美好愿景。2017年，我与教育系统的一名同志到长丰公干待了两天，他说1991年那场大水时他正好在长丰工作，说起曾经的往事，记忆犹新，感叹当时交通的艰难、人们生活的不易，没想到20多年过去了，如今的长丰发展得这么好，不仅成为省会辐射皖北的"桥头堡"、合淮同城化的"承接地"，而且通过京福、商合杭高铁以及合徐、合淮、滁淮、北三环高速等交通，形成覆盖县域、四通八达的交通格局。"要想富，先修路。"路修好了，经济上去了，生活富裕了，终于一举成为全国实力百强县。就拿小小的草莓来说，草莓销售成了特色经济，每四年召开一次中国草莓大会，并获得了"中国草莓之都"的称号。草莓如何美味先不说，就那萌萌的右手请、左手点赞的"美美"——草莓代言形象，就让你怦然心动，甚至流连忘返。正如一首诗形容的那样："绿叶白花一朵朵，平添垅上喜气多。鲜嫩甘爽味儿美，果果皇后倾城国。"写的是草莓，说的是长丰，歌颂的却是每个长丰建设者。

　　长丰的美，并不仅仅如此。她地处江淮要冲，历来是兵家必争之地，春秋时为蔡地，吴、楚相争，兵战不已；三国时吴魏交战，是曹操屯兵之地；东晋淝水之战的洛涧前哨战，也发生在境内；五代十国时，吴王杨行密与梁王朱温割据称雄……1926年，成立了合肥第一个共产党组织——中共合肥北乡支部。现如今，一村一规划、一村一方案、一村一特色等美丽乡村建设方案，让城乡面貌焕然一新，让更多的城里人、外乡人来长丰玩得开心、吃得放心、住得舒心成为现实。"小院栽梅一两行，画空疏影满衣裳。冰花化水月添白，一日东风一日香。"清代著名画家、书法家汪士慎所作的这首诗正是长丰精神的真实写照，而这"东风"就是改革，这"香气"就是洋溢着幸福的笑脸。正如许辉老师所说，长丰是一个能够让人留得住目光、留得住肠胃、留得住脚步、留得住乡愁、留得住心灵、留得住记忆的地方。如此这般，那你还等什么?!

　　走，到长丰去!

(2018年8月)

△
△
△

巢 湖 半 日

巢湖，作为我国五大淡水湖之一，她像颗璀璨明珠，镶嵌在江淮大地上。她的美，美在山，不论是银屏山的牡丹，还是四顶山的秀丽，抑或那湖中姥山的文峰塔，都能让人驻足，甚至流连忘返；她的美，美在水，无论是晨曦中的飞鸟，落日时的点点白帆，还是烟雨中的水波浩渺，总能令人引发情思与遐想；她的美，美在人，先后培养了像丁汝昌、冯玉祥、林散之、戴安澜、鲁彦周、许海峰等人物，而就在不久前，有幸走进李克农、张治中两位将军的故居，感受到了巢湖这方水土的人文厚重感。

"李克农故居"五字是由杨尚昆题词的，门两旁书写着董必武的诗句："能谋颇似房仆射，用间差同李左车。"在大门右侧雕刻着毛泽东的题词——"知己知彼，百战百胜"；大门左侧是周恩来的题词——"不入虎穴焉得虎子，侦察工作，要有入虎穴的精神方为上策"！迈进大门，李克农半身雕像矗立在故居小院中央。左手边是"李克农生平事迹展览馆"，两旁书写着张爱萍将军在惊悉李克农去世后写下的悼词："毕生探囊忘己生，无名英雄足千古。"馆内陈列着介绍李克农将军生平的图片资料，以及相关证件原件。在这里，我们知晓了将军在战火纷飞的年代从事革命工作的特殊经历，深深领略了从未带兵打仗过的传奇将军，是如何在隐蔽战线上将情报工作做到游刃有余的，是如何让敌人闻风丧胆、敬佩折服的。右手边是将军曾经居住和生活过的地方，一处四合小院，客厅、厢房、厨房狭小局促，门窗古色古香。客厅中悬挂的"青松蟠峻岭，红日耀中天"可以说是将军的真实写照。天井中，两株铁树绿意盎然，廊柱上的"孤胆群威源互系，侠公壮士脉相承"让小院更显清幽与不同。而在雕像的右侧，有一圆形巨石，上刻"第一仗已经打胜了，应即整顿队伍打第二仗，争取全胜。——毛泽东"。雕像的左侧及后面，是五幅关于李克农将军革命经历的相关说明与介绍。

整个故居虽不奢华，却显别致，先后成为爱国主义教育基地、国家安全教育基地、情报战线革命传统教育基地、廉政教育基地，成为人们精神洗礼的高地，而就在我们瞻仰的时刻，前后已经有三批次的人员走过或等待中。

登车片刻，就来到张治中故居。故居位于洪家疃，坐西向东，砖木结构，小瓦屋。门前是一方水塘，背靠一座小山——黄山。塘边杨柳依依，水波潋滟，临水靠山，景色宜人。正门旁悬挂着赵朴初先生题写的"张治中故居"匾额，大门双开式，门上两个红灯笼映照着门楣上的那个大大的"福"字。客厅悬挂一幅松柏常青图，两旁书写着"松柏千年茂，乾坤一镜收"。听工作人员介绍才知道，张治中故居大厅的地面是水磨石地板，中央依稀可见一幅图案——五只蝙蝠捧着一个"寿"字，周围点缀着祥云，寓意"五蝠（福）捧寿""福寿吉祥"。故居原有五进，后被日本人破坏仅存两进，现为省爱国主义教育基地。出后门一看，果然有三级依次提高的平台，那应是被破坏的故居的宅基。往左走，看到一棵高大的树木，有两人合抱那么粗，枝繁叶茂，与众不同。经介绍才得知，此为梓树，是将军20世纪30年代亲手栽下的，也深深表达了将军的桑梓之情，而最能体现这种情怀的是，在水塘的对面，就是将军资助建立的黄麓师范学校。

从1940年到1949年，张治中将军积极推行国共合作，先后四次向蒋介石上万言书，反对内战。他的"礼让桂园""三上延安"在国共合作历史上成为佳话，被誉为"和平将军"。毛泽东对他评价道："他是三到延安的好朋友""是真正希望和平的人"。邓颖超为他题词："为人民做过好事的人，人民是永远不会忘记他们的，文白（张治中的字）先生为中国民主革命和社会主义建设事业做出的重要贡献，将世世代代为中国人民所纪念。"

一方水土养一方人。仅仅洪家疃这个巢湖岸边的小村落，就为共和国培养了9位将军。半日虽短，记忆却深。伴着落日余晖，迎着巢湖习习凉风，我们久久不愿离去……

（2018年7月）

从包公园到巢湖

　　我，一个外乡人，从部队转业，由济南来到合肥，最先了解并慢慢熟悉的，就是包公园。包公园由包公祠、包公墓、清风阁等组成，与银河、雨花塘、黑池坝，以及南淝河、逍遥津围着老城区，形成一个河水清幽、绿树成荫的环城公园。包公园是国家4A级旅游景区，也是来合肥学习、工作、旅游、探亲访友的必到之处。

　　迈进包公祠，正殿正中是包公塑像，通身金色，高大威严，正气凛然，王朝、马汉、张龙、赵虎四大护卫分列两边，塑像正上方"色正芒寒"四个大字足以让人肃然起敬。祠旁有座玲珑小巧的六角亭，亭内有口廉泉井，井沿上一条条深深的凹痕，足以见证它的历史。包公墓，苍松翠柏、肃穆幽静，由主墓区、碑画廊、附墓区、地下墓室和展览馆等组成，墓园前有一照壁，上书"包孝肃公墓园"。清风阁，高42米，是座明五暗四共九层的仿宋风格的塔式阁楼，从阁楼顶可俯瞰合肥城市风光及整个包公园的秀丽景色。而坐落于包河水面的浮庄，绿水萦绕，莲荷盈盈，成为市民游客休闲的好去处。

从包公园到巢湖，走的是马鞍山和包河大道高架桥，也就20分钟左右。一下高架桥，迎面便是矗立在巢湖岸边的渡江战役纪念馆和安徽名人馆。如今，经过区划调整，我国五大淡水湖之一的巢湖，已经成为合肥市的内湖。八百里江淮，最美是巢湖。它不仅是"商汤放桀于巢湖""伍子胥过韶关""楚霸王乌江自刎"的纪念地，而且是丁汝昌、冯玉祥、张治中、李克农、戴安澜等名人的故里。曹操的"月明星稀，乌鹊南飞"成为歌颂巢湖的千古名句，陆游的"何曾蓄笔砚，景物自成诗"也成为宣传巢湖的名片。

湖心的姥山岛，古有望儿塔、圣妃庙，而素有"湖天第一胜景"之称的"中庙"，也与姥山岛隔水相望。湖四周有半汤、香泉、汤池三大温泉，仙人、紫薇、王乔、华阳、伯山五大溶洞，有太湖山、鸡笼山、冶父山、天井山四个国家森林公园。西梁山，由大陀山和小陀山组成，与东梁山隔江对峙，合称"天门山"，临江悬崖之上，王羲之书摩崖"振衣濯足"石刻至今隐约而见。而鼓山，因亚父范增之故里而得名，登临山顶，古老而又繁华的巢湖市区近在足下，八百里烟波浩渺之巢湖尽收眼底，风徐徐、云缈缈，如若仙境。最奇特的还是银屏山，因山上有一块色如白银的巨石，形似花瓶而得名，并以溶洞和钟乳石著称。山上有个仙人洞，洞口悬崖之上，生长着一株苍劲翠拔的奇花——银屏牡丹。传说因其花开得迟早与多少可预报年景，又被当地百姓称为"气象花"。每至谷雨前后，牡丹盛开，游客纷至，形成一年一度的"牡丹观花节"。华山，因唐代高僧慧褒禅师圆寂后葬于此，其弟子遂改华山为褒禅山。王安石游览至此感慨道："夫夷以近，则游者众；险以远，则至者少。而世之奇伟瑰怪非常之观，常在于险远，而人之所罕至焉。"因此，褒禅山也因《游褒禅山记》而名扬海内外。

如果说包公园是长在深闺的小家碧玉，那么巢湖就是走上世界舞台的大家闺秀。从包公园到巢湖，观的是山，游的是水，泡的是泉，而且还可以看看三河、长临河、烔炀等千年水乡古镇，让我这个新合肥市民感受到了巢湖的博大浩瀚，体会到了巢湖的人文荟萃，欣赏到了巢湖的如画风景……瑰丽巢湖，精彩合肥，让你我再一次感知"大湖名城、创新高地"的历史厚重、人文魅力和现实精彩。

我为合肥发展点赞，我为能够成为合肥市民而感到自豪。

（2017年5月）

我的生活我的家

"和羞走，倚门回首，却把青梅嗅。"短短十二个字，让身处青春妙龄的李清照，在面对意中人赵明诚时，那种既羞涩又激动的神态跃然纸上，洋溢着青春，荡漾着娇羞。而此时，埋首灯下，回味来肥过往，同样令我沉醉。

而就在今年春节，受疫情影响，无法回滁州老家看望年迈的母亲，只能待在合肥，既是从自身安全着想，也是为了整个疫情防控大局。年初二，孩子的二姨打来电话，邀请我们去她家吃午饭。吃完早饭，一家三口步行到3号线地铁洪岗站。这也是我，或者说我们家第一次乘坐3号线地铁。平时与爱人是单位与家两点一线，儿子是学校与家两点一线，外出的时候，多是坐公交车去蜀山、紫蓬山，到巢湖、南艳湖，进逍遥津、植物园……当然，去合肥网红打卡地——天鹅湖，只需步行10分钟。

买好地铁票，测体温，亮绿码，过安检，进入地下候车厅，在等车的时候，突然听到广播中传出动听的声音："……本次列车开往幸福坝……""幸福坝，这个名字好！"

儿子高兴地说。进入车厢，可能是因为疫情，也可能是因为春节，人少。电子显示屏在播放着广告，停车的时候陆续看到一些站名：繁华大道、安医大二附院、省博物院、图书馆、合肥大剧院、国防科技大学、杏花村、四泉桥、海棠、鸭林冲、竹丝滩、勤劳村……这些动听的名字，或许有着历史渊源，或许藏着动人故事，无不让人遐想，回味无穷。

　　二〇〇〇年的"五一"第一次来合肥。那时的合肥，像一个藏在闺阁中的小姐，不为他人知晓，不被他人赏识。提起她，战友惊问："合肥？合肥在哪？"但作为安徽人，我是知道合肥的。知道合肥有条长江路，知道长江路上有个长江饭店，知道长江饭店有个厨师培训班。之所以如此，是因为高考落榜后，我想学厨师、学裁缝。

　　出了火车站，与妻子接上头，哦，不，当时应该是对象。虽然是第一次来合肥，虽然普通得扔到人群里就如一粒尘埃，但因为我穿着军装，手拿《读者》，很好认。出站，乘坐10路公交车，一路荒凉，偶尔一两幢楼房从车窗掠过，车至双岗才有了点县城的味道。在三孝口站下车，对面是座学校，迎面一幢楼的西侧画着幅巨大的彩色画。如今，这幅画还在！公交站旁就是一个快餐店——大娘水饺。饭后，我俩沿着长江路散步，终于看到曾经知晓的长江饭店。东行至原省政府的北门，看到许多老人孩子在对面的公园玩耍。现在这个公园早已不在，省政府也已搬迁。当时我们逛完了百大，还在四牌楼书店选购了几本书，这才乘坐公交车回到爱人的出租房。

　　出租房在电子学院对面，上几级台阶，沿一狭窄的水泥路南行。路的左侧是一条水沟，右侧是一片庄稼地，正是油菜花飘香的季节，无数的蜜蜂嗡嗡劳作着，还有一些蝴蝶翩翩起舞，好一派乡村美景，让我感到恍惚回到故乡。迈过沟上的一座小桥，右拐便到了出租房。这里，是我爱人最初的家。白天她去上班，我则到处闲逛。这时才发现，黄山路的尽头就是潜山路，公交车到此只能调头，但那时的黄山路真的宽阔，尤其是路中间的绿化，特别醒目。顺道往东，参观了炮兵学院和中国科学技术大学，实现了走进大学的梦想。但为了方便起见，我骑上爱人的自行车，一路往东，直到最东头——美菱大道。左拐折向北，至芜湖路往东，路过省图书馆，经过包河，跨过南淝河上的孝肃桥到明光路，再次左拐向北，直至汽车站。为什么要这样骑行，因为那里有个她——我的爱人，她的单位就在汽车站的对面。一路景很美，一路人很多，一路畅想，哪天我也能成为一个合肥人，多好呀！

2006 年的 10 月，我转业到了合肥，终于成了一个合肥人。那时，我租住在包河苑，工作地点在明教寺对面的文昌阁。虽然有点远，但房租便宜，交通便利，902 路和 14 路公交车就在小区东侧的停保场，每趟车都是首发，人少，坐着舒心，但这样的日子没能坚持多久。902 路公交车从纬二路右转上包河大道，比较慢，因为合宁高速的路口就在一侧，经过葛大店，过二环路一直往北，沿着马鞍山路和胜利路，终点是合肥火车站。那时，这些道都是水泥路，雨天是泥，晴天是灰。经过葛大店的时候，可以看到有许多学校、许多学生，路的西侧是一条水沟，由清澈渐渐变得浑浊直至干涸，成为一条装满垃圾的河道。即使过了二环路，两侧依然是一些庄稼。那时，尤其是热闹的周谷堆，无论是坐公交车还是骑电瓶车，在那个路口总会停留很长时间。当然，沿途还可以看见伟人邓小平题的字"合肥工业大学"，以及九狮桥旁那些晨练的人们，更容易让人驻足的是小东门，算命的、卖百货的、掏耳朵的，以及唱歌、跳舞、下棋、斗地主的，形成一个又一个人群，笑声、叫卖声、歌声，甚至谩骂声，此起彼伏，绵绵不绝。

也就在这时，我逛完了步行街的每一个商场，浏览过每一个门面，尤其在兴泰大厦和勤劳巷停留的时间最长，因为那里有两家旧书店。当然，办公楼对面的明教寺，以及东侧蝴蝶巷的宝莲寺，香烟缭绕，楼下的九狮桥人来人往，许多慕名而来的游人在桥上留下"到此一游"的难忘时光，南边的长江剧院也让我耗去了不少时间。

2008年的夏天，为了出行方便，我在省军区对面的车行买了辆"王派"车——电瓶车，这比坐公交车更方便，畅通无阻，选择自由。出小区，沿纬二路西行，穿过包河大道，沿着包河区政府南侧的一条小路，行至机场路右拐是机场路，沿途都是回迁的二层小楼，道路宽敞，绿化宜人，直到凌大塘，方才显得有一种城市的况味。一路向北，让我领略了卫岗的繁华，体会了香港街的拥挤，欣赏到了银河公园的多彩，尤其是赤阑桥北侧环城路口那些晨练的老人，让我想起了姜夔，想起了"空城晓角，吹入垂杨陌。马上单衣寒恻侧。看尽鹅黄嫩绿，都是江南旧相识。正岑寂，明朝又寒食。强携酒、小桥宅。怕梨花落尽成秋色。燕燕飞来，问春何在？唯有池塘自碧"。而就在桥北侧不远，桐城南路97号，月潭庵，虽然狭小、逼仄，但她的故事，却比赤阑桥更久远、更深沉、更富历史渊源。

2009年6月，单位搬迁到天鹅湖北侧，电瓶车带着我欣赏了一路的风景，我也亲历了这座城每时每刻的变化。祁门路还没有开通的时候，我一直走的是南二环，特别是与潜山路交叉口的那个小环形，经常因为司机的不留神而发生交通事故，而祁门路的建设却遇到姚公庙这一瓶颈，拥挤、脏乱差，不得不绕道而行。等到龙川路开通的时候，它就成为我每天上班的必经之地，但后来不让骑电瓶车走龙川路，我就再也无法感受合肥最长地下通道的欢快与敞亮了。

而如今，我所写下的这些，早已发生了翻天覆地的变化。有些甚至成了历史，只能在记忆中时常忆起，在心中发出感慨。回忆往昔，感慨变化。合肥，她就像一幅徐徐展开的画卷。哦，不，不是徐徐，而是快速地舒展开来，让人目不暇接，令人惊喜连连，她是一个多么让人来了就不想走，走了还想回的地方呀！因为，这些年合肥的发展变化，用日新月异、刮目相看来形容，一点也不为过。而我，没有早到一步，更没迟了一脚，刚巧赶上。也许，是她醒了，我正好来了！此时，我只想轻轻地问一声：你在这里吗？或许你在，或许你正在来的路上……

（2022年8月）

出 行 记

　　下午请假回老家，吃完午饭抬头一看墙上的钟：呀，1点半了！赶紧收拾东西准备坐电梯下楼。提前做好了功课，从洪岗村公交站坐111路公交车到裕丰花市站再转车，或者坐136路公交车到长江路站转1路到明光路站下。刚出门，儿子就跟在屁股后面喊："老爸，老爸，坐地铁，坐地铁快！""得了，谢谢儿子！"这才想起来地铁这码事。于是到楼下洪岗村公交站坐上了128路公交车，五站路后到怀宁路口站下，直接就是地铁2号线的十里庙站，自动售票，3元，在大东门站下车转乘1号线坐一站就到明光路站，出地铁到车站买好票上了车，两点一刻，路上总共用了45分钟，还是儿子建议得及时正确。

　　地铁，提升了合肥形象，方便了市民出行。也就在上个星期天，跟儿子一道去滨湖玩，以前都坐20路公交车转18路公交车再转516路公交车才能到渡江战役纪念馆或省博物馆，用时两小时左右，现在，坐地铁可以缩短一半时间。回来的时候，在地铁上儿子还问了个让我大脑短路的问题：如果我们从四牌楼站买票到三孝口站，就一站，花1元钱，但我们乘2号线到底站南岗站，接着返回到大东门站换乘1号线到火车站再返回三孝口站，会是个什么情况？呀？什么情况？我也不知道什么情况！"那我们试试？""天晚了，没时间，下次吧！"我糊弄下就想带他走，可是小子死活不干，搞得一旁站着的美女安保都不知道发生了什么，把情况向她一说，她也一脸的懵状，结果还是卖票的帅哥给出了答案：两小时内，自由乘行；超过两小时，每张票加6元钱。估计这是权威答案了。于是父子俩高高兴兴出了十里庙站，跑到旁边的必胜客美美地"扫"上一顿。

逢年过节回去的时候，从合肥到来安，一般都是坐长途客车，不方便不说，而且还耗时，就像这次，由于合宁高速修建，下午6点多钟才到家。正因为如此，在2018年春节回老家时，我们一家三口打了个顺风车，两位大人每人126元，孩子免费，车到楼下接，送到乡下家门口，真是方便，也没遇到像网上说的不安全问题。当然，在市内，外出多是坐公交车，上下班都骑电瓶车，特殊情况下，也骑骑满大街的黄色或绿色小单车，1元钱一次，确实方便。

提起单车，就让我想起老家前村的石头他爸，因为经常走街串巷帮人编竹篮、扎簸箩，因此石头他爸买了辆永久牌自行车。每天放学后，我们便跟在石头后面屁颠屁颠地帮他扶车献殷勤蹭车学，那种感觉绝不亚于有了驾照却没有车开而蹭朋友车的那种滋味。后来母亲用60元钱把表哥的那辆破车换了回来又到修理铺大修了一下，而且还把家里唯一的枣木箱子改装了，于是每年夏天，比车高不了多少的我便多了一份"勤工俭学"工作——卖冰棍。事实上，骑车上班，既环保又经济，而且还可以锻炼身体，有益健康。民国初年，一位叫曹之忠的老先生就作过《脚踏车行》诗："一轮行前一轮后，一足跨左一足右。一上一下互踹之，无翼而飞不胫走。鸦轧声中动流水，尘埃影里碾斜阳。爱装胡服称身材，学成蛮语矜风调。距坐遥看尻益高，两髀雀跃焉知劳。便教真似奇肱国，虽有飞车安所施？"估计这是老先生所看或所为的心得体会，应与上班无关。而对于末代皇帝溥仪，在单位也就是他自己的家即皇宫里骑自行车，那纯属自娱自乐。

1982年，我10岁，回父亲江苏泗阳老家，第一次坐客车，感觉真好。1992年，我20岁，参军入伍，第一次到滁州坐火车，之前没见过，更没坐过。在部队有次替老乡收麦子，班长看在我个子矮、身子比较单薄的份上，让战友们割麦，我负责往场上运，那是辆三轮车，我没骑过，不熟悉，第一次运麦就连人带车一同蹿进了路边的沟里，还捎带上班长，幸好水不深，吓得我3年没敢再碰那辆车。

1995年军校第一个寒假，在郑州车站，那叫一个人多，结果还是在战友的帮忙下，把我连人带包从窗口塞进了车厢。里面的人差不多挤成了相片，以至于一个姑娘都被挤哭了。2000年认识我爱人，乘坐北京到合肥的火车，感觉比5年前好多了。2011年再回济南部队，发现已经有了动车，完全可以用舒适两个字来形容，而2015年去厦门出差第一次坐飞机，那才真正是一种享受。

　　40年，沧海一粟，弹指一挥间，不过宇宙一瞬，但其中的每时每刻，对于一个普通人而言，这些诸如出行的平凡事，却历历在目，时时映现。这些变化、这些发展、这些进步，让每一个经历的人感受到了，享受到了。我坚信：未来，一定更美好……

（2018年10月）

出
行
记

最是烟火抚人心

"你家的早点凭什么卖这么贵？""贵，您可以不买！"
"不买我吃什么？不就是因为你独家经营吗？质量还不好！"……
星期六早晨起床迟了，做早饭肯定是来不及了，于是到小区
门口包子店给儿子买点早餐，碰到一位60岁左右的阿姨正
与老板娘吵架。4个菜包子、1碗汤，10元钱。掏出手机，
扫码付款，拎着出了店门，见她俩还在有一搭没一搭地吵得
慢条斯理，津津有味，不依不饶。

从入住这个小区开始，这间包子店就在，经营的时间最
长，当然，包子的价格也在逐渐上涨。门面也不大，就一
间，二三十平方米这样，小夫妻俩经营。早些时候，还见过
他们的父母来帮忙搭把手，估计现在孩子大了，于是夫妻俩
起早贪黑地忙活着，再苦再累也高兴呀！为啥？钱啦！比上
班挣得多了去了。六个蒸笼，馒头就一种，青菜、猪肉、豆
腐、海带等馅的包子有六七样，玉米、煎饼、粽子等也有五
六种，还顺带卖汤、豆腐脑等，每天来迟了根本买不到，双
休日、节假日更是如此。原先连门外的面积都被合理利用了

起来，但随着城市卫生整治和文明建设，所有的家伙什都被搬进了屋内，但就这样，还是挡不住生意好。就像那位阿姨说的，独家经营，不愁生意不好。有天上班的早晨我在里面用餐，3张小桌子，最多能坐6个人，店门前一会儿就排起了长龙。我悄悄地计算了一下，从我进来到吃完走，这短短的十来分钟，微信收款13次，总价是216元。

包子店的右边，是家理发店，开得比包子店晚，但生意是一样的好。早上9点准时开门，晚上9点保准关不了门。用门庭若市来形容有点虚，但有时为理个发排个队那倒是常有的事。原本理发店老板的妻子也在店里帮忙洗发、烫发什么的，听说现在回家生二宝去了。涨价那是再自然不过的事了，从10元涨到15元，从15元涨到25元，没办法，那也得理呀，虽然说头发长不一定见识短。况且依然是没的选择，同样的独家经营，但可以办卡，能优惠，充200元享受8.5折，充300元享受8折。得，我充500元，嘿，还是8折！一家三口，享受服务的同时，持续充值。不充，就自己理，想当年在部队，头发长了都是战友们相互理，虽然不好看，但大家都是平头，也就分不出彼此来。没承想，刚一提议，就遭到老婆和儿子的反对。于是，接着充，继续理。更可乐的是，年轻的理发师一个人忙不过来，招了个小徒弟，三天两头换，估计年轻的小孩吃不了那份苦，倒是现在这小孩，天天顶着个"马桶盖"给客人服务，每去一次我都要笑，多酷的发型呀！

理发店的右边，现在是老鸭汤馆，尤其是老鸭汤泡锅巴，又脆又香，儿子特别喜欢。但在他们开老鸭汤馆之前，至少换过十家店，有卖小吃的，有经营外卖的，还卖过蔬菜，经营过快递，但时间都不长。估计这跟地理位置有关系，关系还很大。因为紧贴小区院墙，离东边的怀宁路有段距离，而且挤在最里面，生意自然不好，换来换去也就成了家常便饭，倒是老鸭汤馆，却成了持续时间最长的经营者，想一想，应有八九个月了吧。

包子店的左边，现在是家水果店，经营时间超过了两年。原来是干什么的，想不起来了，这不能怪我，走马灯似的换主儿，确实是件考验人记忆力的事。希望它能持续的时间长些，长些，再长些！而在水果店的左边，是个小卖部，经营烟酒等一些日常用品、食品。它经营的时间与包子店一样长。生意好不好我不知道，因为我很少光顾。去得少，是因为在它的北面，就有一个大超市，各样生活用品一应俱全。每天下班经过，倒是看到小卖部门前三个儿童摇椅、两部弹子玩具前挤满了孩子，机器的响声、孩子的欢叫声，不得不让人多瞧上两眼。前两天再经过时发现，这些吸引孩子的玩具没了！什么原因，不得而知。但我想，那些快乐的经历，或许会被孩子们记忆许久。就像我，偶尔还能梳理下、感受下这些平凡烟火的温暖，也是件快乐的事。

（2021 年 12 月）

三孝口的那束光

三孝口，在合肥。

从公交车上下来，沿着金寨路往北，没走几步，突然，儿子惊讶地喊道："爸，手机！"顺着他的目光往前，果然，一部手机静静地躺在共享单车旁。儿子捡在手中："肯定是谁不小心丢的，交给警察叔叔吗？"我说："等等，丢手机的人肯定非常着急，一会儿肯定会打电话过来。"

父子俩穿过长江路，手机便响了起来。听见儿子在跟人通话，"你是谁？""对，是我捡到的。"然后抬头看看书店，"我们在三孝口书店东门。""好的，等你！"随后，便坐在门前的台阶上，我跟他说我们到书店里面去等，儿子不愿意，说那样叔叔可能会找不到我们。正在说话间，碰到他同班同学在父母的陪伴下也来书店看书，同学了解完情况后说她们先进去，并告诉儿子，她在四楼等他。

正在左顾右盼时，一位男子来到我们父子俩面前。儿子看看他："叔叔，怎么证明这个手机是您的呢？""我有密码，能打开手机！"果然，输入密码，顺利打开。正准备上楼，男子拉住儿子说给小朋友买两本书吧，我说不必了，儿子也说雷锋叔叔做好事是不求回报的，男子笑了笑坚持要买，于是我也劝儿子还是让叔叔买两本书吧！三人一道进入店中。男子在一楼大厅选了两本书：《四世同堂》和《瓦尔登湖》。对于一个经常看书的人来说，可以深深地感觉到这位男子的品位与儒雅。一米七五左右的身高，戴着眼镜，从气质和形象上判断，估计是位党政机关的工作人员或者学校的老师。简单交流后得知，他的孩子与我儿子同龄，而且即将上的初中是同一个教育集团，他家在五十中东区，我家在五十中望岳校区。正在男子结账的时候，儿子又递过来一本书——《钱的千年兴衰史》。我对儿子说，叔叔已经选好书了，不能再让叔叔破费了。儿子说这本书估计与《货币战争》有点像。男子一边说没事没事，一边用手机扫码把钱付了，173元。随后挥手告别。没问工作，不道姓名，更没留任何联系方式，但我真的非常感谢这位男子。如果说是我们帮了他，其实，他也用行动帮助了我，教育了儿子。因为，书是最好的朋友，书是最贵重的礼物。

男子走后，我们准备上楼，儿子说："做好事不图回报，爸爸，你为什么也劝我让叔叔替我买书呢？""是的，做好事不图名，不求回报，这完全正确。但你有没有想过，如果叔叔真心地想感谢你，而你不给他机会，你是不是做得也有不足的地方。"儿子睁大眼睛看着我，很明显，他没听懂，我打了个比方："比如，爸爸丢了手机，别人拾到，不谈任何条件就还给了我，而且我想表示一点感谢，他也不同意，那时，我的心里一定非常难受！因为，有时候，感谢一定要表达出来，而且也需要别人给你这个机会！"儿子似懂非懂地点了点头。想到同学还在四楼等着他，他便让我在一楼买了4个寿司，44元，每人两个，而且，他还细心地找小姐姐要了两只手套，一人一只。

从三孝口书店出来的时候，已经华灯初上，万家灯火，从书店照射出来的那束光，照亮了前行的路，还有远方……作为合肥市唯一的二十四小时不打烊的共享书店（疫情期间暂停夜间营业模式），那束光，更温暖了一个个沉浸在书香中的身影，还有他们的心灵、他们的世界。

然而，我终未能免俗，将这件小事发了个朋友圈，收获了众多亲朋好友的点赞和留言，而这些点赞和留言，一如书店的那束光，让我和儿子感到，简单是如此快乐！

（2021年9月）

哈根达斯及其他

"爸，我们吃个哈根达斯怎么样？"

"哈根达斯是什么？"

"冰淇淋呀！"

"好，走！"

暑假了，儿子没人带，锁在家，下班后，用电瓶车载着他到天鹅湖放风，在回来的路上，儿子说天太热了，我们到万达去，吃个哈根达斯降降温。你说，这样的要求谁能忍心拒绝呢？不，绝不，满足他！这，或许是每个家长唯一的选择。

停车的时候，儿子发现旁边正好有个老奶奶在整理纸箱等废品，他连忙扯了扯我的衣服，悄悄地对我说："爸，你看，这老奶奶多辛苦，而旁边的万达就是高消费的地方。"我为儿子这个小发现感到高兴。儿子连忙说，爸爸你把手机给我，我要把她照下来，完了还不忘自夸下："怎么样，你看我像不像个摄影家？""像，绝对像！"

到了哈根达斯店里才发现，乖乖，那叫一个贵！儿子懂事地说，那我们来个便宜点的吧。于是，父子俩来了个最便宜的冰淇淋球，35元，这里免费提供开水。我掏出100元，服务小哥找了75元。儿子看看我，我看看服务生："你搞错了吧？"小哥一脸懵状。"你找错钱了！"小哥一看，连声道谢，顺手接过我递过去的10元钱。坐定后，儿子开始和我讨论一个问题："爸，他们是不是故意这样，以此来吸引顾客，否则怎么这么贵？""不，儿子，他们也会忙中出错。"吃完准备出门，儿子说："真好吃，服务真好！"

这让我想起前两天的一道面试题：课堂上，老师拿出一个苹果，问大家闻到了什么，同学们说闻到了苹果香，只有一位同学说没闻到。老师走过去再问他时，这位同学迟疑片刻说，也闻到了苹果香。这时老师笑着说："这只是一个假苹果，什么味道也没有。"什么样的参考答案不重要，重要的是我想问：这个老师为什么要"笑"？无非就一点：我是权威，我说的就是对的，你质疑，你是不是有什么想法？如果我是老师，不会"笑"，只会在教育其他同学应该怎么做的同时，狠狠地表扬下这位同学。我想，这才是教育的根本目的。苹果是假的，但流露出的"真味道"，却值得我们每个人思考。

后来，我把儿子的发现与问题发到朋友圈，好多朋友点赞，有位老哥还说，不应该叫"放风"，应该是"放纵"。接着就有朋友跟帖：现在孩子多不容易，放风还是比较贴切！也有朋友关心，怎么不接老人来照顾下，一个人放在家里多不放心。现在孩子能够"放风"真的不容易，就在昨天，听说合肥中考成绩超过 700 分才有可能进入所谓好学校。成绩真的那么重要吗？名校真的就一定好吗？是的，真的重要，真的好！但适合自己的孩子吗？不一定，但肯定适合父母！

人的一生到底是为了什么？看了《我不是药神》后，我在思考六个词：生存、生活、生命，人心、人情、人世。怎么能够走对这一生？有次认识个年轻的朋友，他的爷爷、爸爸都对《易经》深有研究，他从小就在爷爷哄、父亲逼的环境下背诵那些晦涩的东西，他说现在想来受益匪浅。在交流的时候，他说人这一生，能够起决定作用的就那么几条：一命二运三风水四积德五读书。几个月过去了，我还一直在想这个问题，联系自身实际看看自己的命运得出：命，就是大局、时局，只有契合这个时代，才是你的命；运，是你的努力、付出和用心，机会时时都在，运气自然不错；风水，不是临水靠山什么的，而应该是环境，除了自然环境，还有生活环境，甚至工作环境。积德与读书，应是努力坚持的，但"程勇"们是不是积德，三年牢狱出来，为什么只有他的小孩的舅舅来接他？是导演故意的，还是导演无意的？我坚信，导演的水平比我高，他想告诉大家的，除了生存、生活、生命外，还有人心、人情、人世。

读懂这些不难，真的做到，很难。比如说，我的孩子没人带，不是老人不心疼，而且事出有因。父亲去世，年逾古稀的母亲就在前两天还在住院，而岳父、岳母业已仙逝。其实，在这四位老人中，我最想说的是我的岳母，孩子出生后，我上班，妻子一个人带，岳母与我们住得近，自己身体不好，而且我们租住在六楼，老人家天天都要到菜场买上些东西，再爬上楼给她娘俩做饭吃，风里来、雨里去，从未间断，然而一场突如其来的疾病让她永远地离开了我们，有时回想她的好就不禁扪心自问：她为什么这样对待我呢？其实答案很简单，每个做父母的，都想自己的子女能够健康快乐生活如意而已。因此，有时夫妻斗嘴，我都让着她。因为岳母，因为老人家的爱，我不能让她在天堂里看到自己的孩子伤心！就这么简单，感恩！就像儿子一个人在高兴地吃着哈根达斯时，我的内心是快乐的一样，很高兴儿子非常懂事地挖起一勺：爸，你也来一口！还有什么，比这更幸福的呢？

（2018年7月）

家有读书小儿郎

△△△

2018年6月9日下午，"领读中国 爱阅无界"海选第一站在合肥市图书馆举行，小儿有幸报名成功，但终因水平有限没有能够晋级（34位选手取前5名），所幸的是选手都有奖品：一个笔记本，一本书——《见字如面》。虽然是抚慰，倒正合小儿意愿，爱不释手，等公交车的时候，就迫不及待地坐在图书馆门前的地上仔细阅读起来。

小儿虽然只是小学三年级，但识字尚可，这得感谢动画片。每次看动画片的时候，我都提醒他：他们说的那些话，都是下面的那些字，盯紧喽！于是，每到看动画片时间，他都无比投入，甚至喊他吃饭都无动于衷，完全沉浸在自己的世界里。他3岁时，还为他姑奶表演了一场读报秀。一年级报名后，儿子到家就把语文书从头到尾看了个遍，用他的话讲，不会写，都会认。去年寒假前，同学带到班级一本书，儿子看到非常喜欢，找同学借，同学不借，于是利用课间把同学的书拿过来，一个人偷偷地跑到学校体育馆三楼走道上，在冬日的阳光下走进书的世界，放学了，同学们都走完了，我也没找到他，冷汗直下，半个小时后，书看完了，他这才从体育馆走出来。虚惊一场，不仅是我，还有他的班主任。

小儿真正看的成年读本是家中订阅的《读者》，每期到了，他赶紧抢过去翻到固定页码看他喜欢的漫画，接着再从头到尾看文字。正因为喜欢，遂带他到省图书城，买了《父与子》，这是他真正拥有的第一本书，顺道买了套四大名著连环画。那一段时间，他从幼儿园回来就看，迷呀，直到囫囵吞枣地浏览完才满意。上学了，儿子依然保持着对书的热爱，于是为他办理了省图书馆、市图书馆的借书证，每月保证去两次图书馆。就这样还不能满足，于是开始买买买，生日礼物买书，表现好买书，寒暑假也要买书……还是上个寒假，儿子给我开出了书单：《封神榜》《聊斋志异》《山海经》《搜神记》。这不，暑假开始了，又买了套《资治通鉴》（连环画版）和《福尔摩斯全集》（四本，全文字的）。

小儿如此爱好读书，难得！但能够实现或满足读书的愿望，这得感谢时代的发展。不像我当年，想看书而不得，不是没书，而是没有钱，也没得地方去借。镇上的新华书店有不少自己喜欢的书，可是买不起。最好的办法是，每到赶集的时候，到西大街去听书，那里有说书的人；还有听广播，每天12点半到1点都准时到西院邻居家听小说，《岳飞传》《杨家将》《刘秀传》等都是从广播中听来的；再一个就是在街中心，一姓朱的大叔每天会摆出小书摊，两分钱一本。最难忘的是，为了《霍元甲》那套六本连环画，我把母亲每天给的两角早餐钱省下来，用了将近一个月的时间才凑够3.60元！后来，真正看的第一本书，是在表姐家的柜子里发现的，鲁迅的《朝花夕拾》。看的第一本外国小说是《傲慢与偏见》。第一次因看书写检查，是在班主任课堂上，在桌洞里偷看《冰山上的来客》，我高兴地喊出："撒米尔，冲！"看得最多、感想最深的，是路遥的《平凡的世界》，初中看，高中看，当兵看，在军校看，提干后还看，看一次有一次感想，看一次有一次收获，并延伸到《人生》《早晨从中午开始》等。

如今，看书的地方多了，阅读也方便了，但比较起来，我还是比较喜欢纸质书阅读而非网上浏览。当然，个人习惯而已。经常是，父子俩，沙发上，来个"葛优躺"，想怎么看就怎么看，想看什么就看什么！妻子有时抱怨，买这么多课外书，有什么用？非也！书，就像秋风一样，扫过来，终会有几片落叶；书，就像春风一样，刮过去，终会又冒出一丝绿意。如若无意间，培养出个爱读书的种子，亦是件快意之事。

（2018年7月）

卖烧饼的老人

从小饭桌出来，还没出小区门口，儿子就看到大门旁的那个烧饼摊："爸，买个烧饼吧！"乞求的口气让人无法拒绝，诱人的香味也让我无法逃离。

其实，这个卖烧饼的老人我早就认识。去年夏天一个周日，因有事，早起到楼下找小吃，发现早晨五点来钟的街头，门面都还没有营业，于是逛到岳西路与望江西路交叉口的西北角路口，发现有位老人在卖烧饼，正好一群学生路过，"呼啦"一下3元一个共计20来个烧饼就被抢光了，于是我只好等，趁这空陪老人家聊了一会儿。他告诉我，他的做烧饼手艺是祖传的，而且还传男不传女，到他这儿就断了，因为他只有个闺女，没法再续。

"带个徒弟呗？"

"带过，徒弟嫌累、收入低，跑了！"

"再找呀！"

"找了，年轻人没人干！"

"我，行不？"

"你？不像！"

"开个玩笑，小时候我真想学这手艺。"

念中学的时候，没住校，每天单趟2.5里，往返四次，有时早饭来不及吃，母亲就给我两角钱，一块烧饼一根油条，把烧饼揭开，油条裹在里面，一卷，抱住就啃，这就是我的早餐。地点，学校门口，数学老师曹老师的夫人经营的，但不是她家做的，每天早晨曹老师骑着自行车到街上专门卖烧饼的那家进货，估计量大，进价或许也就每个烧饼七八分钱模样，因为曹老师毕竟要赚个一分两分的吧。就这小生意，也让曹老师夫妇成了教师里面那批先富起来的人。

老人听我说这些，哈哈大笑，告诉我："不是我吹，我做的烧饼没人赶得上，可以称得上合肥第一烧饼！"他还给我举例："万达知道吧，罍街知道吧，城隍庙知道吧，他们都请过我，我不去！"

"为啥？"

"我不为钱，高兴就行！"

"你不想多挣些养老钱呀？！"

"呀，钱哪有挣完的，够用就行。"他接着说，"我一天只卖两袋面，早晨一袋，下午一袋，早卖完早收工，不多挣。"

我知道，一袋面粉应该是40斤吧，能做多少烧饼我就不知道了，但仔细观察发现，就连他做烧饼的工具都与别人不一样。锅炉见得最多的是那种油桶状的，里面糊上泥巴，把做好的烧饼贴到内壁上，中间放些炭火烘烤，熟后取出就行。而他的工具是口倒扣的锅，把做好的面饼反贴在锅上，下面炭火直接对着上面的烧饼烘烤。的确与众不同！

现在，他依然天天在这个小区门口卖烧饼。每次经过的时候，我都要买上一两块，为儿子，为自己，为老人，也为这门手艺。只是，每次买的时候，都要排队等候，从没有剩余的，好让自己付钱拿起就走。

（2018年1月）

卖烧饼的老人

修　钢　笔

　　从大钟楼靠近包公园一侧的公交站下车，往回走，穿过环城公园路口，左转下一斜坡再右转往南穿过一段下穿路，路过一截卖快餐的小吃摊点群，便看到左手那幢20世纪七八十年代的楼房的二楼外侧，挂着个硬纸板，上面写着"修钢笔"。

　　房子很旧，楼道内摆放的东西包罗万象，杂乱无章，和许多老旧小区的楼房一样，墙上、楼梯上贴满了修下水道、开锁等小广告。爬到二楼，窗台上放着一盆花，一只小花猫安详地躺在旁边，很惬意、很享受的样子。找到门牌号，敲门，一个中年男子开门：你找谁？得知是找陈晓玲老师的，那男子随后转身敲背后的门：陈老师，有人找！

　　这才发现，一个门内住着两户人家。像这样的房型，我见过，在部队，那些家属区的房型基本都是这样，一室一厅，厕所共用，虽然条件有限，生活也可能有些不便，但相比租房而言，到底算是有了家的温暖。

　　陈阿姨，五六十岁的模样，戴着眼镜，穿着睡衣，很随意，很休闲，给人一种亲切而和蔼的感觉。虽然是白天，但室内光线并不是很好，为了能看清，她扭开了放在那张堆满物品的写字桌上的台灯，然后，非常仔细地查看我的钢笔，小心翼翼地把部件一个一个地卸下来，有序地摆放在旁边的盘子里，接着便拿出不同的工具，对钢笔做起"手术"。

其实，认识陈阿姨，缘于自己对一支钢笔的深爱。念小学五年级的那个夏天，外公变卖家产后住到了我家。那天，他刚坐下来，便把自己的腰带解了下来，拎着一头往下一倒，"哗啦"一声，我们姐弟三人一看：哇，都是钱！一数，总共180元。就在捡钱的空儿，我偷偷地藏了五元，下午到学校便买了一支英雄牌钢笔，晚上回家，被母亲结结实实地暴打一顿。上初三的时候，流行在钢笔上刻字，便花了两毛钱请师傅在笔身上刻了"宝剑锋自磨砺出，梅花香自苦寒来"一句话。高中毕业后，这支笔又被我带到部队，直到转业回到地方。或许是因为用的时间长了，笔尖出现了问题，下水也不流畅，可留心了很长时间，也没有发现哪里有修钢笔的，因此，她只能静静地躺在笔筒里。

4月30日，《合肥晚报》刊登了陈晓玲老师的事迹，于是打电话向报社咨询陈老师的联系方式，未果。7月14日，《新安晚报》又刊登了记者采写的陈晓玲老师的事迹，于是，再次通过报社的朋友打听陈老师的联系方式，终于得到了陈老师的手机号码，立马联系，她在电话中详细告知她的家庭住址，这才发现，那地方是再熟悉不过了，因为每次去省图书馆，都要从她家楼下经过。

通过交流得知，陈老师从小在父亲的钢笔店长大，耳濡

修钢笔

目染之下，对钢笔情有独钟，后来跟着父亲学习，20世纪80年代开始就在合肥修钢笔，每天往来于合肥的各个校园。那时候，这个手艺还是个紧俏活，挣得可不少。为了扩大"业务范围"，她购置了一辆自行车，制定"日程表"——一周中，每天的上午、中午、下午分别在哪儿，无论有没有人来修笔，她都一如既往地坚持摆摊，雷打不动，坚持了20多年。修过的钢笔不计其数，很多"疑难杂症"经过她的一双巧手，都能一一修复。陈老师告诉我，如今的大学校园里，除了那些老教授和制图专业的学生才用钢笔，已经很少有学生修笔了，经常一天连两三单生意都没有。为了生计，她在修笔的同时，也顺带修雨伞，还卖些水笔，但因真心喜欢这个行当，她依旧坚守着。为了把手艺传承下去，她曾张罗着收徒，但修笔费事、挣钱少，没人愿意耐心学，自己孩子也不愿学。于是，她打定主意，孤独地坚持到最后。

二十分钟后，陈老师便把修好的钢笔交给了我，拿起来一试，果然还有30多年前的那种感觉，也正是在等待、闲聊的时间里，得知陈老师和我还是老乡，都来自滁州。临走告别时，猛然发现里面一个小房间里，还有一位二十多岁的年轻人，头也不抬地趴在电脑前。于是，不禁在想，电脑已经进入寻常百姓家，到底还有多少人如我一样在使用钢笔？可以肯定，用过钢笔的人不少，还在用钢笔的人并不多了。同样可以预见，修钢笔的，更是寥寥无几。

（2017年8月）

2021，我的春节

农历辛丑年春节，受疫情影响，响应就地过年号召，留肥，未回半塔陪母亲过年，特记之。

——题记

一

每个春节，都是从腊月开始。腊八粥，二十三小年，二十四扫尘……

腊月二十九上午，母亲打来电话，询问是否回家过年。而事实上，早在小年的那一天，我就给老人家打电话，告诉她今年春节不回家。但母亲还是不放心，终究要来电话再次证实。我知道，她现在确信了，今年春节，她的儿子真的不能回家。但隔着时空，我依然能从语气中看到她给我打电话的模样，是那么急切，是那么不甘，或许还有那期盼的目光，那落寞的神情。

之所以如此，皆有缘由。1992年的冬天我参军离开家乡，直到1996年的春节前夕军校放寒假我才回家探亲，提前得到消息的母亲凌晨五点就在村头等我。那一幕，虽然过去了26年，但我依然清晰地记得，终生难忘。15年的军营生活，有6个春节是在家中度过的，与许多战友相比，已经是非常幸运的了，更是幸福的了。2006年转业回合肥后，每年春节放假，一家三口都要回半塔，陪父母过年。犹记得，去年的大年三十到家后，刚吃完年饭，村干部就挨家逐户通知：不要外出！不要外出！！不要外出！！！进出村的"村村通"南北两侧被堵了起来，车进不来，也出不去；人可以出，但不可以进。那个春节，扎扎实实地在家陪母亲生活了7天。

午饭前，接到弟弟的电话，工钱没要到，现在还在工地，正准备与工友一道去县信访局，而我，爱莫能助，无能为力，只能在电话里提醒他，注意安全。

弟弟比我小4岁，如今也是46岁的人了。弟弟14岁辍学，跟在父亲后面犁田耙地，渐成农家好把式，19岁时也就是我考上军校的那年10月，他结婚，第二年便有了孩子，为我添了个侄女。后来，弟弟一家与父母同住。说来让人心酸。当年参军，并不是奔着什么前途呀去的，纯粹就是为了家庭。讲起来大家也能理解，尤其是农村出身的人，或许还有同样的经历。那时，不仅是读书，甚至连写好毛笔字什么的，好像都是为了娶媳妇。眼看兄弟俩长大成人，这对整天只会或者说只能埋头在土地里刨食的父母来说，压力太大。于是，母亲想出个办法。因为我是高中毕业，找对象相对可能容易些，而对只有小学文化的弟弟来说，找媳妇可能就不是件容易的事了。这样，二子先到部队去，一来说不定还有个奔头，二来可以打个时间差，先让三子娶媳妇成家（我还有个姐姐，所以弟弟排行老三）。就是这样，我去了部队。其实，我不想当兵，想到深圳去打工或者学手艺（厨师和裁缝都是我喜欢的），因为1992年邓小平同志发表了南方谈话，我觉得这个小渔村有前途，即使有点远。

事情如母亲所愿。我去了部队，弟弟就在亲友的帮助下，接二连三地相亲。后来听弟弟说，其中经历了许多波折与故事，但结果总算完美。而我，也没让母亲失望，在组织和领导的关心爱护下，1995年考上了郑州的一所军校。而如今，为了照顾家、照顾年迈的母亲，弟弟没有外出务工，只在县城附近的工地做些短期的、零星的活，填补家用，改善生活。每次往返家与工地之间，都是骑摩托车，吃了不少苦，但一年也能挣个好几万块钱，虽然比上不足，可与过去相比，倒也是好了许多。

午休时没有睡着，这些往事总是如电影一般，一幕又一幕地浮现在眼前，照映在脑海，是那么清晰，是那么真切，甚至让我眼含热泪。

下午上班时，妻子将儿子送到我的办公室。没办法，总不能将儿子整天锁在家中。幸喜他还比较自觉，做完寒假作业后，自己去了市政府图书室看书。那里，每天聚集着许多像他一样的孩子，或写作业，或看书。五点钟，图书室关门，儿子一个人返回我的办公室。

二

今天，2月11日，大年三十。

在故乡，早饭后，伴着暖阳，上山祭奠，为去世的亲人送年饭、烧纸钱。在村前的那座土山上，原本没有我家老人安葬。20世纪60年代初，父亲与母亲跟在我的三姑奶身后，逃荒到现在的村子——竹园庄。父亲3岁成了孤儿，母亲9岁失恃。外公在我17岁那年去世，送回江苏泗洪老家安葬。而在2015年11月1日之后，这座儿时放牛、放猪、捡地衣、捉草虾、划柴草的土山成了我春节、清明、冬至必去的地方。因为，父亲在这天去世；因为，父亲在那里长眠。每每想起父亲过世，我就会非常自责，以至于难过得泪流满面。

那天下午，父亲一人在家，母亲到我的堂姑家走亲戚，弟弟在南京打工，弟妹在镇上玩具厂上班。下午三点多的时候，弟妹回家取手机，看到父亲吐血倒在前屋的床前，她赶紧打电话找到母亲，表哥骑电瓶车把母亲送了回来，三人一道将父亲送到镇上医院。也许是天意吧！弟妹每天中午吃完饭，收拾停当就去上班，独独那天把手机落在家里，否则，父亲将极有可能就那样在家中离去。而在我的印象里，父亲这一生从未进医院看过病，总以为，不会发生什么意外。

镇医院检查后告知，他们无法止住父亲身体内部的出血，建议去南京或者县城看看。去南京，需要一个多小时；去来安，仅仅需要三四十分钟。立即要救护车送父亲去县城。傍晚下班在接儿子放学的路上，接到弟妹的电话，父亲住院，一切还好，意识清醒，生活能够自理，吃喝自如，没有什么大碍，让我放心。于是，我决定第二天一大早赶回半塔。凌晨时刻，弟妹打来电话，父亲已经永远地离开了我们，而身边，只有他的小儿媳一人为他送终。凌晨四点，等我赶到家的时候，远在扬州的姐姐、在南京打工的弟弟已经跪在父亲的身旁，只有我，只有我最后才回到他的身边。从那时起，与我一样悔恨交加的弟弟就再也不到离家远的地方做工。而让我更加遗憾的是，原本接到电话立马赶回，是完全可以与父亲见上最后一面的。更令我悔恨的是，当兵15年，父亲从没去过部队；转业回合肥9年，父亲也从未来我家住过一天。总以为，来日方长。

每每想起这些，我就眼含热泪。

每每想起这些，我就无法原谅自己。

此时，儿子起床，父子俩贴对联，我就与他谈起儿时写春联的那些事儿。那时，识得几个字，春节的时候乡亲们就会让我给他们写春联，每当此时，父亲都感到有点小骄傲，一边与乡亲们搭话，一边催促我赶紧写。于是，便从条几上找出墨汁、毛笔，然后从母亲的针线盒里，扯上一截缝补衣服的细线，一头绑在桌腿上，一头压在折叠好的红纸缝中，便制成了简易的裁纸工具。大大小小的红纸裁好后，数好字数，把红纸折叠好，照着从镇上新华书店里买来的《半月谈》上的那些对联，依葫芦画瓢，于是便成了春联。

灶台上，"水火平安"；鸡笼上，"六畜兴旺"；稻匾上，"五谷丰登"；牛棚上，"牛头兴旺"；猪圈上，"槽头兴旺"。

父亲说，你看书用的煤油灯把墙上熏得一片黑，写个字，把它盖一盖。写什么呢？父亲说，就写个"福"字吧。于是弟弟赶紧找出红纸，现裁，现写，现贴。写了好多福字。刚贴好，弟弟就喊：哥，福"倒"了！父亲哈哈大笑：到了就好，到了就好！听完父亲的解释，弟弟贴得更欢了：犁上，耙上，锄头上，桌腿上，写字台上，五斗橱上……贴得到处都是"福"字，有大的，有小的，有我写的，也有弟弟画的，放眼望去，一片红光，满目吉祥。

最有意思的是西院的吴叔，孤家寡人一个，非得让我把他家大门的对联写个"一人吃饱，全家不饿"。儿子问："那到底写没写？""没写！""那写的什么？""一人吃饱，全家幸福。"儿子哈哈大笑："那还不一样嘛！"去年春节，回老家，到西院串门，看到吴叔家的对联还是一边四个字：一门祥和，满院春光。哎，"一人吃饱，全家不饿"的吴叔什么时候"一人"改成了"一门"，难道吴叔成家了？您猜，他到底成没成家。

吃过午饭，接到弟弟的电话。他在电话中告诉我，钱依然没有拿到，而且他们一帮工友和他一样，不仅钱没拿到，更是一夜没睡，而此时，刚刚到家，吃了饭，准备睡觉。

弟妹也从南京赶了回来。她原本准备服侍女儿——我的侄女生产的，然而因为疫情，医院只能有一个人陪护。于是她就从南京赶回了半塔，把陪护的任务交给了她的女婿。

下午，姐夫打来电话，说春节回不去了，因为疫情，路都封了。只能看形势，如果可以的话，准备过些时日，再和姐姐一道回家看望母亲。

楼下的超市，装饰喜庆，人声嘈杂，一片繁忙。购物的人，或用手提着，或用胳膊夹着，或用小车推着，在收银处排起了长队，不似往年那般清静与冷淡。如此看来，今年的春节，就地过年，不是我一人，不止我一家。

看春晚，依旧那样热闹，还是那般喜庆，只是日月轮回，岁月更新，鼠去牛来又一年。

三

2月12日，大年初一。

短信、微信拜年。

这让我想起两天前儿子写的一篇周记——《年》。

很久很久以前，每过一段时间，就会有一种名为"年"的怪兽出现，它吞噬人畜，无恶不作，人们都十分惧怕它，但拿它没有任何办法。

有一次，"年"出现的时候，碰巧有根竹子掉到火里，发出了噼里啪啦的爆炸声，把怪兽给吓跑了。这时，人们才发现它怕鞭炮的响声。同时，还发现了怪兽怕红色的东西。于是，人们在"年"来的时候，就想方设法放鞭炮、贴红纸，把怪兽吓跑。后来，人们把"年"出现的时间间隔称为一年，"年"来的时候就叫过年，以此来做好准备，防止怪兽搞破坏。

如今，这种习俗已经成了一种庆贺与祝福活动，庆贺丰收的喜悦，祝福来年有一个好收成。

每到过年，家家户户都张灯结彩，欢声笑语，合家欢庆。一家人在一起包饺子，看春晚，好不热闹。更让人难忘的是，初一早上，人们互相拜年，小孩子们最开心了，各种各样的糖果、糕点装满了兜，塞满了嘴，甚至两只手都腾不出来空，有时还能收到长辈给的块儿八毛的压岁钱，个个都笑得合不拢口，小脸绽放得像一朵花儿，红扑扑的。

其实，这些都是以前的年。与过去相比，现在过年已经少了许多年味，如果想真切地感受年味的快乐，我们只能到书中去阅读，去体会。尤其是今年，受疫情影响，大多数外出人员积极响应就地过年的号召，更让年少了些许味道。

2021年春节就要来了，我依然充满了期待。

写完，他对自己的"好不热闹""块儿八毛"这几个字非常满意，一个人看了半天，哈哈笑了几回，对我说，爸爸，我读给你听。高兴，快乐。

吃完午饭，内侄女打来电话，一道去庐江。

在车上，接到弟弟的电话，侄女生了，喜得千金。新的一年，人生升格，我成了一个孩子的大外公。

四

大年初二。

起床，看到大姨姐夫妻俩，忙前忙后，忙上忙下，不禁让我想起21年前的那一段时光。

2000年的"五一"，探家，第一次来合肥。妻子带我回老家——庐江县白山镇。在南七上了小中巴，一路向南，经肥西，过三河，途经二龙街、同大镇，便到了白山镇。再租上个小三轮，穿过镇，沿着一条河埂，爬上一个坡，便到了家。

岳母见到我来，高兴得很。那时没有电话，更没有手机，我和爱人的突然到来，让二老颇感意外，更多的是惊喜与高兴。岳父一脸笑意，坐在土灶后烧火，没有太多的言语。岳母在灶前，煎炒烹煮炸，准备了一顿丰盛的晚餐。尤其记得，一个煤球炉，上面炖着个瓦罐，里面煨着只老母鸡，咕噜咕噜地冒着热气。炖好后，倒在锅里，抓了把面放在里面，再放点青菜，盛上桌，那个香呀！20多年过年了，我依然记得这个细节，因为，我从未吃过这样的面。后来，爱人告诉我，这叫洋米面。其实，就是大米磨成粉，然后再做成的面条。这种面，尤其吃油，下在鸡汤或猪油汤里，最好。现在，老乡鸡店里也有卖，但吃起来已经没有那个味了。

后来，岳父与岳母也搬到合肥来居住。每年春节，都会做上一桌丰盛的年饭，招呼姐妹五个家庭到场，大人小孩济济一堂，欢声笑语，洋溢在60平方米的每一缕空气中。遗憾的是，2006年，岳父在过完80岁生日后离开了我们。6年后，2012年的教师节前夕，岳母也离我们而去。尤其记得，3岁的儿子跑到外婆跟前，用他那粉嫩的小手去摸外婆眉心的那颗痣，仿佛想把外婆唤醒，像往日一样玩耍，一样开心快乐。然而，没有奇迹发生。转眼间，老人家已经离开我们9年了。而最让我感动、感激和铭记的是，两位老人从未向我提过一个"钱"字。

就像此刻，我仿佛，仿佛又看到岳父岳母那忙碌的身影，正在为我们准备丰盛的饭菜，一餐又一餐，一桌又一桌，等着我，等着他们的孩子们。

姨娘和姨夫在闲谈，孩子们在门前玩耍，于是听大姨姐讲起件陈年往事。那时，三间平房刚盖好，也是春节时，两个孩子在楼顶玩，看到烟囱呼呼地在往上冒烟，觉得很好玩。于是，便用砖块把烟囱盖上，用沙一点一点堵严，看到不再有烟冒上来，两个孩子高兴得不得了。大姨姐在厨房里做早饭，没一会便发现厨房里一屋的烟。怎么回事？一看，原来是他们两个小调皮搞的恶作剧。如果不是春节，估计两个小子少不了一顿胖揍。而如今，曾经顽皮的孩子的孩子也到了他们曾经顽皮的年龄，只可惜，再也没了烟囱。

五

2月14日，大年初三，情人节。

去孩子二姨家拜年。

下楼，步行10分钟左右至潜山路与望江西路交叉口的地铁3号线站台。空荡荡的车厢里少了往日的拥挤。有时，甚至用专列来形容也不为过。到合肥幼儿师范下，用了不到一个小时。

一个字：快！

六

2月15日，大年初四。

吃完午饭，与儿子一道，到天鹅湖万达旁的自动图书机前换书，《边城湘行散记》《图说中国史——辽西夏金》《中国地理》《红星照耀中国》《数学秘史》。每次5本，每月至少一次。

3岁时，儿子就可以自己看书读报。为此，上学后，专门到省图书馆和市图书馆办了借书证，每逢周末或节假日都要到图书馆看书、借书、还书，后来发现有自动借还书机，步行十几分钟就到，方便了许多。每次借书只要不超过30天，免费。过期了，每本书每天收费一角。

借完书，儿子说，看场电影吧。中。于是折进万达影城。一看电影票，天哪，怎么与平时相差那么大？平时也就三五十元而已，而此时，150元或170元，不等。儿子问，还看不？看！你随便选。儿子说，那就看个《熊出没之狂野大陆》吧。行！幸好有卡，一刷，原价150元，有卡只要50元。说实话，从儿子读书开始就办了这张万达电影卡，每月至少带他看一场电影。看电影的标配应该还有吃吃喝喝吧？这是儿子的原话，作为老父亲，听到这话，估计没几个能抵抗得住。得，乖乖付钱吧。儿子很内行，对着售票员说：阿姨，来份套餐。结果一看，哈根达斯一个，饮料两瓶，爆米花一小桶，89元。

在等候入场的时候，我给他讲了当年我看的那场电影的故事。

那天逢集，我和弟弟到镇上玩，看到电影院放电影，兄弟俩趴在铁栏杆边上，眼巴巴地看着人们一个接一个地走进电影院。忽然，弟弟在检票员的脚下发现了一张没有检过的票（这也算捡了个不小的漏），于是偷偷地捡起来，悄悄地把我拉到一边："哥，一张票！"或许是兴奋，或许是紧张，弟弟小脸涨得通红。但一张票不能进两个人。于是弟弟说："哥，你进去吧，看完讲给我听。"就这样，我第一次进了电影院（当然，后来用橡皮擦刻印电影票混进电影院的事，我从未说起，更没写过），而且清楚地记得那是一个13号，我找到12号和14号挤了进去。那是一对青年男女，男的说小家伙你怎么坐到我们中间了，我说13号不就在12号与14号中间吗，女青年被逗乐了，算了，让他坐吧。后来我才知道，看电影座位是分单双号的。散场后出来，看到弟弟仍然趴在铁栏杆边上等我。在回家的路上，我向他复述了电影中的故事。近40年过去了，我始终牢牢地记着电影的名字——《永不消逝的电波》。

儿子边吃边问，电影票多少钱？我说，你猜。1元？不对。2元？不对。5元？不对。那到底多少？一毛钱，就一毛钱！儿子听完，嘴巴张得大大的，愣愣地看着我：不会吧老爸，你不是骗我吧，变着法子教育我要勤俭节约，对不对？

到底对不对，我也不知道。倒是电影《熊出没之狂野大陆》的台词告诉了我们答案："小时候，快乐是件简单的事。"谁说不是呢？但我想说，长大了，简单应该是件快乐的事。可是在成年人的世界里，又有谁能够简单得起来呢？就像电影里说的那样，"光头强变狮子，没了光头，只有强"。这或许就是那些所谓成功者的真实写照吧，而更多如我者，只剩下了"光头"而已。当然，每个人都需要"融入自然，创造不凡"。然而如何自然？我觉得，散得了步、吃得下饭、睡得着觉、笑得出口，应该是最自然的事，或许也是最不凡的表现，不要"总以为快要出头，结果发现还是穷折腾"。

电影是艺术，但更是生活。而许多时候，生活就如电影，更需要艺术。

七

2月16日，大年初五。

去五姨家拜年。包河花园法治广场，花开正艳，三五个孩子在大人的陪伴下，在滑滑梯上快乐玩耍。童年，在阳光下绽放；生活，在诗意中美好，就连躺在小推车里尚在襁褓中的婴儿都知道春姑娘的可爱，笑靥如花。

吃完午饭，坐902路公交车，转116路公交车，去省图书城。一下午，一本书。万方写的《你和我》，43万字。仅仅看了三分之一。有空，再去。万方，万家宝的长女。万家宝，曹禺老人家的本名。

通过读书中文字，让我真实地了解了曹禺老人家是如何写作的。因为，我也是个业余写作爱好者。文字里，有老人家的现场真实记录，有女儿真情的心声，更有对阅读者的牵引与期盼。打动读者的文章必须先打动自己，必须经得起时间的考验，必须经得起读者的检阅。

我的写作，是从征文开始的。1997年《郑州日报》开展"我最难忘的一首歌"征文，因为我是中队文书，所以能够及时浏览到各种报纸。看到征文信息后，我连夜在教导员的办公室里写下了《只想为家做点事》，修改后在方格信纸上工工整整地抄写好寄出，没想到三天后就在征文专栏刊登了出来，还寄来了稿费：90元。而那时，我每个月的津贴只有75元。国庆节前夕接到电话，让我到报社领奖，150元，还有获奖证书。我一直牢记着接待我的编辑老师——李昊，一个留着平头的中年男子。

从此，我爱上了写作。也正因为写作，成就了我的人生。毕业到基层部队两年未满便被调到政治部，成为一名教育干事。转业后回地方，依然写材料。但无论如何，没有放下自己的兴趣爱好，工作之余总喜欢看点书，写点东西。教育，无非是引导人成人、成才、成家；而人生，无非是立德、立功、立言。立德无望。立功已实现，无论是在部队，还是在地方。而唯有写作，或许是种不错的立言方式。

聪明的人不会选择写作，但不聪明的人也写不好东西。印象中，曾记得有位作家说过类似的话。

八

大年初六。

出门，下楼，到公交站，坐102路，至警官学院下，回走50米，门口扫码，登大蜀山。

拾级而上。老人，小孩；男的，女的；成双结对，举家同行，络绎不绝。两旁的常青植物依旧墨绿，枯藤老树依然等待春风，定睛细看，一些树枝已经泛出嫩芽，或许下一个周末便是满目绿意，春色盎然。至第三个路口，左转或右转，沿着环山柏油路都可至最高处。儿子说不行，要走最难走的路。于是直行。手脚并用，爬上台阶，应是老路。回身望去，蓝天下，一幢幢房屋犹如火柴盒一般坐落山下，极目远观，不禁心旷神怡。儿子顺口一句：会当凌绝顶，一览众山小。哈哈，远处没山，山就在脚下，那只能览建筑了，不知杜老爷子见了此情此景，将会吟出怎样的诗句，流芳百世。

登乱石而上，至一铁门，左侧一木牌，上书"往前厕所"。右转，沿铁栅栏东行，是柏油路。在合肥市大蜀山抗战记碑前，儿子认真细读，直到看完"合肥市人民政府　二〇一五年九月立"方才稳步登顶。

向北，顺台阶而下。上山容易下山难。虽然难行，但与以前相比，现在有了石阶，自然好了许多。不似上山那般顺利，下山途中，父子俩休息了三次，共饮了一杯水。水完，瓶空，顿觉轻松了许多。

到一环路再往下，游人如织。路两侧，繁花似锦，一树树，一丛丛，白的，红的，粉的，竞相开放，许多游客纷纷拿出手机拍照。一小朋友，两三岁模样，趴在地上，手脚并用，往前爬，围观者笑赞：这才是真正的"爬山"！孩子的母亲和一些游客一边笑着，一边鼓励着，一边用手机拍摄着。此时，空气中充满了浓浓的欢乐气氛，春风里洋溢着深深的爱意。出园区大门，看见一柳树，满身苍虬，仿佛能够看得见岁月的沧桑，瞧得见风雨的砥砺。然而，在他伸向空中的枝头或俯下的身影里，一片绿意。日月其迈，岁律更新，不禁让人心生感慨与赞叹。

进半边街，前行，见丰蝶来餐厅，与儿子登楼梯而上，点了份套餐，118元，父子俩差点没吃完。下楼，见隔壁是喂鱼处。一根木棍，一头绑着奶瓶，里面说是奶，15元一瓶，喂池中的鱼。池旁坐满了喂鱼的孩子，大的六七岁，小的只有两三岁模样。他们在父母的陪伴下献爱心，池中的鲤鱼更是被喂食得身宽体胖。孩子们的笑声、流水声、鱼吃奶的"吧嗒""吧嗒"声，把小小的空间挤得满满当当，直溢到路上，引得许多游客回头，驻足观望者久久不愿离去。是呀，还有什么比孩子的笑声更动人，还有什么能够吸引更多孩子的笑声？或许，此情此景此刻此处就成了最好的答案。

南侧的公园里，湖水一碧如洗，映着蓝天，映着白云，映着那一山苍翠。草地上，一个个帐篷散落其间。游人两人一组，三人一伍，坐着、站着、走着，说着、笑着、喊着，谈天说地，呼朋唤友，甚至跑着——放风筝。天空中，那一只只风筝迎风飘舞，像极了一朵朵鲜艳的盛开的花朵，点缀蓝天；像极了一个个美丽的动人的天使，播爱人间。

好不热闹。

(2021年2月)

我在合肥挺好的

　　我从未想过自己会成为一个合肥人，就像从未想过能把生活写成文章一样，但我一直在努力，从未停歇。有自己的爱好，有自己的追求，好似一首歌。"过年放假，我留合肥不回家，去湿地公园赏花，和爸妈打视频电话，跟我看看合肥，这一年变化好大，简直不敢相信，你知道吗……"原来，"我在合肥挺好的"。

一

　　下班了。

　　我从4楼乘电梯来到车库，收好电瓶车充电器，从随身的挎包里掏出钥匙准备推车，"叭"的一声，低头一看，车胎没气了。

　　幸好上次电瓶以旧换新时留着修车师傅的名片。我连忙折回办公室，打通名片上的手机号码把师傅给请了过来，打开一看，一根钢丝一样的东西正插在轮胎上呢。

　　"这咋能不跑气哦?!"师傅一边把手中的钉子送到我面

前一边说。

这才想起来小区附近正在修路，难走，为了抄近路，有时就将电瓶车骑到了绿化带上，肯定是那里面的东西戳坏的，我猜测。

师傅很快把车修好了，前后不到10分钟吧，收费8元。

"这也太贵了吧？"向师傅嘟囔。

师傅说："其实修车真的不贵，也就3元钱，但因为我是上门服务，另加收5元。"

时间就是金钱，服务就是效益。得，我从钱包里拿出10元给师傅。收好找回的2元硬币，骑上电瓶车，回头向师傅打了个招呼，急吼吼地往家赶。

我来合肥就是这样一直在骑车上班。单位在安庆路的时候，还没买房就买了辆车，两轮，自行的，从单位到租住的房子也就十来分钟，每天骑着自己戏言为"宝马"的自行车匆匆地往单位赶，晃晃悠悠把家回。后来单位搬迁到政务区，这时我已经买房了也"换乘"了，还是两轮，电动的，但从家到单位要40分钟，每天骑着电瓶车慌慌忙忙地往单位赶，急匆匆地往家跑。

眼看着身边的同事一个接一个去驾校报了名，一个接一个拿到驾照，一个接一个开上新车。

我就是我，无动于衷。

其实我早就有了驾照，只不过没车开而已，依现在的经济条件，不是买不起车，只是觉得那非常不划算。当初买房的时候，就同老婆商量把钱用来投资，租房住，但老婆不同意，说在城市里生活没有房子终究没有家的感觉。经不住老婆的劝说和"威逼利诱"，便接连买了两套房，住一套租一套，也享受和体会一把做房东的滋味。

至于买车，我不想，老婆也不愿意。但老婆心疼我，想到了租车。正好小区里也有位开出租车的，老婆与人家商量每月上下班接送，600块钱一个月，师傅也同意了，我不愿意，600元，每月也就上班二十一二天，如有活动还有车接送，满打满算每月也不会超过15天，再说租车三四个月就能买辆新电瓶车，不干。

于是，我每天骑着电瓶车在单位与家之间来回奔波，不管风吹日晒、雨打雪滑，还是脏乱堵挤杂，乐此不疲，偶尔也蹭蹭单位的车，间或打打的，坐坐公交，挺好。

当然，骑车有骑车的好处，因为眼睛和脑袋从未消停过，还是有所发现和有所收获的。因为骑车，我感受到环城路上的浓荫，体会到九狮苑树下老人晨练的快乐，品味到酒店门口那对新人的幸福。也正因为骑车，才发现随着合肥的大建设大发展，能够让非机动车行车的路也越来越窄了。如果你是骑车一族就会发现，长江中路、徽州大道以及其他一些新修的道路，非机动车越来越难通行了，更因为私家车数量的剧增，停车位日益紧张，没办法，一些私家车只好停在人行道上，或在非机动车道上划出个临时停车位，非机动车有时就只能上机动车道。

我还发现，即使非机动车道能走，但一些路口与路口之间都有个台阶，非常不方便非机动车上下，如果每个路口都能把那个石条去掉，与地面持平，非机动车将更方便。也正是因为合肥大建设、私家车数量增多等，有时骑车比开车还方便快捷，再加上停车难、油价不断上涨，综合考虑就更不愿意买车了。

但这种情况或许会有所改变。因为前几天，从报纸上看到，路上行走的电瓶车按照国家40公斤自重、20公里时速的标准来对照，90%都不合格，将被淘汰。为这事，我和同事还曾发生过激烈的争执，那就是谁来为市民手里大量的电瓶车买单？

另外，一个不为人知的秘密是，我在报纸杂志上刊登的那些小文章、"豆腐块"，大多是在路上观察、思考、琢磨出来的。因为每天有近两个小时的时间在城市里穿行，浪费了多可惜呀。

一花一世界，一树一菩提。我觉得，开车有开车的享受，骑车有骑车的快乐。孰是孰非，谁比谁好，表现于外，内藏于心，完全在于个人。

二

我正埋头在电脑前码字呢，既没发现下班，也没发现经理已经走到身边。

"家生，晚上有空没，一起出去？"

我赶忙站起身来。

"经理，今天我就不陪您了，赶个材料，您明天下午要用，明天一早我就放到您办公桌上。"

"好好好，那我先走了。"经理一连说三个"好"便出门喊司机老李备车。

其实我知道，经理醉翁之意都在酒呀！

因为我知道自己的酒量不行，真的不行，挡不了酒。当时来单位的时候，我就总结了自己的弱点，一是刚性有余、灵活不足，第二就是酒量不行。

第一次陪经理到下边部门去检查工作时没喝酒，经理当场就有感觉。第二次又陪经理到另一个部门搞活动的时候，已经喝得脸红脖子粗的经理说，家生你真的不能喝呀！我立马就站起身，挨个向经理指着要陪的人敬酒，至于后来怎么回家的，我自己就不知道了。第二天司机老李还打笑我，你真怂，酒量真的不行呀！所以经理再有什么活动，一般都不带我出去了，这也正好合我的意。下班回家。

下班回家，想得容易，能够做到还真有点难。

下班了就往家赶，有同事就觉得我在领导的心目中地位不如以往了，就觉得我这个人真的不怎样，朋友少、圈子窄，估计也成不了什么大事。

但我不这么想，一如既往地坚持自己的做法，如果没有什么任务，下班了便往家赶，看看孩子，做做家务，得空抓本书翻上两页，挺惬意，挺知足。

就像现在，加完了班，赶好了材料，放到经理的办公桌上，出了单位的大门，已经是晚上10点多了，打电话告诉老婆不要着急，已经往家赶了。

老婆在电话里说：等你吃饭，然后给儿子洗澡、让他睡觉呢！

听到老婆的话，我很高兴、很受用。坐在出租车上，便与司机师傅多聊了几句。

下班不回家，原因是多样的。

同事小 A 要玩桥牌，下班了总喜欢叫上几个铁杆打上两局。小 B 喜欢上网打游戏，单位清净又离家近，自然他也回家比较晚。更绝的是小 C，一个爱面子的人，老婆经常奚落他没出息，邻居也不怎么瞧得起他，所以他经常躲在单位里或在街边棋局看到很晚才回家。

我都感到好笑，图什么呀！这不是自己给自己找罪受吗？或许这就是生活吧，丰富多彩，多姿多态。

三

考场上，忽然听到一声大吼："严肃点，考试呢！"

这是那位年轻的体校监考老师说的。

这时，我正组织一队 18 人参加单杠引体向上考核，冷不丁被监考老师这么一说，吓了一跳，那些考生也顿时认真了几分。

这是公务员招考中报名公安的考生正在进行体能测试。

原本不想参加，但星期五下午一上班，单位负责人事的王科长就找到我，说今年公务员体能测试开始了，市里想从我们单位抽两人，问了几个人都说星期六有事，实在没有办法想请你去帮个忙。

话都说到这份上了，我只好连连点头。

按要求，第二天早晨7点钟就到了市体校。接着排队、抽签、登记、发号，一切准备工作做好已经是8点多了。

因为我这组比较靠前，就带队测试去了。

男子体能测试四项：立定跳远、4×10米折返跑、单杠引体向上和跑1000米。四项过三项就可以了，剩下一项可以不考。因为没有统一组织和要求按什么顺序进行测试，十几个队在场内有点乱。

领着18个考生先测试立定跳远，然后瞅瞅引体向上或4×10米折返跑场地上，哪边人少，我就把队伍往哪边带。等到我们把前面三项测完，带队最后测试跑1000米时，前面已经有一个队在排队了，我这组是第二个，因为这个项目必须在最后而且要这一组人员整体测试，计时员请的都是武警战士。结果上午10点半，我们这一组就结束了，有3人没通过。其中就有那个小胖，我对他的印象特别深。

不知是因为紧张还是身体素质本身就不行，在立定跳远的时候，小胖就很勉强，等到4×10米折返跑时，第一次犯规，按要求可以进行补测，又犯规，架不住他哀求，监考老师又特许他进行了第三次测试，依然犯规，受这影响，引体向上必须报名参加，否则他就因三项不达标而被自然淘汰。

结果可想而知，一个没拉上去。对，没错，一个都没拉上去！

而且我带的这一组，只有3人报名参加引体向上，最多的一人也就做了5个，离10个的要求差了整整50%。

惨不忍睹，我心里想。

等到跑1000米时，小胖又跑了个整组最后一名，而且成绩在达标范围以外，根本没戏。最后核对成绩、盖章、当场公示的时候，小胖都要哭了。

下午2点半继续测试。

鉴于上午场面比较乱，总指挥开始有组织地进行测试，哪几个队先测试、先测试哪项都进行了明确规定，这样现场就有正在进行测试的，有静坐等候的，场面井然有序，忙而不乱。

我们这一组排得靠前，等到测试引体向上的时候，才3点来钟，18个人有10人报名，监考老师很认真负责，讲解规则、提出要求、填报名表，等开始测试的时候，前两个考生没过。

可能因为都是同学，也就打起趣来，声音挺大，把那位年轻的监考老师搞生气了。"严肃点，考试呢！"

趁这空，我走到单杠下面："看你们做得那么费劲，这样吧，我来给你们做个示范，别紧张！"

就这样，年近40岁的我在这群年轻的警校学生面前轻松地做了6个标准的引体向上，把这群小伙子看得一愣一愣的，后面8个人有4个人做了10个，虽然动作不太标准，但或许是受到鼓励吧，更主要的，或许他们报的是特警，本来身体条件就要好点。

四

星期六一大早，我就赶往长途汽车站，买票去扬州。

干什么去？接人呀！

自从儿子出生，我就没好好休息过。

早晨7点出门，下午6点多才到家，晚上还要给儿子换尿布喂奶粉，老婆成天一个人在家带孩子，洗衣做饭收拾家务也忙得腰酸背痛，这样下去夫妻俩都吃不消。于是我们商量出个主意，请外甥女过来帮忙。

外甥女今年17岁，原本在老家念书，可成绩并不怎么样，而且看到其他小姐妹都不念书外出打工了，于是辍学跟我姐姐姐夫也就是她爸爸妈妈一道去了扬州一家儿童玩具厂打工，听说一个月也有几百元钱的收入，总之比在家种地要强多了。

从胜利路长途汽车站坐上合肥到扬州的第一班汽车，已经是7点半了。上车后，睡意正浓，准备眯一会，可转眼一看，满车厢的低头族，就连身旁的老大爷，都在兴致勃勃地通过手机看电影，于是仰靠在背椅上小憩。醒来，翻出所带杂志，看到一篇文章，讲的是素有"世界梨都"之称的安徽砀山县唐寨镇唐寨村一名叫李娟的残疾姑娘，躺在病床上，利用手机创办网店帮助村民解决了水果滞销难题，成为远近闻名的"电商CEO"，并得到社会的认可，先后获得了"全国脱贫攻坚奋进奖""安徽好人""宿州好人"等荣誉。让我欣赏并敬佩的是，她手机屏幕上显示着五个字：那都不是事！

是不是事不要紧，此时对我来讲，最重要的是早点赶到目的地。幸好现在交通发达，上了合宁高速过六合、南京、仪征，到扬州时已经是中午11点了，此时外甥女还没到扬州汽车站。

昨天我在电话中就与姐姐联系好了，因为他们工作的地方到扬州汽车站还要坐近两个小时的公交车，所以我就不去看她了，直接在汽车站里等，然后接到外甥女后直接回合肥。

出了站门，在前面的广场转悠，不一会儿就看到外甥女从外边正快步向售票处走来，我迎上去一问还没吃午饭，赶紧带着她在广场边吃了顿便饭，等赶回合肥再打车到家时已经是下午5点多了。

第二天便去大钟楼为外甥女办了张手机卡，充了100元话费，而且告诉外甥女，如果生活上还有什么要求直接告诉舅舅，如有什么不方便的就和你舅妈讲。但最终还是让我和老婆大失所望，外甥女根本不像个懂事的孩子，成天就是玩手机，有时半夜还在发短信，白天没精神，早上还起不了床。

用我老婆的话讲，干啥啥不行。

一个星期还没过，外甥女就想家，老婆一生气下了命令：送走！

没办法，只好又屁颠屁颠地把外甥女送走。

这下好了，原本老婆就抱怨我父母不来带孩子，现在更有理由了，动不动就数落，一不高兴就拿这说事。

我也知道老婆的难处，每当老婆又唠叨的时候，也不敢吱声，也不愿吱声，一个原则：千万不能火上浇油。

毕竟一日夫妻百日恩，没有必要为这些生活琐事伤了夫妻感情。因为，生活都是自己过的，自己得为自己负责；生活也是过给自己看的，没必要太注重外在的影响。

我生在农村、长在农村，高中毕业后参军到了部队，考军校提干转业后才随了妻子，把家安在了合肥。

在老婆怀孕的后期，我母亲也来过，但老太太一辈子都生活在农村，在城里根本吃不惯住不惯，总之生活得不开心。三个月后，母亲就对我讲，赶紧把我送回去，不然这条老命就要送这了。你想，都这样了，我能有什么办法，只能把老太太送回乡下。

后来老婆生了。我一人家里、单位两头实在忙不开，又没钱请保姆，只得央求母亲再来帮帮忙。老太太心疼儿子，更心疼孙子，便从乡下急迫地又进了城。每次坐长途汽车都如同生了一场大病，差点连胆汁都吐出来了，来了之后得休息一个星期才能缓过劲来，就连坐电梯都得有人扶着，否则就晕。吃饭更是如此，老婆一般不吃稀饭而母亲就想吃稀饭，老婆一般不吃面食而母亲就想吃面食，我经常为吃什么而烦恼。再加上婆媳之间没有那份亲密感，母亲经常头痛得无法入睡。实在没有办法，只好又把母亲送回乡下。

前前后后，母亲进城住了四个多月。现在，老婆也不上班了，成了全职妈妈。

辛苦，我自然知晓。

下班回来，节假日里，我就把家务活全包了，尽量为老婆分担些。

如今，老婆特羡慕别人的孩子有老人带，特羡慕别人有班上，特羡慕别人……

但有什么办法呢？

希望孩子快快长大，那时我就自由了。这是老婆经常挂在嘴边的话。

事实上，我知道，事实可能并非如此。

五

我还在睡梦中，被老婆给摇醒了。

"醒醒，给你说个事，"老婆急切地说，"刚从妈那回来，大哥说准备买城市五米六的房子，离你工作的单位近，然后跟我们换。"

我一听，顿时睡意全无，多好的事呀！

因为离单位远，几年来，我已经被风雨雪霜搞累死了，又没钱买车，每天骑着个电瓶车上下班，又累又不安全，现在大舅哥愿意买房换房，自然是件高兴的事。

还没等我说话，老婆接着说："城市五米六的房子，150平方米，上下两层，就卖一层钱，估计在50万元左右。"

"那大哥没说怎么个换法？"

"大哥说了，我们这套房按4000元一平方米估算，他的按现价计算，给他差价……"

还没等老婆说完，我大吼起来："睡觉，不换！"

睡在旁边的儿子一骨碌翻了个身，老婆没敢再言语。

为了房子的事，我没少伤心。

从来合肥参加工作，为了房子，东南西北都租住过了，而且先后被小偷光顾了几次，夫妻俩有钱都不敢买东西，怕呀！

前几年，好不容易攒钱在郊区从农民手里买了套60平方米的回迁房，安稳了几年。随着合肥大建设，经济条件逐渐转好，接着就用积蓄加借款加商贷按揭又买了这套88平方米的商品房。

新房还没住上，回迁房房产证还没拿到，丈母娘就发话了："大姐家的儿子来合肥打工有几年了，一直没房子，你们现在买新房了，就把老房子按原价卖给他们吧！"

为这事，我与老婆大吵了一次，差点把婚都给离了。丈母娘也就不再提这事了，老人家也怕把事情搞砸了。

其实，我并不是不愿意把房子让给内侄，我就是坚持房价要按市情来定，是多少钱就多少钱，不能因为自己努力、上进与辛苦就去做别人的活雷锋，而且那也不是10块8块钱的事，都是几万十几万的差距呀！

"我们这么辛辛苦苦为什么呀？凭什么就这样做贡献呀？"最终说得老婆也认为我的想法没什么不对。

一波未平一波又起。这边才与连襟和丈母娘关系修复得差不多，没承想，那边大舅哥接着又来一波。

事实上，大舅哥不是没钱买房。他早就在合肥有名的香樟雅苑买了套153平方米的大房子，投资呀！这次回来，主要是想为老太太选套面积适中能够养老的小户型，一时没有看中的房型，倒是发现我的房子，面积不大，南北通透，于是就想出换房这一招，既满足了老太太的住房需求，也解决了我工作单位离家远的难题。

但让我发火的主要原因，还是价格的问题。

我为老婆算了一笔账。城市5米6的房子一层才70多平方米，适合住吗？两层是不是有点浪费？出租一层，你愿意吗？再说了，我们这房子就4000元一平方米吗？你让他买买看！你明天跟他舅舅说，换可以，一房换一房，不找钱，愿意换就换，不换拉倒，实在不行，让老太太跟我们生活，或者把老房子让老太太住，都可以。

话说到这份上，老婆也说不出什么话了。

第二天下班回家，老婆说，她没和大哥说那么多，就一句话：没钱找差价。把大哥的要求回绝了。

"把大哥也得罪了。"老婆有点伤心地说。

我什么也没说，走过去，在老婆背上拍了拍就进厨房准备晚饭去了。

最终，房子还是买了，就在我新房旁边的一个刚开盘的小区，89平方米，每平方米4900元。

这时我才发现，大舅哥的脸色多云转晴。

接下来，大舅哥的香樟雅苑那套房子就要处理。

大舅哥便委托我来卖，95万到100万元就可以卖，敲定了给他打电话。

于是，我便在网络上公布了房源，把房价定在105万到110万元，我想为大舅哥多挣那么三五斗。

一时间我手机成了热线电话，也让我搞明白了"房事"

还真是重要，不仅是"房不胜防"，很多人都在为房辛苦着，拼搏着，取舍着，而且不断地算计着。

每当我中午想休息的时候，总有一两个电话来约看房，搞得我疲于奔命，在房子和单位之间来回奔波。

一个多月过去了，经过讨价还价，终于有人愿意出价100万元，电话一通知，才得知大舅哥已经与某中介达成了协议，98万元把房子卖了！

我那个气呀。

既然卖了，怎么不早说？怎么不通知我？还让我大中午来回跑，这不是逗猴吗？

媳妇看到咆哮的我，没吱声，但明显站在我这一边，支持自己的丈夫：算了，你也别生气了，以后我们不蹚这些浑水了。

结果真应验了老婆的话。因为房子过户出现了点问题，大舅哥又打电话给我。

我说，我看看吧。但直到合同签了，房子卖了，我都没想出什么好办法来。

六

窗外雨下得正密。我没骑电瓶车，准备乘公交车。

出门，下电梯，好不容易在车流里、泥泞中赶到公交车站，只见即将启动的公交车门前挤满了乘客。因为是起始站，人不多，根本不用拥挤就可以保证一人一位，不用站着，可是大家根本不排队，非要挤不可。

　　等到我最后一个准备上车的时候，突然从后面跑来一位大妈，用手一拨就把我给甩到一边，自己并不顺利地爬了上去，等我上车，发现后面还有三个座位空着。

　　赶到电大的时候，发现有考生正有序地排队入场呢，干吗？考试呀！6月就是考试月，有高考，有中考，还有公务员考试，等等。前两天还有位作者在一篇文章中说，他的孙女在6月满打满算也就上了10天学，其他时间都给考试让路了。考试就得有考场，有考场就得有考位，有考位就有考生，有考生就得入场，有入场就得排队。最终得到的结论是：6月应该是比较集中的排队月。

　　中午，参加同事的婚礼。赶到海棠花园酒店才发现，连参加结婚宴都在排队，一个酒店三对新人同时举行婚礼，三对新人在大门口排队，迎接出席婚礼的亲朋好友呢。

　　参加完婚礼，我又坐车赶到四牌楼工商银行取钱，嚯，那人真叫多！在自动排队机前取完号一看，前面还有40多位呢！这要排到什么时候呀？虽然大厅里开着空调，有等候椅，有免费茶水，环境也不错，可惜的是十几个服务窗口仅有两个窗口在服务。

　　也难怪，今天是星期天，你有时间来办事，人家也要休息呢！这时，才想起自己不仅有存折，还有工资卡可以用呀。于是便来到自动取款机前，取了钱后便顺手将取的服务号扔进了旁边的废纸篓。

　　步行到了百货大楼对面的建设银行交房贷，还好，没人，前后只用了一分钟便将业务办好。

出门过地下通道到县桥街道旁的徽商银行交保险，一看情景，就知道又得等了。因为拿到号后发现前面已经有22人在排队了。这还仅仅是普通客户，因为在自动排队机上，还清晰地写着有VIP服务，当然，如果是办理50000元以上的现金业务或其他贵宾业务的，可以直接到二楼办理。

而我，既不是办50000元以上的现金业务，更不知晓贵宾业务到底是什么业务，因此只能老老实实地排队了，而且还得排在VIP用户后面。

这时才发现，此银行与彼银行一样，有9个服务窗口，同样也仅有两个窗口在对外服务。在等待的2小时13分钟里，我看了一本杂志——《中国地理》，喝了两杯免费的水，搞保洁的阿姨与窗口里的工作人员一样忙碌，根本没有停下来休息，前后4次经过我的身边拖地。技术含量估计不如工作人员，但劳动强度肯定比工作人员大。

我在合肥挺好的

交完费用拿过本子一看，没痕迹，忙问工作人员怎么回事。工作人员在窗口里头都没抬（估计累得也抬不起来了）就回答：今年就不在本子上打印了。

那怎么知道我交没交、交多少呢？

可以上网查呀！

聪明呀，这多节约呀！

你想一想呀，全市几百万人，如果人人一个本子，每年交一次打印一次，那得浪费多少本子呀？

坐车往家赶的时候经过百货大楼，门口正搭着个台子搞活动呢。一大群人围着，估计又在降价处理东西吧，我望着那个排着长长的队在想。

七

公司办公室要招两名文员，经理安排我去人才市场招人。

打了一圈电话，联系好人才市场，交完租金，开市的时候便设了一个台位打出广告提出条件，静候那些需要求职的人才们前来应聘。

前来市场找工作的人真多，而且学历也都很高，大部分都是刚毕业的大学生或即将毕业的大学生，也有暑假准备找个岗位实习与锻炼的在校大学生，当然，也有一些失业人员。开门不到半小时，400多平方米的招聘大厅就已拥挤不堪。因为公司名头还不错，一时人满为患，但通过浏览众多求职者的简历和与求职者简单交流后发现，大部分求职者都不太符合工作需求，或者我们单位无法满足求职者的愿望。

正当我与求职者热烈交谈的时候，一个家庭挤到招聘台前。所谓一个家庭，是因为父母带着孩子一道来找工作，三个人。听父母介绍后得知，女孩已经毕业两年了，还窝在家里不愿出来找工作，一方面是没找到合适的，另一方面女孩觉得不符合单位提出的条件，总之就是一句话，吃不了那份苦。

我没和那个女孩说上几句话，倒是与她的父母聊得火热。

"孩子一直在念书，没什么社会经历，也没有什么工作经验，再说了，我们也不指望她拿工资养活我们，只希望她能找一份相对稳定和安逸的工作。"

"您说得对，每个父母都是这样想的。相比较而言，我个人觉得，可以考虑去考公务员呀，待遇好。"

"考是考了，可考了两年也没见什么眉目。"

"哦，也可以考事业单位呀，那也不错的。"

"不中，考不上呀。去年笔试成绩通过了，可面试被刷下来了，茶壶里煮饺子——有话倒不出。"

我与姑娘简单交谈两句后，对她的父母说，我们这个单位虽然招的是文员，但加班加点的事还是常有的，而且到了公司还得先到班组去锻炼，要不你们再看看其他单位是不是有更合适的。

望着父母离去的背影，我一声叹息：唉，可怜天下父母心哦！

没多久，一个打扮清纯的女孩走到台位前。从外形上看，我还比较满意。果然，合肥名牌高校毕业生，硕士，学生会干部，毕业两年了，一直在一家私企工作，真是要学历有学历，要经验有经验，要气质有气质。通过交流知道，她是想换一换工作，尝试一下不同的经历，增加些人生历练。她也看了我们单位的招聘岗位和招聘条件，觉得比较符合她的选择，双方就工作、待遇等一些问题进行了深入交流，双方都比较满意。

我心想，总算能完成一个任务，便随口说道：进我们单位后第一关得先到班组去锻炼一两年。

没想到，就这句话，让姑娘面露愠色：到班组，那我那些书不是白念了吗？

没想到，就这句话，把我说得一愣一愣的，半天没明白过来，可人家姑娘早已转身走人了。

坐了一上午，说了无数的话，喝了两瓶矿泉水，还好，两个指标总算完成了一个，而且还是个男生，对公司里女多男少来说还真是个宝。因为来之前，经理就有交代，尽量招男生。把小伙子带回公司，把招人和招到的人等基本情况向经理进行了汇报，经理也直摇头：你看着办吧，先把这个小伙子安排到班组里，另外一个你再抓紧时间招。

从经理办公室出来，我就给负责送货的刘姐打电话，把招人情况向她说明了一下，并安排小伙子先到她那里实习一段时间。

刘姐在电话里说：好呀，没问题，我们这里正缺人呢，什么时候你也给经理提提建议，给我们多送几个人过来呀！

于是，我便安排小伙子明天一早到她那里上班。

第三天上午快下班时，我忙得屁股都还没把椅子焐热，就接到刘姐打过来的电话：老范，你安排的那个人呢，怎么还没过来上班呀？

一打电话，不干了！呀，不辞而别了！

这不，我又忙着到市场招人呢！

八

好长时间没下雨了，突然下雨，让天天骑电瓶车上下班的我一时适应不了，便准备乘公交车去上班。

生活在城市，没有谁不知道乘公交车是多么的难。所以我比以往提前了20分钟往公交车站赶。看着公交车顺利通过二环路口、卫岗等几个交通堵点，我高兴地想，今天估计要提前到单位了。高兴劲还没过，公交车"嘎吱"一声刹住了。

从车窗伸出头一看，头都大了，那个车流排得真叫长呀！从卫岗北一直堵到太湖路交叉口，小千米的距离是有的，就连公交车专用车道也挤满了公家车、私家车，哪里还管它违规不违规，只有那些电瓶车、自行车、摩托车，在长龙里钻来钻去，显得无比逍遥，无比自在快活。

1分钟，2分钟，5分钟，10分钟，20分钟，时间在无声无息中流走了，可公交车才前行不到100米。照这个速度，什么时候才能爬到单位呀？

我那个急呀，可有什么办法呢？下，下不去；走，走不了。半个小时过去了，公交车才挤到路口。一看，不是堵，而是乱，个个都想往前挤，每个司机都不甘落后，也不顾是红灯还是绿灯，只要有空就往前挤。两个交警手拿对讲机，一边指挥车辆，一边在大声地说着话，估计是在寻求援助。虽然是12月份的天气，但他们却是酷暑的心情，汗直往下流。那个现场，估计每个人都有冒火的激情！

看着那个拥挤情况，真替交警急。

这种情况还不采取特殊措施吗？

拦住东西方向车辆让南北方向的先行，或者反过来，如此不就畅通了吗？

更可气的是那些骑电瓶车和自行车的，见缝插针，任意行之，使得刚刚露出的一点缝隙转眼便成了非机动车流，还有就是左转车辆把直行的车道堵得更死，进，进不了，退，退不了。

一位骑自行车的大姐被堵在车流中间走不掉，一位私家车司机下来动作生硬地连人带车推到一边，私家车过去了，自行车也过去了。

看到这，我就在琢磨，自己骑电瓶车的时候是不是也有过类似的行为呀?!

其实，堵，在很大程度上都是因为乱，乱的主要原因是抢，你抢我抢大家抢，于是乎大家都走不了。

看着公交车终于可以像蜗牛一样爬行过徽州大道与太湖路交叉口，便脱口诗一首：久旱逢甘雨，交通更加堵。人人都赶早，个个走不了。哈哈……

把一车人吓一跳，我也被自己吓一跳。我估计会有乘客在心里说，这人是不是神经病呀，或者在想，是不是被堵急得神经了呀！

肯定有人会有这种想法。

九

已经是晚上9点多钟了，可楼下的音乐还响个不停，而且声音很大，让人根本无法休息。

我向老婆发牢骚："物业怎么也不管管，这个现象已经有两个多月了吧？！"

"或许因为是新小区吧，你没见原来的小区那个跳舞的已经坚持了三四年了吗？"老婆随口答道。

可能是有业主向物业反映，自打上个星期开始，那群跳广场舞的每到晚上9点钟便自动歇了。想想也是，偌大个小区，总要有个让人锻炼锻炼身体的地方吧。篮球场晚上有青年人活动，于是楼前的网球场便被这帮跳舞的给占了。从晚上6点左右开始，便有人开始慢慢集聚，随后便是音乐响起，一帮四五十岁或以上的大姐们、老太太们便随着音乐翩翩起舞，还真像那么回事，而且队伍还在不断地壮大，今天比昨天的人多，明天或许比今天的占场更大。

也有围观的，大多是带着孩子的小媳妇们，她们站在场外有时也随着音乐动几下，但或许是因为孩子，很少有进场跳舞的。倒是那些天真活泼的小朋友们，在人群中穿来穿去，年龄稍微大点的，还有模有样地跟在后面扭两下小屁股，成为逗人开心的小点心、开心果。

有天晚饭后，我和老婆带着儿子一道散步，看到她们又在跳舞，便驻足观看，适逢有三位老大爷从旁边经过，一个要看，另外两人不愿看，其中一位老大爷随口说了一句："看什么看，哪有二三十岁的？"差点没把我老婆给笑翻。嘿，这老爷子！

其实，广场舞还真能起到锻炼身体的作用，而且最明显的作用是可以减肥，但老婆眼尖，指着领舞的那位大姐说，你看，那不是我们原来居住小区的邻居大姐吗？

仔细一看，还真是，她的身材明显比以前苗条多了。

便劝老婆，那你有空也下来活动活动。

怎么，嫌弃啦？就这模样配你我都委屈到家了。

我笑着说这不是为你好吗？

那你没听见前面老大爷是怎么说的吗？像吗？

就这样的活动也还有竞争呢！这不，前边那个队刚刚发展还不到20人，紧接着就有另外一个队进驻了。她们都是两三个大姐领头，每天到点就推着个小车，上面放着个音箱，带着一摞光盘，抢占地盘。早一点的就占据网球场，来迟了的只能在小区大门口摆摊设点。

但这种状况没经过一个星期的较量，后来的那个队便战胜了前面的那个跳舞队，把持住了网球场这有利地形，吸引了更多的人参与。或许是因为领队的三个人比较年轻一点吧，或许是因为她们的舞更适合小区居民需求吧，或许还有其他原因吧。总之，后来者居上。

嘿，也不知道什么个情况，就这般大好形势也没能坚持多久。四个星期不到，音乐也不放了，舞也不跳了。我就问老婆：怎么回事？老婆说：听说，她们吵架闹矛盾了。

不会呀，老小区那边跳舞队不是坚持了三四年了吗，而且人员都发展到百来号人了，人家还一年四季都搞活动呢！

老婆说，那我哪知道是什么原因呀！

我分析，她们只是晚上活动，有些跳舞的、健身的人早晨也活动呢。于是列举了上班路上经常能看到的环城公园、徽州大道等一些锻炼身体的场合。

生活好了呗。老婆总结道。

十

临下班的时候，收发员给我送来一封信，一看地址，来头还很大，国家级的，拆开一看，又是某一篇文章被关注，拟收入某某一书，并邀请作为贵宾出席某某会议，而且举办的期数还比较多，地点不是某大城市就是某风景区。骗人，骗钱！顺手就将其撕得粉碎扔进了废纸篓。

我的业余爱好也就是上上网、看看书、写写字而已，这与职责有关，因此，也经常向一些报纸杂志等投些柴米油盐之类的小文章，当然也就不时地收到一些小稿费，虽然不会获得巨额的经济收入，也不会像某些名家高手那样成名成家，但作为打发业余时间的一种爱好，倒也安逸其中。

就像刚收到的那封信一样，主办方写得很清楚：范家生，您在某某杂志发表的某某文章，对什么很有研究价值，我们计划出版一套某某丛书，拟将其收录其间，敬请签字。我们是不收费的，但该书极具收藏价值，每本260元，5本起邮，如有需要，请汇款某某银行某某账号。

这不明显是来骗钱的吗？

如果你相信了，钱真的汇了，书也会真的给你寄来，到时你就会发现，这本文集真的是一点价值都没有，有的只是你的大名陈列书中而已。说轻点是受骗，说重点是爱慕虚荣，说严肃点那就是沽名钓誉。

其实，我也不是没有获过奖。早在1997年的时候，我就在河南某报的征文中获了奖，稿费90元，奖金200元。对这件事，我记得非常清楚，因为那时我每个月只能领到75元。而这一笔200元的巨款一直让我记忆犹新、念念不忘。

火车第四次大提速时，原铁道部在《经济日报》也搞了个征文活动，我获了个三等奖，奖金500元，兴奋得觉都睡不着了，毕竟当时一个月工资也就498元。这也是至今为止，我获的最大的奖金额了。

也有实物作为奖励的。2010年，安徽省纪委搞了个征文活动，我参加了，获得了二等奖，奖品是一台电子书阅读器，这也是我梦寐以求的，遗憾的是不能上网。

唉，事哪有十全十美的呢。

咦，人哪有知足常乐的呢！

十一

我开博客了。

在这个流行玩微博的时代，我却选择了已经过气的博客，有什么想法吗？没有。纯粹爱好而已。

现在，每天一到办公室，首先是打开电脑，点开博客，看一看有哪些网友浏览了，再看一看其他网友有什么好的内容。即使回到家里，有时也忍不住要登录，惹得老婆都有意见。值得高兴的是，老婆是个电视迷，一般都是窝在沙发里看那些流行电视剧，不与我争电脑。这可是件比较开心的事。

我的博客有三大功能。

一是把自己的"豆腐块"贴到里面去。你还别说，引来了一些网友的围观，而且数量还不错，虽然时间不长，但级别已经升到了两位数，观众已达五位数。更令人兴奋的是，有些网友还在博客里留言，有些还加为好友，自然，业余时间又有了一个好去处。

二是将自己去过的地方留下的照片传到博客影集里，一来作为记忆，二来也可以供网友浏览。

三是看看别人的博客，听听好的音乐，看一看他们好的文章，受益匪浅。

十二

123

我在合肥挺好的

下班后根本没有回家的意思，一直磨蹭到晚上七点多了，才骑着小电驴慢悠悠地往家晃。

为啥？老婆带着孩子回娘家了！

忽然间仿佛又回到了单身，既不用回家做饭了，又没了老婆在耳旁的唠叨，这样的生活已经有好多年没有了，突然间来了，倒有了种轻松、轻闲的感觉，脸上就不自觉地露出了一丝笑容。

进车棚把车停好，没有直接上楼回家，而是背着包到小区里临街的小吃摊旁，要了一份米线，优哉游哉地边吃边观察来往行人和那些做着生意的人群，对我来讲，这已经是一种习惯了。干吗呢？积累写作素材呀！这也是一贯做法，一旦发现有价值的，立马就记在随身带的小本本上，说不定哪天就用上了。

其实，结婚之前，吃这样的路边摊点的时候是很多的。大学时经常和同学一道，或者是周末，或者是节假日，三五成群地到学校旁边的小吃店改善一下伙食，另外就是加深一下同学间的感情，随着大学毕业，这样的机会也就没有了。

刚到单位的那段时间里，为了方便，也经常买些速食来打发自己的肠胃。最典型的就是从超市里买箱方便面放在租住的房子里，晚上加班回来或者双休日不想做饭，基本上都靠方便面度日。就为这，我还专门买了个煮方便面的小电锅，煮的方便面要比开水泡的好吃得多，这也是多年来的生活经验积累，如果再在里面打两个鸡蛋，那味道更能激起人的食欲。但什么东西过了都不中，吃多了就反胃，所以我现在一见到方便面就有种想吐的感觉。

有时，我也会约一帮关系较好的同事到自己租住的房子里小聚，这时就会从旁边小卖部里搬回箱啤酒，再到路边的卤菜摊买些现成的速食来招待哥们，一帮人边吃边聊直到一个个面红耳赤，然后再把桌子清理出来摆上两副扑克。就这样，一个双休日就打发了。

大家都是没家没口的人，玩得开心，玩得也很自然，不像现在，如果再在一起聚会，八点钟一过，各自的手机就响个不停，家家"书记"都在催：还不回来！

于是乎，那边一位位母老虎状，这边一个个连连点头小声应和，场景绝对可乐，但大家笑完之后，酒桌的气氛也降了几分，于是便在吆三喝六中早早散去，这或许就是有家与没家的区别吧。

想到这些的时候，我自己都乐了。就像现在，老婆不在家，自己才可以这么放肆，在外边，想吃什么就吃什么，想什么时候回家就什么时候回家。而且，吃完又到旁边的彩票店里买了注彩票，即使中不了奖，就当为社会公益事业做贡献了。

　　做完这一切，我这才踱着步子往家赶。

　　打开门换了鞋打开电视，倒杯水接着就窝在沙发里看中央台有关新闻。半个小时没到，肚子就咕噜咕噜地响起来，90分钟里接连去了3次卫生间，肯定是长时间没吃那些速食了，自己的胃已经不适应了。

　　最后一次从卫生间出来，我已经感到浑身无力了。

　　把自己扔进沙发的同时抓起手机，电话一接通，我就像女人一样嗲：老婆，你什么时候回来……

十三

　　说实话，我对老家来人是喜忧参半，忧大于喜。老家来人，说明乡亲们还记得我，聚一聚，聊一聊，既回忆起自己曾经的那些儿童时光，感受乡情，也可以得知家乡近况，了解一些故土人情世故。但事情往往与我的想法有些出入，甚至还很大。

　　去年冬天，邻居赵大爷生病来合肥治疗，赵大妈和儿子赵小虎陪护。赵大爷做完手术后要住院一段时间，于是晚上只能是赵大妈或赵小虎轮流陪护，那另外一个人就住在我家。虽然多少有点不方便，但都是乡里乡亲的，人家张口了，总不能拒之门外吧。我就是这样劝妻子的，反正也住不了多长时间，再说，大家也都挺不容易的。

晚上天冷，陪护时虽然医院提供一张小床和一条毛巾被，病房内气温也相对比外边高一点，但还是不顶事，于是，只好把家里的一床棉被抱出来。这样，无论是大妈还是小虎，都不会受凉。

住在家里的，老婆还要照顾好，生怕怠慢了家乡邻居，让乡亲们说我的闲话。就这样，折腾了近半个月，赵大爷他们一家才回乡下去。

虽然他们一家高高兴兴地走了，但我还是被老婆狠狠地数落了一顿。老婆原本就是个喜爱清静的人，一年半载家里也不来个人，就是她娘家人，也是能推的就推，突然家里住个生人，老婆特别不适应，而且还要小心地侍候着，老婆那是一肚子的不舒服。

我也不生气，早有心理准备，随老婆唠叨。但这件事情没了，有了这次就可能还有下回，于是老婆就和我约法三章，老家来人我不反对，但绝不能住在家里。

真的被老婆给说中了。

没过几个月，即今年春天，远房亲戚——三叔，因为与儿女斗气，打电话说要来合肥住上几天，散散心，我既不能不答应也不能满口应承下来，虽然应承模糊但三叔还是来了。

吃完晚饭，就发现妻子面色不好，知道老婆这是不愿意留宿。于是找借口把三叔安排在小区旁边的旅馆并付上费用，等到第二天早上去喊三叔回来吃饭，到旅馆没找到人，一问前台才知道，三叔早上已经退房走人了。

旅馆的老板说，老大爷天蒙蒙亮就走了。

我吓了一大跳，在这人生地不熟的城市如果有个三长两短的话，如何向哥嫂他们解释呀。

于是请了半天假去找，大海捞针，到哪找去！

就在我中午垂头丧气回家的时候，哥打电话来说，三叔已经到家了。

再后来就接到弟弟的电话，说三叔正在到处说你的不是呢，说你嫌弃他，不让他住在家里，进城没几天就变了，变得三亲六故都不认了！

我把手机捂在耳朵上半天没说一句话。

老婆的话还没说完呢，我的手机就响了，一接通，原来是一起光屁股长大的乡邻老宋要送孩子来合肥上大学，顺便想来坐坐……

拿着手机，看着老婆，半天没敢吱声，让来还是不让来，还真是个问题。

十四

经常码字，养成了抽烟的习惯。但老婆发令了：戒。

谈戒烟，就不能不说为什么吸烟。

参军之前，我是不吸烟的，即使到了部队也不吸烟，只是当了班长之后，才在一群小战士的起哄中偶尔叼上一支。就这样，在班里战士的逐步"培养"下，学会了抽烟，但烟瘾不是很大，一包香烟要抽上一个星期左右，这就是吸烟的起源和烟瘾的程度。但这个习惯也没能坚持多久，随着考入军校，烟也就戒了。

重新吸烟，是毕业后到部队基层。

部队基层干部吸烟的很多。比如做战士思想工作的时候，相互发支烟，多少也能把距离拉近了。一开始一包烟能抽一个星期，后来一个星期要抽两包，但始终坚持自己少吸。因此，我的烟大多被那些战友给瓜分了，再到后来，烟瘾大的班长没烟了就找我蹭烟。

当然也有些战友探家、外出归来时，偶尔会带上一些家乡的香烟。遇到这种情况，我就会在打扑克的时候拿出来发给大家，一人一包，直抽得室内乌烟瘴气。等调到机关后，点灯熬夜写材料多了，烟瘾也就上去了，但自从和老婆认识后，烟又不抽了。

回到地方参加工作后，遇到了同样的问题。

即使不吸烟，相互见面也要敬上一支。在这种氛围中，烟又抽上了。

但我有自己的原则。在家不吸烟，不仅是老婆反对，而且也不利于儿子的身心健康；还有在领导面前不吸烟。

前不久，单位所有公共场合都贴上了禁烟标志，要全民戒烟了！

效果很明显。

于是办公室就成了抽烟的最好地方。遗憾的是，对面的女孩一闻到烟味就反胃，吓得我赶紧表态一定少抽烟。

对面女孩不禁一笑，你能做到吗？

还真是，一下就戒了，还真的做不到，但尽量少抽烟，一天两支。

好，我来监视你！

果然，一天两支香烟。已经坚持两个星期了。

看来，戒烟，不仅需要毅力，而且需要动力！

十五

我的右脚还没跨上电瓶车，别在腰间的手机就响了。

以往这个时间的电话，我都是不接的。

为什么？在路上呀！

但今天好像鬼使神差一般，想都没想就把手机键按下去了。

是姑妈来合肥了。

您在哪呢？

家生，我在汽车站，刚下车，找不你家，还是找人打的电话。

一听姑妈的声音，再想想姑妈离城100多里路，而且赶得还很早，肯定有急事。

没招了，请假吧。

从手机里翻到主任的电话，老家来人，要请半天假。

还好，主任没说什么，同意了。

停好电瓶车，我就乘公交车去了胜利路汽车站。

到了汽车站门口，我一眼就看见姑妈正站在售票口四处张望呢。

一看到我过来，姑妈三步并作两步就跑过来了，话还没出口，眼圈就红了，差点没掉眼泪。

姑妈，您这是怎么了？

我没和你表姐说，一个人出来了。不要说，让她急急也好。

行行行，有什么事到家再说吧！

我开门的时候，老婆在里面问，谁呀？

是我，快开门！

门一开，老婆吓了一跳，你不是上班去了吗？怎么又回来了？

因为门道窄，她也没看到我后面还有个人。

姑妈进城来看看宝宝。

这时，老婆才发现姑妈跟在后面，脸上赶紧堆满了笑容把姑妈请进屋。

你给姑妈倒点水，我来做点吃的。

等我从厨房端着鸡蛋面到客厅的时候，正看到姑妈在老婆面前抹眼泪呢。

一问才得知，姑爷去世已经十来年了，姑妈与村里王叔好上了，结果表姐死活不同意，坚决反对，母女俩闹得鸡犬不宁，跟仇人似的。

我接上就来一句，把老婆都搞晕了：报应了不是？

原来，表姐18岁那年，与前村赵大爷家的前程好上了。"书没好好念，倒学会谈恋爱了！"这是姑妈在用扫帚打表姐时骂她的话。

但跟着了魔似的，无论姑妈怎么体罚表姐，她就是一门心思地要跟前程。为这事，姑妈甚至还把表姐关了禁闭，把她身上打得青一块紫一块的，如果不是姑爷心疼宝贝女儿，说不定都能把表姐给关疯掉。后来，姑爷偷偷地把表姐给放了，表姐一出来就跑到前程家去了，等姑妈赶集回来发现女儿没了，呼天抢地跟拼了命似的到处找，唉，哪里还有表姐的影子。私奔了！

为了这事，姑妈还到前程家去，把人家的锅碗瓢盆都砸了，赵大爷明知自己不在理，任她砸去。

那为什么呀？老婆在我正说得起劲的时候问道。

为什么？还不是嫌人家穷嘛！

说这话的时候，姑妈也不吱声，窝在沙发上只顾抹眼泪。

老婆赶紧挤挤眼，我也就不再说了。

还好，前程带着表姐私奔去了无锡，替人家打工，干了几年，有了孩子，还有了点积蓄，才敢带着老婆孩子回家。

怎么搞？生米都煮成熟饭了，姑妈也只能接受了。

回来后，前程自己搞了个小厂，专门生产螺丝钉螺帽什么的，一年也能搞个好几万，比种地强多了，现在家里都开上私家车了。所以，无论是现在的生活，还是过去的经历，自然，表姐都不愿意姑妈同王叔走到一起。

同样的经历，同样的遭遇。

安慰姑妈，您先在我这住段时间，帮我带带孩子，我好好劝劝表姐，事情办好了，我送你回去。

安顿好姑妈，我便骑着电瓶车到了单位，拨通表姐的手机，告诉她姑妈在我这，不用担心，然后又顺便说起姑妈这个事。

让我意外的是，表姐非常开明，不说自通：都什么时代了，俺能不愿意吗？这是好事呀，俺妈也不容易，俺爸又去世得早，老来能有个伴，多好的事呀。

听到这，我的眼睛都红了。

既为了表姐，也为了姑妈。

十六

我到办公室座位还没坐热，经理就从门外走了进来：家生，你跟我来一下。

看经理的脸色不对，我跟在经理后面心里就直打鼓，脑袋在高速飞转，不会有什么纰漏吧？

经理在办公桌后的老板椅上坐定，指着前面的椅子说，坐吧！

我说：没事，经理，您有什么指示？

近来工作还好吧？压力不大吧？

接连两个问题就把我搞懵了，经理这葫芦里卖的是啥药呀？

就在这时，我瞥见经理的右手边正放着昨天的晚报呢，而且就翻在副刊那一个版面，我的大名赫然在列。

后面经理再说什么，我没听见也没有再听的必要了，因为我知道自己的问题出在哪了。

事实上，我在单位就是专门负责写写画画的事，像经理出席什么会议啦、剪彩啦，都是我负责给他准备个讲话稿、发言材料或致辞什么的，没有任务的时候就帮经理整理一些材料向省内、市内各大媒体刊物上投稿，每年经理的大名也都能在一些报刊上出现几次，可是今年直到现在，经理也没发现我给他送去登有他大名的报刊，相反，却在相关刊物上接二连三地发现我的大名。

其实，出现这样的问题，也是大意了，因为我向来用的都是笔名，也许一时心血来潮想混出个小名气吧，因此才放松了警惕，以致出现这样的事情。

也正是署名的事，没少给自己添麻烦。

这不，那边经理的气估计还没消呢，这边办公室的林姐就说，家生，不错，又看到你在晚报上发表文章了，拿了不少稿费吧？

赶紧解释。

别谦虚了，我们不会让你请客的。

事实上到底有多少稿费，每个业余爱好写作的朋友都清楚。

如果想依靠稿费生活，估计生存都会成了问题，就更别说车子、房子了，甚至连老婆孩子都养不起。当然，这指的是业余爱好者，对于专业作家或流行写手来讲，情况大不相同。

去年末，有媒体对一些作家搞了个收入排行榜，从上榜的来看，一年收入几百万、上千万的大有人在。与之相比，我们这样的业余写作爱好者就只能偷偷地躲在太阳照不到的角落暗自神伤了，甚至有的神还没来得及伤呢就自废武功了，因为与我有同样爱好的几个朋友早已干别的去了。

　　当然，我也清醒地认识到自己不具备那种水平，所以该干吗干吗，但同事、朋友却不这样认为，看到我的名字经常出现在某一报纸的某一版面，便嚷着让我请客吃饭，虽然标准不高但以这样的借口让我的心里多少还是有些添堵。

　　于是，搬来字典想寻个自以为比较有影响或者可以给自己带来名利双收效果的名字。你还别说，自那以后，报纸杂志就很少再见我的大名了，而且还有一点好处，那就是连老婆也掌握不到我到底发表了多少文章拿了多少稿费。

　　但意外还是有的。昨天就接到一文友的电话：小样，换个笔名我就不知道啦，我一看就知道是你写的！

　　得，还真有人注意了。

　　写下我的这些事，想想合肥这个城市，她的发展与变化，她的烟火与温暖，一如《我在合肥挺好的》中唱的那样：……这是最好的时代，这是最爱的时代……

庐州文化丛书

高峰◎著

合肥古今

芸帙经眼录

——古籍中的庐州

安徽师范大学出版社

ANHUI NORMAL UNIVERSITY PRESS

·芜湖·

图书在版编目(CIP)数据

合肥古今/叶纯,范家生,高峰著.—芜湖:安徽师范大学出版社,2024.12.—
ISBN 978-7-5676-6832-4

Ⅰ.K295.41

中国国家版本馆CIP数据核字第20244BD429号

合肥古今

叶 纯　范家生　高 峰◎著

HEFEI GUJIN

责任编辑:辛新新　　　责任校对:李 玲

装帧设计:王晴晴　　　责任印制:桑国磊

出版发行:安徽师范大学出版社

　　　　芜湖市北京中路2号安徽师范大学赭山校区

　　　　邮政编码:241000

网　　　址:https://press.ahnu.edu.cn

发 行 部:0553-3883578　5910327　5910310(传真)

印　　刷:江苏凤凰数码印务有限公司

版　　次:2024年12月第1版

印　　次:2024年12月第1次印刷

规　　格:880 mm×1230 mm　　　1/32

印　　张:14.875

字　　数:310千字

书　　号:978-7-5676-6832-4

定　　价:51.80元(全3册)

一本关于书的书

　　我是通过萧寒认识高峰的，在我印象中，只要是萧寒参与的书店活动，高峰一定是在的。活动时高峰的话很少，活动结束后闲谈时，高峰的话匣子一旦打开，便会语速很快嗒嗒嗒地向你发过来，而他所说的内容大多是地方文史方面的，我和大多数朋友平日里都很少接触到这些内容，因此，三下两下，就会有一种晕的感觉，而高峰则是越说越来劲，其状态很是感染人。想着此时的他应该是很尽兴很过瘾吧，我便会不由得笑起来。

　　后来渐渐熟了，又同在几个微信群里，渐渐对高峰有了一个比较全面的了解，我发现高峰不仅是一位颇敬业的企业人，也是一个甚为执着痴迷的文史达人，对于历史的一些领域了解很多也很深，日积月累，融会贯通，便渐渐有了自己的判断和观点。因此，一旦与人争论起来，他通常气势很盛，近似咄咄逼人，让人有些磨不开面子。我不止一次地说过他，还不由分说地对他泼过冷水、熄过火，但我心里明白：高峰应该是对的，他有这个底气才有这样的做派，随着年岁的增长，他自然会慢慢地平和下来。高峰是个明白人，"山外有山""有理让三分"这样的道理他是懂的。

高峰有一点很可爱，那就是对家乡合肥的挚爱，他关注古籍史料中所有与合肥有关的东西，对于一些莫名其妙的人肆意诋毁合肥的言行，高峰会毫不留情地快速出击，他嗒嗒嗒的语速或者文字聊天，会让一些人恼羞成怒，但大多是让人偃旗息鼓，没了声息。

前一段时间，高峰出版了他的第一本书《合肥历代进士》，据高峰介绍，他在写作这本研究合肥科举的专著时，以20年之积累，参考了500种以上的古籍资料，收录314名合肥文武进士（另附巢湖籍、庐江籍等进士100名），不论是数量，还是真实性、准确性，都比之前相关图书有了很大的提高。而314名进士的数量在安徽省内排在歙县、休宁之后，列第三位，足以说明合肥自古至今的政治、军事、教育、文化重镇的地位。出版之后，高峰仍在增补，现已达到319名。

显然，《合肥历代进士》的出版对合肥文史的贡献颇大，也给高峰以极大的鼓励和自信，很快他又将与文友搜集整理而成的《合肥四朝文徵》交付出版社，此书对唐（五代）、宋、元、明四朝合肥籍文人的存世文章进行了全面系统的收集整理，共收录四个朝代102位合肥人的文章391篇。对于合肥来说，这又是一个不小的贡献。

高峰小时候家庭条件并不好，喜欢看书又没有多少钱去买，但是他很机灵，很快就找到了一条既能读书又能挣钱的路子：他从花冲公园旧书市场买来他中意的书，阅读之后再去花冲公园摆摊卖掉，因为他懂书，因而一进一出之间还能挣一些钱。听到高峰说这个故事时，我的脑海里立刻出现一个画面：一个还在读书的孩子，在偌大的旧书市里钻来钻去，寻找着一本又一本心仪的图书；又会在旧书市的某个角落里，像模像样地摆摊卖书，真是很有意思，也很让人难忘。

长大后的高峰依然爱看书，渐渐地，他的兴趣点转移到线装书上，随着眼力的提高，他会购进一些好的或者稀缺的版本。与一般的读书人不同的是，他不仅研究书，判断其价值，而且会研究得比较深，其收获自然也会超出别人很多。2022年下半年，当一群人准备乘兴多出版几本书时，高峰立刻想到自己可以写一本图书经眼录，经过几个月紧锣密鼓的撰写，《芸帙经眼录》完成了。

我在图书这一行做了多年，也写过不少与书相关的各种文章，但我不懂古籍，文史方面也是知之甚少，所以在阅读《芸帙经眼录》时，时常会感到困难，当然也会因此了解和明白了一些东西，感觉高峰的学识和热情真是了不得。读者如果能够耐心地读完这本书，一定会很有收获。

不过，作为一本介绍典籍、图书的专著，《芸帙经眼录》的书味稍显不足，有些文章篇幅过长。一些资料、传说和故事，对于其学术价值与可读性或许都有所益处，但如果能多一点相关图书的比对和介绍，或许会更多一些韵味。

高峰或许不会同意我的观点，因为他是很有主见的人，当他语速很快嗒嗒嗒地把他的观点发过来的时候，我想我很可能又会笑起来的。

刘政屏

2024 年 5 月

前　言

　　芸帙，又称芸编，旧指书籍。古代书籍多以木刻雕版方式印刷，近代以来出现活字排印、石印等，用线装订，统称为古籍线装书，故《芸帙经眼录》实为笔者阅读古籍线装书的发现与感悟之语。

　　在当下，一些读者可能从未接触过古籍，没有体验过古籍庄重古朴、神采夺目的艺韵之精，也无法领略开卷生香、启思启智的典雅之乐。作为一位古籍爱好者，笔者多年来经眼、过手古籍近万册，有幸掌握一点点相关知识，愿意在此与感兴趣的读者一起分享，一起探寻古籍的奥秘。

　　再者，古籍作为时代的遗珍，除了自带的别样之美外，必然又承载着厚重的历史。身为皖人，笔者希望通过古籍去阐幽发微，揭示一些涉及合肥乃至皖省的历史真相，于是从早先作品中，撷取二十五篇经眼录在此呈现，娓娓道出不一样的合肥、不一样的历史，如：著名隐士林逋与安徽长达二十年的情缘；包公究竟是不是肥东人；合肥作为省会级城市在皖时间最久；宋代合肥城池之大令人难以想象；晚清合肥龚张李段四大家族的故事；等等。所谓历史真相或湮没千载不为人知，或为后世学界误判误断，毕竟逃不脱执着与认真。

笔者以独特的经眼录方式，在细微处牵引出精准确切的第一手文献资料，试图还原古代合肥政治、军事地位在皖居首，经济、文化地位在皖居前的事实，希望这一篇篇经眼录能够帮助读者审视合肥非同寻常的历史地位，在合肥经济全面高速发展之时，对提振和坚定合肥文化自信有参考价值和积极意义。

高　峰

2023 年 5 月

目　录

目
录

诗家天子的绝唱

——王昌龄《王昌龄诗集》

"与君同病复漂沦，昨夜宣城别故人。明主恩深非岁久，长江还共五溪滨。"这是天宝七载（748年），盛唐最著名的诗人之一，号称"诗家天子""七绝圣手"的王昌龄赴任龙标尉途中写下的《至南陵答皇甫岳》。此前王昌龄任江宁丞八年，不知是何缘故，又遭贬谪。《河岳英灵集》载："不矜细行，谤议沸腾。"《新唐书》载："不护细行，贬龙标尉。"是哪些"细行"使得诗人如此，官方文献或私人著述均无说明，一千多年来一直让人费解，个中细节难再厘清，可能是诗人才华遭人嫉妒，也可能是诗人的正直得罪上官，王昌龄只得踏上茫茫路程，在宣州南陵县（今属安徽）写下了这一首与友人共叙离愁，倾诉际遇蹉跎沉沦，希望最终能得到明主赦免宽待的赠别诗。

天宝十四载（755年），安史之乱爆发。又过了两年，至德二载（757年）深秋之时，黄叶飘零，大唐望郡亳州（今属安徽）刺史府邸之中，刺史闾丘晓脸色大变，拍桌而起，对着一位须发微白、面带沧桑的老者呵斥道："汝一小小县尉，谁给汝天大胆量，在某面前指斥圣上之非，妄议朝政。

汝信口雌黄，某如若坐视不理，岂不失责！"老者酒气上涌，冷冷对道："安逆肆虐，大人不思厉兵秣马，勤王报国，反而不知羞耻，恬嬉如故，如何怨怪下官直言？国事已危，社稷已毁，就葬送在尔等贪生怕死、溜须拍马之徒手中。"闾丘晓气急败坏，喊道："来人啊，把这个狂徒拉出去杖毙庭外。"

其时，叛军十数万围攻距亳州仅百余里的睢阳，闾丘晓畏惧叛军声势，拒绝发兵援助。性格耿介、忠诚无私的王昌龄，因直言劝谏闾丘晓，闾丘晓有所忌惮，遂借故将王昌龄杀害，这实是大唐盛极而衰的转折中又一曲令人抱憾惆怅的悲歌。值得告慰的是，残害王昌龄的闾丘晓未隔多久，就因睢阳陷落，被追责的宰相张镐处死。闾丘晓乞求活命，说有亲老需要奉养，张镐回复道："王昌龄之亲欲与谁养乎？"闾丘晓无言以对，只得引颈受死。

王昌龄流传下来的诗及其他著作被后人编为《王昌龄集》，诗集中一首名为"失题"的诗，据考或是王昌龄生前绝唱，作于亳州。诗云："奸雄乃得志，遂使群心摇。赤风荡中原，烈火无遗巢。一人计不用，万里空萧条。"正是安禄山叛军直入长安，中原大地上剧烈动荡的真实写照。

《王昌龄诗集》，金镶玉装，大开本，上、中、下三卷一套，半页十行，每行十八字，白口，左右双栏，版面疏朗，字体齐整，白绵纸精印，明云间（今属上海）朱警编《唐百家诗》之零种，嘉靖十九年（1540年）朱氏刻本。《唐百家诗》录初唐二十一家、盛唐十家、中唐二十七家、晚唐（包括五代）四十二家诗人，凡一百七十一卷，是一部较为齐整的唐人诗歌总集。该集不录李白、杜甫、王维、高适、白居易、杜牧等名家的诗，概因这些名家都有专集行世，无需费心再刻。朱警别出心裁，反而有瑰意琦行的效果。该集深受后人重视，清代《全唐诗》的祖本《唐诗》就转录该集甚多。集末附朱警《后语》一篇，说明此书编集始于其父，多取宋刻为底本，并由自己增订完成。明代宋本已不多见，朱警多采宋本，该集文本内容足可保证，行格与宋刊书棚本同，当即从之出，所以《唐百家诗》多是翻刻宋本的精品。

金镶玉装是古籍装帧的专有名词。古籍或因为破损严重，需要修复，或书册不大，加装保护，在书籍原有页面之内新加衬纸，原书纸旧泛黄，又很珍贵，喻之为"金"，新衬的镶纸洁白如新，谓之为"玉"，故有"金镶玉"之雅称。此外，圈内人亦称之为"惜古衬"或"穿袍套"。"惜古衬"即爱惜古书，保护古籍的镶衬之法；"穿袍套"则因原书页小而镶衬后的纸页大，犹如古人在长袍之外穿的短套一样。金镶玉过后的古籍十分美观，在莹白洁润的绵纸衬托下，泛黄的书页更显庄重古朴。

造纸术是中国古代四大发明之一，在我国历经各朝各代的持续改进，应用更加广泛。而刊刻书籍的白绵纸于明初登上大雅之堂，在后世受到极大追捧。

隋唐五代印制书籍，以麻纸为主，敦煌写经多用黄纸。宋代以后，南方地区因普遍使用青檀、桑树、楮树等各种树皮作为原料，纸张已逐渐演变为皮纸；北方因为造纸的树皮不多，仍以麻纸印书。皮纸的纤维质感比较清晰，宋代纸张制作更加精细，现存很多宋版用纸莹润绵韧，加之宋版书籍刊刻精良，故而宋版书为后世推崇，明清时期民间已流行"一页宋版，一两黄金"的说法。

竹纸，顾名思义是以竹子为原料的纸张，出现在南宋以后，因产地广，种植量大，成本低廉，在元、明、清三代被广泛使用，特别是晚明之后成为最主要的印书材料。竹纸吸墨性好，便于刷印，缺点是易脆化，时间一久不耐翻折。绵纸又称白绵纸，因纸张精工细作，纤维分散均匀，绵软耐折，纸质纯白细密，纸面有明显的丝质光泽，如丝如绵，与竹纸相较可谓天差地别。

宋应星《天工开物》载："纵纹扯断如绵丝，故曰绵纸。"《永乐大典》书页就是用的白绵纸。明胡应麟在《少室山房笔丛》中盛赞白绵纸："凡印书，永丰绵纸为上，常山柬纸次之，顺昌书纸又次之，福建竹纸为下。绵贵其白且坚，柬贵其润且厚。顺昌坚不如绵，厚不如柬，直以价廉取称。"可见白绵纸被普遍认可，竹纸为最下。一部明代古籍流传至今，使用白绵纸的较使用竹纸的价值要大上很多倍，且多被视为珍贵善本。距今约500年的《王昌龄诗集》即是这样的珍本。

当下各类用纸，都是将原料捣碎变为纸浆加入添加剂，用机器制造的纸，纸质粗厚，油墨味重、难闻，既不能像白绵纸那样历数百年风雨依然绵柔如初，也不可能再现古籍刊刻的艺术之韵，更无法让今人体会到"开卷生香、启思启美"的古人雅致，这不能说不是一种遗憾。

送姚司法歸吳

吳橡留艣楚郡心洞庭秋雨海門陰但今意遠

扁舟送不道滄江百丈深

寄陶副使

闻道将军破海门如何遠謫渡湘沅春來明主

封西岳自有還君紫綬恩

至南陵苔皇甫岳

與君同病復漂淪昨夜宣城別故人明主恩波

非歲久長江還共五溪濱

王昌齡詩集下終

《王昌齡詩集》

林逋在安徽

——林逋《和靖诗集》

　　北宋真宗咸平六年（1003 年）的一个冬日，雪已住，天放晴，掩映在绿竹黑瓦白墙之间的庐州舒城慈山寺门外，林逋向李仲宣拱手吟道："竹深淮寺雪萧骚，一壁寒灯伴寂寥。瘦尽骨毛终骎骎，蚀来锋刃转豪曹。宦情冷落诗中见，谈态轩昂酒后高。莫为无辜惜才术，圣明求治正焦劳。"

　　林逋行遍江淮，此番游历舒城，已盘桓逗留甚久，与李仲宣等品茗纵酒，放歌诵诗，脚步踏尽周遭春秋、鹿起、龙眠诸山，今日乘雪晴好上路，欲返回合肥。李仲宣至林逋借居的慈山寺，为林逋送别，林逋临行前留下了《舒城僧舍呈赠李仲宣文学》这首脍炙人口的赠诗，希望李仲宣心中明白，当尽早适应身份的改变，融入新朝。

　　林逋与李仲宣惺惺相惜，交谈甚欢，知悉李仲宣是南唐先主李昪的曾孙。宋灭南唐后，李仲宣祖父李珉徙家庐州，李仲宣爱舒城山水，随兄长就买田地，定居于此。林逋既感慨李仲宣款待之盛情，又认为大宋重视文教，李仲宣才品俱佳，不该沉寂乡野，步入朝堂，施展抱负方为可取。

林逋（968—1028年），字君复，中国历史上最著名的隐士之一，天圣六年（1028年）卒，年六十一，宋仁宗赐谥"和靖"，故后人尊其为和靖先生。《宋史》载其为杭州钱塘人，据林逋《将归四明夜坐话别任君》诗，四明（今宁波周边）或为林逋真正的乡里。

　　林逋父亲早亡，幼时家贫，少而好学，通晓经史百家，工书善画。林逋早年有入世之愿，然其性孤高自好，喜恬淡，不趋荣利，最终布衣终身。中年以后隐居西湖孤山，终身不娶，唯喜植梅养鹤，自谓"以梅为妻，以鹤为子"，人称"梅妻鹤子"。

　　作为落魄王孙的李仲宣可能还是没有迈过亡国之痛这道坎，以致终身未仕，可未曾想他有一个号称"宋画第一"的曾孙李公麟，另一个曾孙李公权成了王安石的侄女婿，有一个"名动京师"、成为陆游姑父的玄孙李知刚，还有一个玄孙李文伯成了黄庭坚的乘龙快婿，舒城李氏终究还是和宋王朝摆脱不了干系。

　　时光转瞬到了天禧五年（1021年），作为北宋文坛领袖的刘筠自二月上任庐州已有数月，处理公务闲暇之余，刘筠时常探访隐居在合肥的林逋，两个品性特立的君子十分投契，时有唱和。近日听闻林逋水阐门外原本破旧不堪的屋舍已重新翻建完工，于是带领州署里几个僚佐及包拯、李先、胥沆等青年才俊前去相贺。

　　新宅临市河（即今合肥南淝河，宋时穿城而过），广五亩，屋数间，遍栽翠竹，正值绿莲清露，荷花烂漫，好一派夏日娇艳的景象。知己相见，不需寒暄，林逋已备薄酒，品酒之余众人恭请刘筠为林逋新居题诗。刘筠本是大手笔，自然推辞不得，于是《题林处士肥上新屋壁》须臾即出，诗云："久厌侯鲭静室来，卜居邻近钓鱼台。旧山鹤怨无钱买，新竹僧同借宅栽。斗酒谁从杨子学，扁舟空访戴逵回。抽毫有污东阳望，但惜明时老润才。"此诗立意博雅，刘筠借用王献之雪夜访戴的典故，赞叹林逋品行高洁，气度不凡。

林逋移步私语："恭喜大人，为朝廷觅得贤才，今日所遇这几位庐州士子，以鄙夫愚见均才学上佳，未来可期。尤其包拯沉谨有度，怀瑾握瑜，有'公辅之器'。"刘筠颔首道："先生所言极是，此子将来成就必在老夫之上。"林逋和刘筠没有看错，包拯等人后来都次第登科，包拯、李先为名臣，传载《宋史》。刘筠赏拔包拯，他的身后事也得到包拯襄助。刘筠卒后，其子亦早逝，田地房舍全部被官府没收，是包拯上奏由其族子承继，最终获准归还。

林逋能诗，"疏影横斜水清浅，暗香浮动月黄昏"是林逋流传千古的名句。林逋作诗随写随弃，故散佚很多，其侄孙林大年收集林逋遗诗，编成《林和靖先生诗集》。笔者经眼《和靖诗集》，为民国上海中华书局据清康熙吴调元校刊本重印的铅字本。

依据林诗探寻，林逋早年行迹虽不能确考，却可知其青年时曾在曹州（今山东菏泽），后漫游江淮，远至汴梁，又客临江（今属江西），足迹遍及今天浙江、江苏、安徽、山东、河南、江西六省。再据《和靖诗集》及后人辑补，林逋共存诗312首，另残句五联。据笔者所考，林逋与安徽相关的诗作可以明确的有43首，是关于浙江的诗作以外最多的。

林逋在安徽到过合肥、舒城、无为、寿阳（今寿县）、芜湖、历阳（今属和县）、舒州（今属潜山）、当涂、池州、含山、盱眙（今属江苏省）等地，是诸省中可考最多的。除在舒城与李仲宣、在庐州与刘筠等相会外，合肥马亮、宣城梅尧臣、当涂朱仲敏、历阳马仲文与然社上人、玉梁施道士等官绅释道与林逋亦有交谊。

《宋史·隐逸传》记载："初（林逋）放游江淮间，久之，归杭州，结庐西湖之孤山，二十年足不及城市。"这段记载被后人演绎成林逋最后二十年始终居住在孤山，即自真宗大中祥符元年（1008年）后未再出外远游。然据《续资治通鉴长编》卷九七及《宋史·刘筠传》相互印证，刘筠最早在真宗天禧五年二月以后才知庐州，刘筠不可能早于此时作《题林处士肥上新屋壁》诗，也就是说刘筠不可能早于此时与林逋在合肥相会，林逋晚年仍在合肥生活过。

大中祥符九年（1016年）三月，处州丽水人祝坦因事被贬，林逋为这位乡友写了《寄祝长官坦》这首诗，诗云："怀想与君劳，区区未剧曹。深心赖黄卷，垂老愧青袍。临事终存道，为诗转近骚。庐江五亩宅，归去亦蓬蒿。"在安慰祝坦的同时，林逋表达出自己的归隐之意。

"区区未剧曹"表明祝坦是个政务繁琐的曹吏，"临事终存道"是寄语祝坦，希望其遵照规章和事理处置公务。据《续资治通鉴长编》卷八六，大中祥符九年，祝坦由军巡判

林逋在安徽

官贬为濠州司户参军。考"军巡判官",宋太祖开宝六年(973年)在开封府置,左、右各一员,为军巡使副职。宋神宗元丰改制,定为从八品,该品之下只有正九品、从九品二级。

祝坦在大中祥符九年还是个八品小官,假定该诗作于大中祥符元年(即公认的林逋归隐孤山之时)之前,两者相距至少八年,祝坦在大中祥符元年担任的是何品级的职务?林逋称呼祝长官是否妥当?是否符合宋代官员三年一任的循资升迁之路?如果林逋在大中祥符元年之后已在孤山隐居,他又何必再写出"归去亦蓬蒿"的感怀。

"庐江五亩宅"二句虽后人有解释是借用了陶渊明不为五斗米折腰的典故,但陶渊明所处时代,弃官的彭泽县隶属浔阳郡,不属庐江郡,如此则用典不精准。宋代庐江常代指庐州的一郡之称,故而祝坦贬官的当年,也就是林逋作《寄祝长官坦》之时,有理由推断林逋依旧在合肥。林逋营宅于淮南西路路治庐州,长期居住。濠州亦隶淮西,祝坦与林逋是在淮西交游。

马亮(959—1031年),字叔明,宋太宗太平兴国五年(980年)进士,省试第一,为一代名臣。天圣初年,朝廷拜马亮为尚书右丞。天圣五年(1027年),马亮第四次知江宁府,林逋有《寄上金陵马右丞》诗三首当作于此时。诗句"专席顷尝居宪府"是指马亮曾在官署单独款待林逋,"神明佳政蔼余杭"是称赞马亮在杭州治绩显著,惠泽百姓。

马亮分别在景德元年(1004年)九月至四年(1007年)

十月及大中祥符八年（1015 年）七月至九年九月知升州（天禧二年升州复江宁府），大中祥符九年九月至天禧元年（1017 年）知杭州，天禧元年至天禧四年（1020 年）知庐州。"分野三回见福星"意指林逋曾在三个州郡遇到马亮这个福星，因此这三个州郡分别是升州、杭州和庐州。林逋的肥上新居是天禧五年建成，此前数年马亮知庐州时，岂能不与林逋"谈笑风生坐，淹留月满筵"。《寄上金陵马右丞》再次印证了大中祥符元年之后、天禧五年之前，林逋曾在合肥生活，与《宋史》相悖。

马亮年长林逋九岁，他们是同时代人，一个身处官场，扶摇直上、生活优越，一位隐身乡野，不慕名利、洁身自爱，环境不同，却相互青眼有加。"尽道次公当入相，江湖那肯久迟徊。西湖春物空凝意，犹望方舟赏胜来。"林逋祝马亮能够更上一层楼，入朝拜相，也期待再与马亮徜徉扁舟，西湖览景。

景德元年（1004 年）至景德三年（1006 年），阆中人陈尧佐知庐州，陈尧佐的哥哥陈尧叟是马亮的女婿。大中祥符五年（1012 年），陈尧佐任两浙转运副使。陈尧佐在庐州和杭州都可能与林逋有交集，其《林处士水亭》朗朗上口，诗云："城外逋翁宅，开亭野水寒。冷光浮荇叶，静影浸鱼竿。吠犬时迎客，饥禽忽上阑。疏篱僧舍近，嘉树鹤庭宽。拂砌烟丝袅，侵窗笋戟攒。小桥横落日，幽径转层峦。好景吟何极，清欢尽亦难。怜君留我意，重叠取琴弹。"有人以为该诗作于杭州，笔者以为未必不是作于庐州。

《咸淳临安志》载:"杭守王随,每与唱和,访其庐,出俸钱以新之。李及、薛映每就见,清谈终日。"《宋史》亦载:"薛映、李及在杭州,每造其(林逋)庐,清谈终日而去。"这两则是宋元时第一手资料。按《咸淳临安志》卷四六《秩官四》,薛映于咸平六年(1003年)六月至景德四年(1007年)九月知杭州,此时林逋仍在江淮,故《咸淳临安志》或误,《宋史》或源自《咸淳临安志》,亦错。且按《宋史》,林逋大约是公元1008年以后长居杭州,时间上也不契合。林逋曾游金陵,薛映于大中祥符五年九月至八年七月知升州(即金陵),薛映在金陵见到林逋却有可能。

王随在天禧四年九月至乾兴元年(1022年)二月知杭州,李及则在乾兴元年三月至天圣元年(1023年)九月知杭州。假设林逋天禧五年与刘筠相会后返杭,王随、李及拜访林逋的时间就对得上。还有种可能,林逋在大中祥符元年隐居孤山后,怀念庐州友朋及风物,中途折返庐州居住过,那一切都解释得通了。

青年林逋在曹州长居十年(其间或曾出游),与当地望族任氏相识相交,千余年来为后世学界忽视。《和靖诗集》有《将归四明夜坐话别任君》《曹州寄任独复》《赠中师草圣》《春暮寄怀曹南通守任寺丞中行》《赠任懒夫》《寄曹南任懒夫》《淮甸城居寄任刺史》等涉及任氏的诗作七首,是涉及同一家族诗作最多的。

中师即任中师,字祖圣,大中祥符二年(1009年)进士,宋仁宗庆历时官枢密副使,《宋史》有传。任寺丞中行即任中行，任中师兄弟，《宋登科记考》载任仲行即此人，北宋前期登进士第，曾官太常博士，至兵部员外郎，赠工部侍郎。任中行长兄任中正，字庆之，雍熙二年（985年）进士，大中祥符九年迁枢密副使，后拜参知政事，终礼部尚书，赠尚书左仆射，谥康懿，《宋史》有传。任中正登第时，林逋不过十八岁，任懒夫、任独复等为任中正诸弟或子侄，或与林逋同辈相交。

考任氏兄弟行迹，唯任中正最符合《淮甸城居寄任刺史》诗提及的任刺史。任中师曾知滑州、澶州（景祐元年，1034年），此时林逋已去世。据《续资治通鉴长编》，任中正在景德三年七月至大中祥符三年前后知益州，之后返京知审刑院，又出知并州，大中祥符九年二月权知开封府。益州、并州距庐州过远，开封府距庐州较近，通信相对方便。此诗写作时间可能性最大是在大中祥符九年之后，与写《寄祝长官坦》的时间也对得上。甸意为城郊，诗云"寥然独拮枕，淮月上山城"。秋夜寂寥，林逋在合肥西水闸门外远眺蜀山新月。

值得再表的是，《宋史》有传的合肥人钟离瑾是任中行的女婿，钟离瑾母丧居家守孝期间，与林逋必有一番值得探究的交往。

林逋在江淮长期游历，前后跨度二十余年，并不短于在孤山隐居的时间。合肥处金陵、盱眙、寿阳、舒州、芜湖等地中心位置，距各地路程大致相同，林逋在合肥建宅，说明合肥是其主要居住地，方便短途游历返回后休憩。除了方便休整，合肥肯定还有能够吸引林逋之处，是人还是物？

"扰扰非吾事，深居断俗情"是林逋在合肥时希望祛除凡事牵绊的心声，"庐江五亩宅，归去亦蓬蒿"是林逋遇事的豁达与开朗，"幽胜程程拟遍寻，不妨淮楚入搜吟"是林逋对淮西这片热土的深爱与留恋。南宋词人姜夔之外，林逋是已知又一个与合肥特别亲密的大咖，加上庐州教授周邦彦、江湖诗派领军人物戴复古等，他们共同为合肥厚重的历史和文化增添了色彩，值得我们追忆。

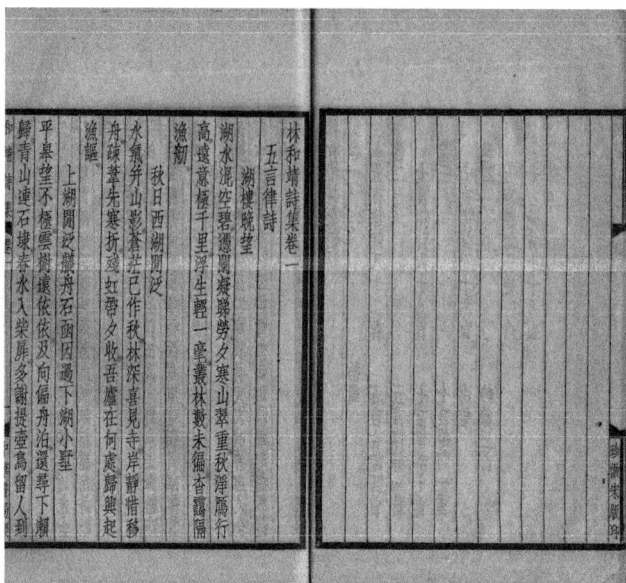

《和靖诗集》

包公究竟是哪里人

——包拯《包孝肃公奏议》

如果要寻找一位中国家喻户晓的人物，那古代最有名的清官典范合肥包拯必定是其中之一。包拯世称"包青天""包龙图"，后世因为尊敬他，又称其为"包公"。

包公生前撰写的奏议在其逝世后不久（治平二年，1065年）即由庐州知州张田编次，分应诏、致君、任相、择官等30门，凡171篇，厘为10卷。包公从实际出发，不畏权贵，提出了一系列有益建议和措施，反映出对国家内忧外患的殷切关注，集中体现了其以民为本、执法公正的政治思想。《包孝肃公奏议》不仅是研究包拯思想的基本史料，也是研究宋代政治法律制度的重要文献。

张田10卷本传至南宋初年，玉山状元汪应辰因不满张本"其事之首尾，时之先后，不可考也"，故对其进行了笺注。汪应辰上距包公卒年仅数十载，应掌握更多包拯生平履历资料，该笺注本对深入研究包拯极为有益。可惜张本和汪本均已失传，今存最早的是台北图书馆藏的明正统元年（1436年）合肥方正刊本，该本出自张田本系统。

1963年，中华书局出版《包拯集》，并辑录包公两篇佚文。1989年，黄山书社出版《包拯集编年校补》，在原有各种版本基础上，增辑佚文15篇，又对各篇逐一考辨系年，分为4卷，是目前相对严谨且最齐全的本子。

笔者所见之清同治二年（1863年）合肥李瀚章省心阁十卷本《宋包孝肃公奏议》，是当下流传最广的古籍刻本。该本尺寸为29.5厘米×16.5厘米，白纸初印，前有包公小像一幅及像赞，后有李瀚章手书序言，印工极佳，是赏心悦目的收藏佳品。

据《宋史》、新中国成立后出土的包公墓志铭，包公是合肥人并无争议，然而肥东县言之凿凿说包公是今天肥东包公镇人，这是值得商榷的。

据《宋史·地理志》："庐州，望，保信军节度。大观二年，升为望。旧领淮南西路兵马钤辖。建炎二年，兼本路安抚使。绍兴初，寄治巢县。乾道二年，置司于和州。五年，复旧。崇宁户八万三千五十六，口一十七万八千三百五十九。贡纱、绢、蜡、石斛。县三：合肥、舒城、梁。"

宋代庐州辖合肥县、舒城县、梁县三县，合肥县与梁县是不隶属的二县。包公生活的北宋时期，梁县名慎县，南宋孝宗皇帝赵昚（shèn）即位后，为避讳而改慎县为梁县。明洪武元年（1368年），梁县并入合肥县，新中国成立后划合肥东乡、东北乡设肥东县。

分析宋代庐州大致地理形势可知，宋代合肥县治于今合肥老城区及慎县治于今肥东梁园镇是没有问题的。北宋王安石外孙女吴氏与其夫王能甫的合葬墓2007年出土于肥东店埠，吴氏墓志铭言明卜葬庐州合肥县，加之合肥旧志记载明代在店埠东北发现合肥县与慎县的界碑，则店埠周边及以西在宋代属合肥县。元代合肥名贤余阙长期生活在今天肥东长临河镇，虽然《元史》只记载余阙为庐州人，未言明是合肥县还是梁县，查遍余阙《青阳先生文集》，余氏所作提及庐州的文章均涉合肥，未见梁县，可见余阙为庐州合肥县人，长临河镇在宋元时期属合肥县。

再据文豪欧阳修《浮槎山水记》："浮槎山，在慎县南三十五里，或曰浮巢山，或曰浮巢二山，其事出于浮图、老子之徒荒怪诞幻之说。其上有泉，自前世论水者皆弗道。"浮槎山向为庐州名山，北宋属慎县，在慎县东南35里。综合以上资料，大致可以判断出宋代慎县在今天肥东店埠、长临河一线的以东、以北区域。

如果将舆图上的梁园和浮槎山两地之间画一直线连接起来，可以很清晰地看到今天肥东包公镇在梁园、浮槎山以东，并不与宋代合肥县区域直接相邻，想来宋代没有当下地理上"飞地"的说法，包公镇区域在宋代当属慎县，而非合肥县。如果包公出生在包公镇区域，那他就是慎县人，而非合肥县人。

包公好友潍坊吴奎《宋故枢密副使朝散大夫给事中上轻车都尉东海郡开国侯食邑一千八百户食实封四百户赐紫金鱼袋赠礼部尚书谥孝肃包公墓志铭并序》载："宋有劲正之臣，曰'包公'。始以孝闻于州闾，及仕，从□□□□□□□□立于时，无所屈。□举有明效，其声烈表爆天下人之耳目，虽外夷亦服其重名。朝廷士大夫达于远方学者，皆不以其官称，呼之为'公'。□□□□□□□□□其县邑公卿忠党之士，哭之尽哀。京师吏民，莫不感伤，叹息之声，闻于衢路，□相属也。公讳拯，字希仁，庐州合肥人。天圣五年进士甲科，初命大理评事、知建昌县。时皇考刑部侍郎家居，皇妣亦高年，乐处乡里，不欲远去，公恳辞为邑，得监和州税。和邻合肥，皇考妣犹不乐行，遣公之官。"

《宋史·包拯传》载："包拯，字希仁，庐州合肥人也。始举进士，除大理评事，出知建昌县。"不论是墓志铭还是《宋史》都明确说包公是合肥县人，包括已公开的包公次子包绶、长孙包永年的墓志铭，也均说是合肥县人，葬于合肥县公城乡公城里，所有可见的早期史料没有一丝一毫与慎县有关。包公镇是包公出生地仅见于《合肥包氏宗谱》。

《合肥包氏宗谱》系清末刻印，谱序载合肥包氏的先祖是曲河人包咸，"曲河"应为"曲阿"，即今江苏丹阳的古称，此为刻印错讹。该谱对包公前后数十世的世系记载详尽，包公前五世世系为包光—包傅—包逝—包世忠—包令仪。虽然包公墓志铭中包公曾祖父的名讳因损字无法辨析，但包公祖父包士通、父亲包令仪的名讳清晰可辨，包士通可不是包世忠，再就是逝这个字用在名上显得不合乎情理。

《合肥包氏宗谱》记载包公子孙延绵不断，但宋代除包缋外，其他名字几乎全部错误，清末小说里的人物包勉录入了宗谱，包公小儿子包绶的名字也没见。《合肥包氏宗谱》还载有包远、包近这样一对父子，这种名字很明显是臆造的，纯为编造补足合肥包氏早已无从知晓的世系。《合肥包氏宗谱》存在诸多硬伤，匪夷所思。包令仪和包缀没有错，应是合肥旧方志载得明确。

元代合肥葛闻孙撰写的《包氏族谱引》收录于《万历合肥县志》，该引说道："宋故枢密使孝肃包公，为合肥衣冠望族，公之高风清节，照映千古，其世系之盛，天下之士孰不争先睹之为快，而因陋就简，久未有所述，庸非是邦之阙典欤？予常命其八代孙珹蒐访故书，其幸存而未泯者，距公之上得四世焉，过此，则文献不足征矣；暨珹而下，又三世，上下通十有五世。"可见到了元代，包公的准确世系，已上溯不过四世，不可能如《合肥包氏宗谱》一样能往上推衍出很多代。坦率说，包公距今约有千年，清代之后的宗谱错讹较多，《合肥包氏宗谱》不能全信。

虽然有说包公生于肥东，后来迁到合肥城里，所以籍贯为合肥，但没有早期史料的佐证，包公为何不迁到慎县城里？这还是不能让人信服。笔者意见，包公镇的包氏后裔是宋代以后迁过去的，现在虎山周边的九连墩、花园井、荷花塘、凤凰桥、衣胞地等与包公有关的遗迹更接近于传说，附会的可能性大，所以说包公是肥东人存疑，是需要再研究的。

龍圖包公生平若
何肺肝冰雪沢
山河報國盡忠臨
政無阿杲杲清名
萬古不磨

重刻包孝肅公奏議序
包孝肅公奏議十巻為門下士張田
所集千百年来流傳蓋寫公産於廬
而廬無是書鄉後進無從讀公書者
先君子官比部絀同志建會館
京師奉公栗主其中心嚮往公而時

《包孝肃公奏议》

最贵古书的合肥缘

——陶叔献《两汉策要》

2011年5月，在2011年中国嘉德春季拍卖会古籍善本专场中，一部十二卷元抄本《两汉策要》（缺卷三，实存十一卷）以900万元起拍后遭遇疯抢，在经历近70轮激烈叫价之后，最终该抄本被一位神秘买家以4830万元竞得。此成交价格不仅一举创下中国古籍拍卖新的世界纪录，也使得这部《两汉策要》（以下简称《策要》）成为当时最贵的一部中国古书。

《策要》收两汉政论文章160余篇，自明代以来一直盛传为元代大书法家赵孟頫书写，故而名动天下，藏书家、学术界无人不知无人不晓。晚明时有"海内第一藏书家"之称的常熟毛晋，将该本收入囊中之后，在《策要》上钤了80多方收藏印，足见其喜爱程度，堪称汲古阁最重要的藏品。

清乾嘉时考据大家钱大昕《竹汀先生日记钞》卷一载："（《两汉策要》）行楷甚工，或云赵松雪所书也。"著名书法家翁方纲称："今观此书，固不敢确断为文敏书，而其原本篆势谨守六书之义，则亦文敏真迹无二也。"又言："今以是书首尾一气，九万八千余言，使鉴赏家必实指为赵书，……而于赵书神理尤得其要焉。"

另一位名家钱泰吉则认为："《两汉策要》十二卷，《汲古阁秘书目》谓为元人手抄者，即此也。丙辰夏日，得此于杭州书肆，乃乾隆五十三年赣郡守竹轩张君钧摹之本。第三卷原缺，前有如皋子长甫张朝乐校阅字，后有玩松山人穆大展时年七十有三刻篆字木记。翁覃溪、窦东皋、梁山舟为之跋，皆以手迹摹刻，恍如名人法帖。不独全文之为元人精钞，可爱也。"

钱大昕和翁方纲都未肯定《策要》是赵孟頫所书，钱泰吉则认为是另有书法高明的元人精抄该本，不管如何，该抄本的书艺水平被广泛认为有赵书神韵，所以才会长期被认定是赵孟頫所写。清末长沙叶德辉就持这种观点，其《书林清话》卷七云："（《两汉策要》）定为松雪手迹，谓非余子能辨，吾亦信以为然。"

《策要》编著者陶叔献向来鲜为人知，2011年拍卖时无详细介绍。南宋著名藏书家晁公武在其《郡斋读书志》卷二十记载道："《西汉文类》二十卷，右唐柳宗直撰，其兄宗元尝为之序。至皇朝其书亡，陶氏者重编纂成之。……《唐文类》三十卷，右皇朝陶叔献编。《汉唐策要》十卷，右皇朝陶叔献编。"

稍晚于晁公武的另一位藏书家陈振孙《直斋书录解题》载："《西汉文类》四十卷，唐柳宗元之弟宗直尝辑此书，宗元为序，亦四十卷，《唐艺文志》有之，其书不传。今书陶叔献元之所编次。未详何人。梅尧臣为之序。……《唐文类》二十卷，晁氏曰：皇朝陶叔献编。《汉唐策要》十卷，晁氏曰：陶叔献编。"

除了《策要》外，陶叔献还编有《西汉文类》《唐文类》《汉唐策要》等文章选集，足见其学识渊博。或许由于战乱，或许是其他原因，南宋时陶叔献的家世背景已失考，导致这位杰出的学者被湮没了近千年。巧的是笔者早已关注到陶叔献，故而有幸在拍卖之后的十多年里，始终不遗余力地宣传这位合肥老乡，成为第一个把《策要》与合肥牵起线来的有缘人。

北宋和州榜眼沈遘《西溪集》卷十有《陶叔献墓志铭》，云："庐江陶叔献，字元之。其先自晋大司马侃以来，世为庐江大族。自其父方左侍禁、杭州巡检，卒官，始家于杭。""世为庐江大族"已表达得很清楚，此庐江为庐州一郡之称。唐末五代，合肥陶姓有陶雅家族闻名于世，陶雅是宰相级人物，凭直觉，陶叔献可能是陶雅家族后人。

陶叔献父亲曾任杭州巡检，卒于任，时陶叔献年仅二十，"家甚贫，奉母孙氏，以孝著称。好学明经，能文，吴越学者多从之"。陶叔献与沈遘在皇祐元年（1049 年）三月同科登第，四月即病故于开封，卒年三十六。惜陶叔献"俶傥有大节，仁于宗族，信于朋友，善议论，通古今，所至公卿大夫皆为之礼，且谓其必用于时而不可量才也"。

陶叔献生于大中祥符七年（1014 年），据北宋建阳阮逸在景祐二年（1035 年）为《策要》写的序，陶叔献在二十二岁之前即已编成《策要》，充分表明陶叔献是个才华横溢的青年才子，因早卒未能实现其远大抱负，是中国文学史上一颗散发过璀璨光芒的流星。陶叔献卒后先葬于开封，后由外甥戴显甫迁葬于杭州月轮山之东，面朝浩荡的钱塘江，背倚雄伟的六和塔，历千年沧桑，陶叔献墓早已不存。

《策要》元抄本因为太过珍罕，清赣州知府、如皋人张朝乐得到该书，亦视为重宝，于乾隆五十三年（1788年）延请著名刻工穆大展钩摹影刊该本。穆大展并非普通的刻工，他不仅是著名诗人沈德潜的弟子，还是有功名在身的秀才，是清中叶苏州最具代表性的刻工之一。张本《策要》使用珍贵的开化纸，摹刻之精细与原本纤毫不差，是著名的善本，21世纪以来屡次创出50万元以上的拍卖价格。张本的行世，对《策要》的普及起了推动作用。

《策要》有金大定乙巳年（1185年）王大钧序，序云："皇朝专尚词赋取士，限以五经、三史出题，惟东西汉二书，最为浩汗，学者披阅，如涉渊海，卒莫能际其畔岸，大抵菁华无出策论书疏而已。……先是吾乡常同知彦修，宅取旧本《两汉策要》摹搭，刊行于世。"可见金代《策要》亦流行于北方，成为士子参加科举考试必备的经典。

相信《策要》在宋代和金朝均刊刻过不止一次，除元抄本、乾隆摹刻本外，光绪丁亥年（1887年）上海同文书局的石印本《策要》，借张本进行了较大的缩印，开本仅为张本的三分之一，用纸尚可，整体刊印质量还可接受。同文书局本之后，光绪戊戌年（1898年），上海古香阁又再次石印，这次尺寸更小（15.5厘米×10厘米），印的质量更差，无美感，粗制滥造。

《竹汀先生日记钞》又载："昭文张氏金吾《爱日精庐藏书志》，载绍兴刊本陶氏《西汉文类》残本五卷，惜未得校其异同也。陶叔献有《唐文类》三十卷、《汉唐策要》十卷，见《郡斋读书后志》。"钱大昕点明南宋绍兴年间《西汉文类》残本著者之陶氏为陶叔献，但钱氏未见原本。

稍晚于钱大昕的另一藏书家独山莫友芝《郘亭知见传本书目》卷十六载："《西汉文类》残本五卷，宋陶叔献撰。昭文张氏藏宋绍兴本。《志》云，唐柳宗直有《西汉文类》二十卷，宋时已失传，叔献重加编纂，见《郡斋志》。原四十卷，今存三十六至末五卷。后有'绍兴十年四月临安府雕印'一条。每页纸面俱有清远堂印记，字朗纸莹，盖宋刊本印本。"常熟张金吾收藏过这五卷宋刻《西汉文类》，至今近二百年，《西汉文类》却不知深藏在哪个角落，何时才能重现人世！

兩漢策要卷之十一

史記署論

班彪

唐虞三代詩書所及世有史官以司

典籍暨於諸侯國皆有史故益子

兩漢策要卷之二

封事

劉向

臣聞舜命九官濟濟相讓和之至也

衆賢和於朝則萬物和於野故簫

韶九成而鳳皇來儀擊石拊石而

兩漢策序

皇朝專尚詞賦取士限以五經三

史出題惟東西漢二書家為浩

汗學者披閱如涉淵海卒莫能

除其畔岸大抵菁華無出策論

書跡而已可取而為題者十畫八

《两汉策要》

汲古阁的明刻本

——朱熹《晦庵题跋》

《晦庵题跋》，明崇祯汲古阁刻本，竹纸，尺寸为26.2厘米×16.5厘米，书口镌"汲古阁"字样，每半页八行，每行十九字，左右双边，行界宽阔，大字舒展，宋体俊朗，刊印雅致，呈现了典型的晚明汲古阁毛氏版印风格。

众所周知，明代刻本各个时期的版印呈现不同风格，各时期刻本的字体面貌亦不尽相同。明中后期，社会经济日益繁荣，读书人不断增加，带动商业出版高度发达，书籍大规模进入商品流通领域，这就使得印刷出版业必须更好地迎合与面对。在追求效率的催化作用下，刻工被迫进行技术改革，在更短的时间内完成刻字，才能更好地满足市场的需求。刻工逐步探索，寻求把楷书中复杂、多曲折的顿笔和回笔作简单化处理，而楷书中的点画被处理成短横或短竖，此类操作少了奏刀次数，大大提高了产出效率，客观上促进了明万历以后宋体字的成熟和广泛应用，能够代表古代版刻宋体字高水准的阶段就出现在这一时期。此时期字体风格各异，良品颇多，各显其长，汲古阁刻本正是较为典型、影响深远的佳刻良品。

汲古阁是明末大藏书家毛晋及其后人的藏书、刻书之处，从总体刻书规模和水平来看，毛氏汲古阁刻书在中国古代出版史上是前无古人后无来者的当之无愧的冠军。毛晋（1599—1659年），初名凤苞，字子九，后改名为晋，江苏常熟人。刻书初题绿君亭或世美堂，后皆用汲古阁。早年为诸生，屡试不第，遂隐居故里，变卖田产，构筑汲古阁，以收藏和传刻古书。汲古阁的命名源于韩愈诗《秋怀》之"汲古得修绠"句，意为学习古人的学问如于深井汲水，需要刻苦钻研。

为广泛搜集珍本秘籍，毛晋公开设榜，高价收购。据清代常熟郑德懋《汲古阁主人小传》载："（毛晋）榜于门曰：'有以宋椠本至者，门内主人计页酬钱，每页出二百。有以旧抄本至者，每页出四十。有以时下善本至者，别家出一千，主人出一千二百。'"故四方书商皆云集其家，汲古阁门槛都被踩塌了。毛晋为搜求宋版书，按页计价，"一页宋版一两金"成为起价标准。毛氏前后积书至八万余册，其中颇多北宋、南宋内府藏书，又有金元本。这些书多用来校勘或作为刻书的样本。汲古阁雇用工匠最多时达数百人，书版在毛晋时即有十万块之多。汲古阁刻印的书籍有十三经、十七史及唐宋元人别集、道藏词曲等，所刻书籍校勘严明，翔实完备，雕印精良，刻风多样，世称毛刻本，行销遍及全国。

明代书籍多为厚册，笔者所藏此套《晦庵题跋》两册三卷一套全，第一册为目录、卷一，第二册为卷二、卷三，尾有毛晋题跋。第一册书根处原汲古阁标注的"津逮秘书"及"一百十七"字样被一剖为二，第二册书根处标注字样完好，可以推测第一册原与另一种汲古阁刊刻的名人题跋共为一册，两册封底又均为旧物，则是很早前的书商将第一册拆分为两册，留下朱熹题跋部分与第二册内容配对。古籍向来不便宜，对于古代人和当代人皆是如此，书商以买书人按册论价之心理，会根据一册书的厚度及卷数将之拆分为若干册，以求更高的售价。现今明版书籍相对更加稀缺，当下许多书商将一册多卷本的明版书拆成一卷卷分开售卖，数百年古物遭此厄运，对爱书人可谓痛心至极。一册入手，多则三四十页，少的不足十页，书不成书，册不为册，真是暴殄天物。

《晦庵题跋》是南宋朱熹题跋历代前贤名帖名画之文。朱熹，徽州婺源（今属江西）人，祖籍歙县黄墩，生于南剑州尤溪（今属福建），是孔孟之后中国儒家第一人、理学集大成者。婺源长期隶属安徽，朱熹历来被视为皖人，为皖之骄傲。新中国成立后婺源划归江西，文化重镇徽州被割裂，朱老夫子成了江西人，是皖人心中永难平息的痛！

《晦庵题跋》三卷，跋文共213条，涉及213通（幅）翰墨、尺牍、诗卷、名画，如卷一《跋李后主诗后》《题欧公金石录序真迹》《题右军帖》《跋范文正公送窦君诗》《跋黄山谷帖》及《跋东坡牛赋》等，卷二《跋曾南丰帖》《书邵康节诫子孙真迹后》《跋司马文正公通鉴纲要真迹》等，卷三《跋李伯时马》《跋吴道子画》《跋张安国帖》《跋米元章下蜀江山图》等。以上无不关涉中国文化史上大名鼎鼎的人物，如留存到今天，则无一不是价值上亿甚至数十亿的国宝级文物！仅举二例，李伯时即称为"宋画第一"的吾皖舒城人李公麟，张安国是与秦桧孙子一同科举得中状元，被宋高宗认为"词翰俱美"的和县人张孝祥。朱熹在当时是名气很大的学者，不少朋友和门人弟子取出家藏秘帖请朱熹题跋，使其有机会观赏到魏晋唐宋间众多名家墨宝，博观约取，撷采百家所长。后人肯定羡慕朱老夫子，可以亲手触碰如此多的佳物！

　　朱熹文笔精练老到，题跋虽然简洁，有的只寥寥数句，仍使后人既可一窥翰墨的大致内容，知晓前贤绝佳风采，又可了解朱熹对人或事的评价及观点。"借问邑人沉水事，已经秦汉几千年。"可惜时事沧桑，又多兵燹灾害，以上朱老夫子经眼的翰墨名画，据笔者查询，目前仅知藏于台北故宫博物院的《欧阳修集古录跋》这一件存世，即卷一之《书欧阳文忠公集古录跋尾后》。另有藏于北京故宫博物院的朱熹《跋任公帖》，《晦庵题跋》中未见。此外不知还有几幅存于世，可由后人欣赏。

晦菴題跋卷之一

宋　新安朱熹　撰

明　古虞毛晉　訂

跋東坡與林子中帖

淳熙辛丑中冬乙酉觀此於衢州浮石舟中時浙

東饑甚子以使事被旨入奏三復其言尤深感歎

當撫刻諸石以視當世之君子新安朱熹書

再跋

《晦庵题跋》

大宋英雄的悲歌

——金武祥《表忠录》

"元初，吴城外僧舍有一老僧，长七尺许，十余年未尝面北坐，人诘其姓名，辄不答。死之日，僧开视其箧笥，有师勇官诰，殆其骑士耶！呜呼，师勇智略绝人，率创残之卒，以御百万之师，虽古雄烈蔑以加此。元师云：'平江铁城纸人，常州纸城铁人，以此可见劳苦矣。'其轶出重围，可谓骁将，战之不利，天也！厓王海上，犹昔人即墨之志，事之成败，君子有不论焉！"以上是宋末忠义合肥刘师勇的事迹，见于清末江阴人金武祥撰写的《宋和州防御使刘公事略》（以下简称《事略》）文中，该文收录于金武祥辑著的《粟香室丛书》之《表忠录》内。笔者数度读及此段，均不能自抑，眼眶湿润，仅涕末下。

刘师勇，南宋末大将，事迹最著者为守常州。作为常州人（1983年江阴始划归无锡），金武祥对元军南侵时常州保卫战的宋军主将刘师勇评价甚高。《事略》引用元王逢《梧溪集》记载："师勇少英锐，涉猎经史，尝经江阴悟空寺，时烈寒冰血，胶手汤解之，射一箭于寺塔，意气慷慨，复题诗于壁，乃去。"这是何等气势的雄魄！金武祥赞叹刘师勇智略非凡，并非单单一介武夫，骁勇善战，可谓一代名将。"平江铁城纸人"意指苏州城坚池深却未做一丝抵抗，望风降元；"常州纸城铁人"是说常州以一残破之土城、不满三万军民，誓死捍卫大宋江山，硬扛二十余万元军长达半年之久，城破之后，元军屠城，常州仅十余人幸存的英勇惨烈事迹，彰显了常州军民赴汤蹈火的不屈与血性。即墨之志用了战国时田单破燕的典故，虽南宋最终覆亡，未如齐国一样复兴，但对刘师勇不应以成功论英雄。

金武祥除《粟香室丛书》外，还编有《江阴丛书》，参与纂修《江阴县续志》《江阴先哲遗书》《常州先哲遗书》《常州词录》等，是清末知名的著述家、刻书家、诗人。《表忠录》一卷，另附录一卷，据前之阳湖孟瑢、武进徐寿基二序，金武祥在任官广东赤溪（今属台山）时，即拜谒过当地的刘师勇墓并对其进行深入探究，后基于光绪二十七年（1901年）丧权辱国的辛丑赔款，为"同心千秋之义烈，昭垂百代之英灵"，故特为刘师勇辑录此专集，谓之"表忠"，实为激励世人。

《表忠录》为木刻本，尺寸为18.5厘米×12厘米，半页九行，每行二十一字，书口镌"表忠录"字样。第一页是阳湖恽彦彬的题签及"光绪壬寅江阴金氏粟香室刊"的牌记，说明该书最初刊行于《辛丑条约》签订的次年，即光绪二十八年（1902年）。序言后是金武祥利用《宋史》、《庐州府志》、《梧溪集》、《续通鉴》、高启《凫藻集》、《昭先录》、《南宋书》、《常州府志》、郑思肖《心史》等史料撰写的《事略》，内容相对《宋史·刘师勇传》更为详整。《事略》突出展现了刘师勇面对大厦将倾的南宋危局，虽明知不可逆转，仍意志坚韧、矢志不渝的动人事迹，对比范文虎、吕文焕等降臣的丑恶嘴脸，其所为更令人景仰。

除金武祥题识一则、《宋刘公祠墓考证》四则外，此书重点是金武祥遍邀当时名流，有阳湖刘炳照、江宁程先甲、合江李超琼、江山刘毓盘、上元宗彭年、武进李宝洤、武进沈同芳、宜兴蒋萼、阳湖孟瑢、常熟翁之廉、武进蒋维乔、阳湖庄先识、江阴金兆芝、番禺汪兆镛、阳湖庄宝澍、江宁陈作霖、山阴金石、宜兴蒋彬若、临桂况周仪、阳湖吕景楠、建德胡念修、宛平史宽、阳湖史藩、常熟翁之润、常州庞树松、江阴曹家达，包括金武祥，共二十七家，以赞语、古体诗、今体诗、词、题跋等形式，着力讴歌了刘师勇不愧天地的节烈及气概。最后是附录一卷，包括金武祥与义乌朱一新探讨刘师勇事宜的回函、宣统元年广州南园三大忠祠附祀刘公师勇祭文等。三大忠是指文天祥、陆秀夫、张世杰等宋末三杰，刘师勇虽是附祀该祠，然其不朽之光辉可与三杰一起昭耀千代，万世流芳。

南宋以后，两淮、荆襄、川峡为南北对峙前沿，合肥遂为边地。以合肥为中心的淮西地区，相较淮东承担了更多的军事压力，史载此期间发生在合肥及周边的战事有数十起，正如余阙所言"凡百余年间，未尝一岁无兵革"。长期频繁的战事，铸就了以淮西人为主体的第一代淮军。宋宁宗时大臣吴泳在《江淮兵策问》中言及："而今一方有变，自应不给，所恃以称雄于天下者独江东、淮西两军尔。"这一代淮军的战斗力得到了宋廷的认可，被视为天下强兵。

刘师勇族兄刘虎，弟刘师雄、刘师贤皆为淮军名将。淮军以保家卫国为己任，战斗意志更强烈更决绝，在元军全面南侵后更是舍生忘死，成为南宋朝廷的依仗。《宋史·忠义传》记载了凤阳姜才，霍邱牛富，合肥密佑、褚一正、洪福等为大宋王朝殉国的淮军将领。张世杰从北方归宋后，隶籍淮军，并逐渐成长为高级将领。张世杰的部队主力就是淮军，淮军参与了襄樊之战、常州保卫战、丁家洲之役、泉州之役、崖山之战等一系列战斗，在山穷水尽之际仍战至最后一刻。

在常州保卫战中，"（刘）师勇拔栅，战且行，其弟马堕堑，跃不能出，师勇举手与诀而去。淮军数千人皆斗死。有妇人伏积尸下，窥淮兵六人反背相拄，杀敌十百人乃殪"。淮军的英勇善战可见一斑。崖山之战失败后，数万淮军蹈海赴死可感天动地！

《宋史》记载刘师勇从二王至海上，见时事不可为，忧愤纵酒卒，葬于鼓山。《事略》增补了刘师勇在吴城为僧的故事，这可能只是一个美好的寄寓，善良的老百姓总是希望英雄人物活得长久一些，有更好的结局。

笔者在无意中见到《表忠录》，读后内心大为震撼。《表忠录》是已知现存仅有的纪念清代之前合肥人物的四部专集之一，其他三部分别是纪念包公的《香花墩志》，纪念元末第一忠臣余阙的《大观亭志》，纪念元末明初王翰、王偁父子的《忠节流芳集》。笔者有理由认为，在此之前，合肥几乎无人知晓这部专集的存在，刘师勇的杰出事迹为合肥人所遗忘，这是很不应该的。笔者呼吁，合肥文化主管部门应出版《表忠录》点校本，以尊崇本地先贤，并激励当下合肥人为中华民族伟大复兴而奋斗。

明太祖朱元璋的外祖父陈公是从崖山之战中侥幸生还的一名淮军士兵，其传奇经历对朱元璋影响巨大，也许朱元璋小时候就听着外祖父的故事慢慢长大，心中种下了反抗残暴的种子。元末，新一代的淮军再次雄起，帮助朱元璋推翻了元朝的统治，创下了"淮北劲旅，虽燕赵之精骑不及也"的赫赫威名，这是另一个可以谈很久的话题了。

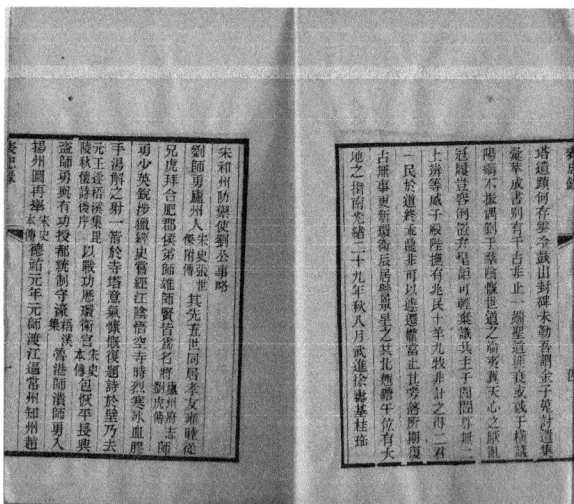

《表忠录》

谁是元末第一忠臣

——李丙荣《重修大观亭志》

元至正十八年（1358年）正月，波涛汹涌的长江之畔，作为淮西屏障的安庆城外，农民军四面蚁集，战舰蔽江而下，形势已难挽回，元廷二品大员、淮南行省左丞余阙心中明白，最后时刻即将来临。

数年前，余阙因不满元廷腐败，弃官返回合肥青阳山下，恰值母亲过世，遂居家守孝。不久，农民起义爆发，天下大乱。儒家的入世思想始终影响着余阙，他为天下黎民苍生计，决定接受朝廷起用，于至正十二年（1352年）出任淮西宣慰司宣慰副使、金都元帅府事。适时，余阙说道："为臣死忠，正在今日，吾怎么敢推辞呢！"

安庆已被围困，余阙从小道潜入，与将吏商议屯田作战防守之事。为打破僵持局面，余阙首先率兵攻打双港栅，农民军死战不休，元兵退却。余阙召集元兵，说："要死大家一起死，一个人能独生吗？"乃一鼓而进，击退了农民军。

余阙为长期坚守，下令在环绕安庆的外围地区修筑营寨，挑选精兵在外抵御，而在境内耕种庄稼。安庆下属的潜山八社，土壤肥沃，都用来屯田。至正十四年（1354年）春夏之季，发生饥荒。余阙捐俸放赈施粥，挽救了许多人。百姓无法耕地的有几万人，都集中安抚，请于中书省，得到钱钞三万锭来赈济灾民。农民军占据石荡湖，余阙出兵平定，让百姓捕捉湖中鱼虾来代替鱼租。余阙深得民心，农民军屡次攻打安庆，余阙只要出战，战必胜，所用不过乡兵数千而已。

至正十五年（1355年），淮东、淮西均已为各路农民军占领，只有余阙独守安庆，"左提右挈，屹为江淮保障"。农民军假作信件，伪装与安庆城内的大户人家约为内应，有意让余阙得到。余阙道："我的百姓怎么会有与贼作内应的人呢？"将信件全部焚烧，农民军之计没有成功。余阙又斩杀了为农民军说降的故人甘言，以示守城决心。秋天收庄稼，得到粮食三万斛，余阙觉得军士还有剩余的力量，于是修安庆城墙，深挖护城河，以三重水环护城阙，南面从长江直接引水注入护城河，四周植树为栅栏，城上四面起飞楼，内外完固。因为有功，余阙先后升任淮西宣慰司同知、副元帅、都元帅。

时元朝官军军纪败坏，但是害怕余阙，不敢入安庆境内。受余阙忠义感召，不断有军民投奔至余阙麾下。广西武装猫军五万人随元帅阿思兰抵达淮西，余阙考虑猫军深入内地，可能为乱中原，于是下书要求阿思兰退兵。猫军有在境内违法的，余阙立即收杀，凛凛然没有敢冒犯他的。论功，余阙又升为淮南行省参知政事，仍守安庆。

至正十六年（1356），池州农民军赵普胜率众攻安庆，连战三日败退而去。不久又来，余阙率军民拒战二十多天，赵普胜才退。至正十七年（1357年），赵普胜与另一支农民军青军两路夹攻安庆，激烈的战斗持续一个多月，又失败而退。该年秋，余阙升为淮南行省左丞，乃一方重臣。余阙更加自勉自奋，誓以死报国，在安庆建旌忠祠，集将士于祠下，勉励大家："男子生为韦孝宽，死为张巡，不可为不义屈。"

其实余阙孤守安庆，他是明知事不可为而为之，知道自身处境的。他曾对友人贾良说："余荷国恩，以进士及第，历省宪，居馆阁，每愧无补报。今国家多难，授余以兵戎重寄，岂余所堪。然古人有言，为子死孝，为臣死忠，万一不幸，吾知尽吾忠而已。"士大夫忠君爱民的朴素思想深深印刻在余阙脑海中。

余阙号令严明，与部下同甘苦。余阙曾经生病不能视事，将士都祈求上天，希望以自身来代替余的病患。余阙听说了，勉强支撑穿起官服出来安慰大家。作战时，矢石乱如雨下，将士以盾遮蔽余阙，余阙推开说："你们都有命，何必遮蔽我呢！"所以人人争着为其效命。稍有闲暇，余阙即给《周易》作注，带领诸儒生到安庆学府会讲，让军士立于门外听，使他们知道尊君亲上的道理，余阙实有古良将的忠烈遗风。有人想挽救余阙，准备调余阙入京师翰林院任职，余阙放弃机会，以国事艰危，辞而不往。余阙忠于国家之心，早就有定论了。

安庆倚靠长江中的小孤山为屏障，余阙命义兵元帅胡伯颜戍守。至正十七年十月，陈友谅率军自上游直抵小孤山，胡伯颜与陈军力战四昼夜不胜，急忙退往安庆。陈军第二天即到达安庆城下，余阙派兵扼守观音桥。不久，饶州（今江西鄱阳）祝寇进攻西门，余阙击退之。陈军兵攻东门，已登上城墙，余阙派敢死士又将陈军击下城去。陈友谅愤怒不已，于是树立栅木建起飞楼，从飞楼上抛石放箭进行攻击。余阙分派部下将吏，以兵抵御农民军，日夜不得休息。

十一月，赵普胜攻南门，陈友谅攻东门。余阙驻于安庆城东练树湾，据护城河为阵。农民军突破护城河，余阙手刃数人。陈友谅在远处望见，感叹道："儒者之勇如此，使天下皆余公，何患城守之不固哉。"余阙的英勇也激励了麾下将士，将士们都说："元帅都这样奋勇杀敌，我们不也要这样做吗？"

十二月，赵普胜攻东门，余阙激励将士："今城守孤危，汝等当为国宣力。有功当以吾爵授汝，不然则戮以殉。"将士受命，皆以死效。余阙被一箭射中左眼，当即昏迷，不省人事，将士护送余阙返回城下。过了一会儿，余阙苏醒过来，对左右说："吾死得其所，死而无憾，你们怎么能把我送下城来？"于是，将士又护送余阙返回城墙之上继续战斗。

新年转瞬即至，安庆的攻伐没有停歇，赵普胜再攻东门，陈友谅攻西门，祝寇攻南门，外面没有一兵一卒支援。西门形势尤为危急，余阙以身挡之，徒步提戈，身先士卒。士卒号哭阻止，余阙挥戈用力，仍分麾下将吏督导三门之兵，自以孤军奋战。战至中午，余阙虽已身受十余处创伤，面仍无惧色。身后城中火起，杀声震天，余阙知道农民军已攻入城中，事已无可挽回，向北仰天长叹道："吾守孤城七年，今兵疲力竭，不能灭寇雪耻，愿以死报国。"乃引刀自刎，堕入濠西清水塘中，时年五十六岁。余阙妻子耶卜氏（一说蒋氏）及女儿安安都投井而死。余阙长子德臣，时年十八，能熟记诸经书，恸哭道："吾父死于忠，吾何以生为？"于是投后园深池溺死。余阙外甥福童战死，侄婿李宗可手刃妻子后自刎。安庆城中居民相率登城楼，撤去梯子说："宁愿都死于城中，誓不从贼。"最后被烧死的有上千人。安庆城陷、余阙死难之日，为至正十八年正月丙午。

谁是元末第一忠臣

余阙的对手、元末奇人之一陈友谅觉得余阙忠义非凡，以重金求得其尸体，棺葬于安庆西门外。到了朱元璋大明王朝建立，嘉奖余阙之忠，下诏立庙于忠节坊，命有司每年祭祀。嘉靖四年（1525年），安庆知府陆钶深感余阙之节义，于余阙墓之侧建一亭，系两层砖木结构，画栋飞檐，负山面江，宁静清幽，踞一郡之胜，命为大观亭。景以人名，人以景传，因为余阙卓越的功勋和高尚的气节，大观亭吸引了众多文人墨客前来登临远眺，渐成一处风光旖旎的人文景区，后有"皖省第一名胜之区"的美誉。

清末，李鸿章侄孙李国模侨居安庆，搜罗大量咏叹余阙的诗文楹联，并在丹徒（今属江苏镇江）李丙荣的协助下，编成纪念余阙的专集——四册六卷的合肥李氏慎余堂活字本《大观亭志》，于宣统辛亥年（1911年）仲秋由安庆宜春阁聚珍版排印，前三卷为散体文，后三卷为诗、词、楹联，卷一第一页标明李国模纂辑、李丙荣编订。

李国模本《大观亭志》之前一个月，有宣统辛亥孟秋印于皖城衙斋的铅字排印本《大观亭志》。孟秋本笔者未见，但笔者藏有据该本于民国癸丑年（1913年）再刊的《重印大观亭志》，丹徒李丙荣树人编辑，男正学、外甥杨嵩生同校字。前有李氏叙，言道："予津梁疲矣，……辑成大观亭志一卷，以贻裙屐诸贤。"后有李氏书后，言道："囊余有大观亭志之辑。"癸丑本为二卷，上卷收散体文，下卷为诗、词、楹联。据此判断，李丙荣对《大观亭志》成书有着极为重要的贡献。

李丙荣是晚清著名学者李恩绶之子，李氏父子祖籍皖省舒城，客皖最久，对皖情深意亦切，著作中相关皖省的也多，如《紫蓬山志》《巢湖志》《采石志》等，为皖省文化出了大力，今人不该遗忘。

相较癸丑重印本，李国模本体例较为完备，收集也较齐全，二本虽相差不大，但并非完全一致。除题签、序言作者有变化外，重印本出版之时已处民国时期，内容有所调整，如"祠宇"最末一条有："纪念亭，在大观亭左，宣统庚戌，商界同人为巡抚朱家宝募建。"李国模本为："纪念亭，在大观亭左，宣统庚戌，商界同人募建。纪光绪戊申皖省兵变，宁州朱中丞戡乱之勋，立有碑记。"重印本删除了对1908年安庆马炮营起义的污蔑之语。

余阙是元末农民战争时期，宦绩勋猷，功绩卓著，以数千残兵守安庆七年之久，捍卫元残破之江山，最终为元王朝"死节""殉难"臣子的代表。《元史》载："议者谓自兵兴以来，死节之臣，阙与褚不华为第一云。"作为科举出仕的汉化色目人后裔，余阙是元后期杰出的作家之一，也是儒家入世思想、忠君思想深刻影响元末士人的有力见证，体现了元代民族融合进程的必然。

余阙是元末第一忠臣，与宋末的文天祥相比，除同被后世尊为忠君爱国的典范外，余阙还有爱民护民的高尚品德，其不仅仅是有功勋名节，而且其威信声望在明清直至民国，并不亚于作为清官典范的另一合肥乡贤包拯，包余二人也是被后世咏叹最多的皖人。

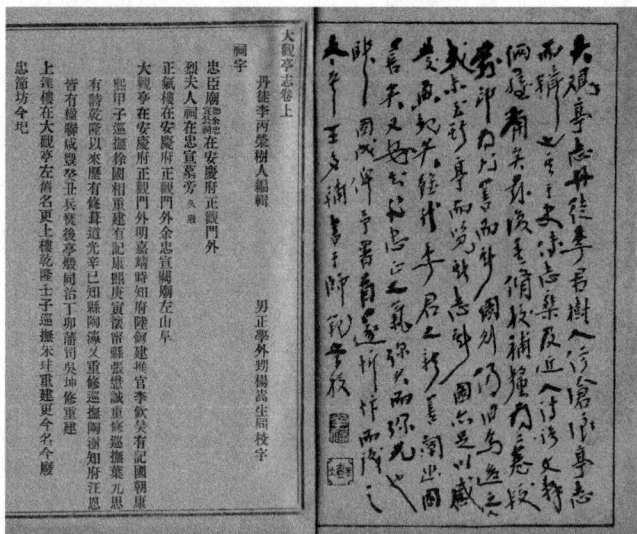

《重修大观亭志》

观猎乎官烈

——王翰《友石山人遗稿》

戴云山脉，横贯闽中，大樟溪居其间，汇聚诸流顺隙而出，终年奔淌不息，经永福县全境，在靠近闽江口观猎村时，慢慢地缓了下来，脚步似乎有些踟躇。村前溪水依依，沙鸥群飞，村后群山叠嶂，苍茫瑰丽，是处宁静安详的世外桃源。据传五代时闽国君主王审知曾围猎至此，村子因而得名。

皎洁月色之下，村中屋舍内一位面露坚毅、眼神凝重的中年男子正卧病榻，前尘往事，一点一滴又浮上心头。自元顺帝至正二十二年（1362年）四月，受福建行省平章燕赤不花的赏识，辟福州路治中，镇守闽疆以来，天下已乱，盗寇四起，作为臣只能尽忠职守，勉力为之。

"庙堂早定匡时策，我亦归耕栗里田。"与"久历羊肠险，难通雁足书。秋风正萧索，不似故园居。"反映的是作为游子的凄苦心境。远离淮西故土，蜀山下祖、父坟茔上的蒿草也不知长了有多高，母亲临终之时也未能跪拜榻前见上最后一面，是为大不孝，吾死后在九泉之下又有何面目去见他们！

　　自入闽以后，三巨寇之乱即起，因地势险阻，难以用兵，吾亲自涉险，至寇营劝谕，迫众归顺。泉州土帅柳莽联络各郡，图谋不轨，吾遣使致书，柳知有备，遂退兵不犯。平章陈大人对朝廷忠贞不渝，欲挽狂澜于既倒，吾受信重，留在幕府，参赞诸事。

　　至正二十六年（1366年）十一月，吾任职潮州，任内竭尽所能，于朝廷于百姓于天地，扪心自问俱无愧矣！贼寇势大，其焰燎原，世事崩坏，难以挽救，陈大人终究为国殉难，吾亦避祸沦落至此。贼寇听闻屡次征召，欲为之效力，忠臣不事二主，烈女岂可更适人哉！今日寇使又至，此番看来是逃不脱了。罢了罢了，吾志早决，朝宗先生与吾知己，后事可付，明日可做一决断也！

　　微微数咳之后，中年男子强起病身，端坐书桌前，奋笔写下这一份绝命书："……吾幼失父母，值乱奔走四方，来闽将二十年，淮土为墟。吾家老幼童仆殆百口，今无一人存者，先陇遂为无主，吾目不能瞑。诸子皆幼，何以得还？将来失学，不能为人。吾葬不必择地，苟夫子不忘平生，其幸为我志之……"

　　这位中年男子就是前朝显宦庐州王翰，信是写给挚友闽县吴海的。王翰家乡所在的江淮地区受元末战乱影响极大，哀鸿遍野，十室九空，王翰原在合肥的家族百余口，仅王翰一人幸存。战乱及因战乱产生的人口消亡导致文化中断，这是江淮地区宋元之前文献损失殆尽、无从稽考的最主要原因。

王翰，字用文，号时斋。王翰先祖是东阿人（今属山东），北宋仁宗时从征西夏，宋军失败，陷没于夏，遂为"西夏人"。元灭西夏，王翰曾祖父被征入元军，随右丞昂吉儿南下，先后征江淮、荆襄等地，以功授武德将军、上千户，镇守庐州。王翰祖、父世袭武德将军，相继镇守庐州，王翰父亲以上三代卒后俱葬合肥城西大蜀山下，至王翰已是占籍庐州的第四代移民。

元代庐州是全国军事重镇，元初即在此设总管万户府。想想成吉思汗的女婿郭靖也不过是个万户。到了元代后期，庐州更是全国少有的几个藩王镇守的地方之一。元世祖忽必烈的孙子宣让王帖木儿不花，自元天历二年（1329年）到至正十六年（1356年）前后，庐州落入红巾军将领左君弼之手期间，一直镇守庐州，宣让王后北返大都，最终在明军攻陷大都时为元王朝殉国。

元代有一支专门的西夏军队长期镇守庐州，可以考证出来的西夏移民除王翰外，还有元代第一忠臣余阙，余阙之弟、为大元尽节的江南诸道行御史台御史大夫福寿，《元史》有传的大将昂吉儿及其后裔。余阙曾言："予家合肥，合肥之戍，一军皆夏人，人面多鬡黑，善骑射。"合肥的完姓人，是大金皇族完颜氏的后人，可能也是这一时期迁入合肥的。

元顺帝至正年间，黄河周边灾祸连连，社会矛盾突出，人民苦难深重。白莲教首领韩山童及刘福通利用元政府治理黄河，征发庐州等处驻军两万及汴梁（今河南开封）、大名（今属河北）等十三路十五万民工的有利时机，在河工及军队中鼓动起事，这就是元末农民起义的开端。可以说元末农民起义的爆发与合肥有着紧密的联系。

王翰的亲生母亲是南宋末年大将夏贵的后人。王翰五岁丧母，赖庶母孙夫人抚育，勉以立节建功立业。十六岁袭父职，领千户，守庐州，后又升为庐州路治中。王翰家族自曾祖以来，皆以元朝赐予的"唐兀"姓氏为氏，故出仕时用的是唐兀氏名那木罕。王翰袭职后乃申请恢复旧姓"王"，称"新氏乃天子所命而不敢违，旧氏乃祖宗所传而不可弃"，表达了其尊祖重宗之诚。

王翰入闽后历福州路同知，升理问官，总理永福（今永泰）、罗源二县，又升福建江西行省郎中，以潮州路总管兼督循、梅、惠三州，终福建行省平章政事。在潮州，其任用当地知名贤士，崇尚文治，"缓徭赋，简刑罚，兴学校，礼儒生，使民知好恶"。

王翰一到任即主持重建毁于兵乱的韩山书院，将韩愈祠及书院从孔庙中分出来，迁至城西大隐庙旧址重建。王翰刻制了苏轼撰写的《潮州韩文公庙碑》，至今还存部分残碑。次年，王翰择地改建三皇庙，完善三皇庙学，发展医学教育和医药事业。王翰还曾派人到潮阳供奉张巡、许远的双忠祠祭奠，将文天祥的词《沁园春·谒张巡许远庙》镌刻于《韩山书院记》碑阴，并写下了一段慷慨的跋。王翰所作所为，无不昭示其以忠义为本。

元代对书法的重视不亚于前代，至赵孟頫、鲜于枢等人崛起，提倡广泛师法古人名迹，并身体力行，认真临学，使晋、唐的传统法度得以恢复和发展，开启了元代的书法风格。元代楷书、行书的成就比较突出，篆书和隶书、章草等书体也得到相应的发展，王翰是其中卓有成就的书法家之一，其存世的多处摩崖石刻，让后人得以了解这位少数民族书法家。

王翰有篆书二字在潮阳白牛岩卓锡古寺外，款为"至正丁未春灵武王用文篆"，清人钱大昕在《潜研堂金石文跋尾》卷二十有记，但云："甚奇伟，竟不知为何字也。"《潮汕金石文征》则依《顺治潮州府志》释为"飞云"，但究竟是何字，难以判断。首字似乎为"垂"字，然否？

"飞云"旁还有王翰的另一石刻："予偕陈仲实、逯时中、周德源、赵世延、徐志仁、赵东泉、林汝文来游，期黄处敬、戴希文不至。时至正丁未秋九日，灵武王用文识。监工王伯畔。"在潮阳东山方广洞崖上镌有"栖云"；潮州金山南麓有王翰篆书"清辉同趣"，款为"丁未春灵武王用文书"，每字高约50厘米，宽约45厘米。永福县治东岳庙前原有钓矶，巨石平坦，王翰刻"钓矶"二字。王翰不忘祖源，但从王翰所遗石刻可看出王翰受汉文化濡养很深，在书法上造诣不俗，其篆书笔法古拙、气势沉雄、神态飞动，楷书结构严谨、苍劲凝练、稳健持重。据此推测，元代庐州地方文化水平较高，王翰与余阙相识可能性极大。

世事飘摇，岌岌可危，王翰曾写下《与和仲古心饮酒分韵得诗字》诗，诗有云："渊明归去时，不作儿女悲。视世如浮云，出处得所宜。"表明其看到元政权大势已去，想做一名隐士，远离尘世。另一首《题潮州鸢飞鱼跃亭》诗云："圣门竞渊邃，世路何逼仄。"前路渺茫，王翰无处可避的境遇令后人扼腕。

王翰初娶夏氏，当与其母同族，其母为南宋元初大将夏贵后人，夏氏卒于淮。至正二十八年（即洪武元年，1368年），福建主帅陈友定被明军彻底打败，明军入闽。王翰尚未有子嗣，恐"覆祀绝宗"，遂浮海隐居晋江沙堤碧山，后娶同为西夏人的元臣刘中守女，生三子，长子王偁、次子王修、三子王伟，又偕妻子移居观猎。

在观猎，王翰过着普通人的日子，与地道的农民生活在一起。他头戴竹笠，身穿粗衣，脚穿草鞋，上山砍柴，下田种稻。永福多山水，正是他的喜爱。不论严寒酷暑，经常在深山密林中出没，观赏悬崖绝壁和流泉飞瀑。

王翰自号友石山人，他喜爱石头，常在石前静坐，或袒露胸脯伏在石上，口中喃喃有词，是因为他始终不忘家国，忧心世事，许多知心话只能对石头讲。王翰住所门前有一块盘陀大石，雨天不能外出时，王翰就倚门与盘陀大石对话。夜黑月明时，王翰或贴身于大石上或蹲坐在大石旁，或吟诗作赋或抚琴或饮酒，陶然忘怀。吴海问他为何如此爱石？他回答道："石头形状表示精神面貌，与我相亲相近，况且我的内心我的耳目，早已与石头融为一体了。"这番话袒露了他的心迹和情操。

明洪武十一年（1378年）二月，有人向明王朝上书举荐王翰，朝廷下了征辟令，王翰决意不做贰臣，拒绝征召，时值卧病，即治棺木，遂不服药以求死。当地官员恐生祸端，不断逼迫王翰出发。

朦胧的晨曦中，王翰轻轻唤醒夫人刘氏及长子王偁。望见王翰坚毅的目光，刘氏瞬间明白了，抑制不住开始抽泣。王翰轻声唤道："夫人，此番征召是躲不过去的，如不作一了断，不仅吾性命难保，汝与孩儿们亦是堪忧。岳丈大人将汝许配于吾，未能让汝过上几天舒心日子，亏欠良多！吾意汝亦已知晓，人终有一死，今日追随岳丈大人而去，无需挂忧，无需悲怜。"

王偁年仅九岁，一旁喊道："阿爹！"王翰又对二人道："偁儿，尔是长子，家中事务尔要替母亲多多承担。夫人，朝宗先生是赤忱君子，此封书信付彼，后事自有安排。夫人止泪，后面还要辛苦，保重保重。"

王翰温生绝裾，理毕衣冠，推门而出。行至浯溪，王翰望群山万壑，心中自有豪气，遂引刃自尽，时年四十六，其《绝命诗》云："昔在潮阳我欲死，宗嗣如丝我无子。彼时我死作忠臣，覆祀绝宗良可耻。今年辟书亲到门，丁男屋下三人存。寸刃在手顾不惜，一死却了君亲恩。"诗风沉郁顿挫，盖王翰于死生之际，决心如此，气节凛然，可以想象其志向之坚定不移也。王翰身上展现了中华民族的不屈精神，值得人们敬佩。

王翰秉性刚直，遇事明断果决，仕宦廿载，家无余积。《乾隆泉州府志》记载："翰性强介，精敏有胆略，居官廉洁，吏畏若雷霆，而其行事则以爱民为主。"王翰家中一贫如洗，众友出资为其买地安葬，后人仰慕王翰忠烈，改所居观猎村为官烈村。明代以后，王翰入祀潮州名宦祠。

王翰能诗，《四库全书》收录王翰的《友石山人遗稿》一卷，由王偁汇编，凡诸体诗八十四首，前有陈仲述序，后附志铭辞序等，皆吴海所作也。清代顾嗣立《元诗选》载王翰诗二十七首。《友石山人遗稿》现存最早的是明弘治八年龙游知县袁文纪刻本，系杭州八千卷楼丁丙旧藏，今藏南京图书馆。笔者藏有民国著名藏书家、刻书家南浔刘承幹刊刻的《友石山人遗稿》，为清末民国著名藏书家昆山赵诒琛旧藏。

王翰本将家子，志匡时难，不幸遭宗邦颠沛，其慷慨激烈之气，往往托之声诗，虽篇什无多，但沉郁顿挫，凛然足见其志节。《题画葵花》云："怜渠自是无情物，犹解倾心向太阳。"《送陈仲实还潮阳》云："归去故人如有问，春山从此蕨薇多。"这些感时忧国、怀古悲今的优秀诗作，体现了这位生不逢时，而又不肯苟且于世的元遗民的悲剧性格，确也令人披卷感慨之。

《过雁湖》诗云："雁去湖空野水深，秋风吹客上遥岑。丹枫尽逐孤臣泪，黄菊空怜处士心。雨后诸峰浮夕霭，霜前一叶送寒阴。停车欲问当年事，尺素何由到上林。""江海风波浩不收，却来此地驻清游。上方楼阁通三岛，别墅烟霞卜一丘。书断雁归沙塞远，丹成龙去鼎湖秋。悠悠此意凭谁问，陈迹空余万古愁。"诗在绘景的同时，无处不透露出对故国家园的留恋与挚爱。

　　王翰长子王偁长大后卓然成材，为"博洽幽明，淹贯古今"的一代鸿儒，是《永乐大典》的副总裁，实际承担了《永乐大典》主要编纂任务。明代进士王以通，字子贞，官至贵州道监察御史；王命璿，字君衡，官至刑部右侍郎：二人都是王翰的后人。

　　明人谢肇淛有《谒王用文祠》，诗云："回合溪山暮霭凝，孤臣遗庙肃香灯。春魂已化啼鹃血，故里犹传下马陵。万壑松楸凄雨露，四时蘋藻荐云仍。乾坤有主菀裘在，泪洒西风感废兴。"充分显示了后人对王翰气节的崇拜与景仰。

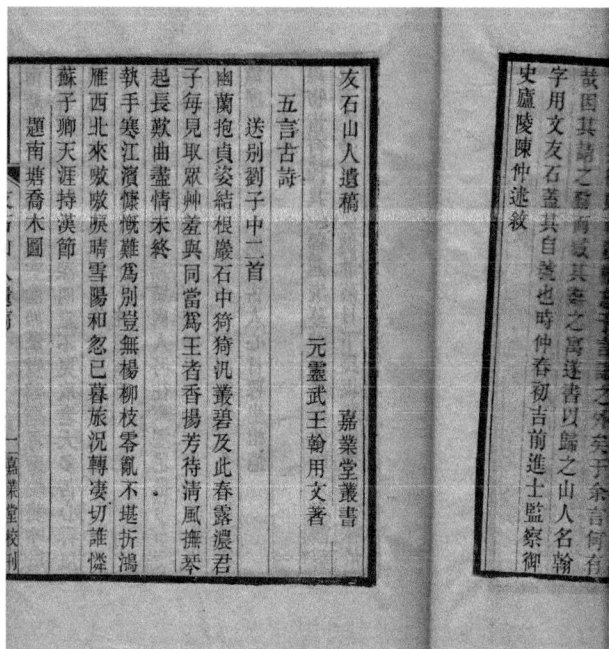

《友石山人遗稿》

宋代省会在合肥

——李贤《大明一统志》

　　《大明一统志》卷十四《庐州府安庆府》，存第2页、第8—34页，计残页28页，缺第1页、第3—7页，缺的均为庐州府内容，明弘治十八年（1505年）慎独斋刻本，竹纸，尺寸为28.2厘米×17厘米，框高19厘米，宽13厘米，四周边栏为粗黑线单边，半页十行，每行二十二字，小字双行同，白口，双鱼尾，版心上端印"一统志卷之十四"，中间印"直隶庐州府"或"直隶安庆府"，下端印页码。

　　又《大明一统志》卷十四《庐州府安庆府》，明万历（1573—1620年）万寿堂刻本，皮纸，尺寸为25.5厘米×17.4厘米，框高21.3厘米，宽14.8厘米，四周粗黑线单边，半页十行，每行二十二字，小字双行同，白口，单鱼尾，版心上端印书名、卷次，下端印页码及"万寿堂刊"。

　　《大明一统志》为明代官修地理总志，共90卷。该书源自洪武三年（1370年）由魏俊民等按《大元大一统志》体例纂成的《大明志》。明代宗景泰时为彰显继位的正统性，曾编纂《寰宇通志》。明英宗复辟后出于不使景泰帝有修志之美誉，以"简繁失宜，去取未当"为由，诏令吏部尚书、邓州人李贤等重撰一部呈现大明蓬勃气象、囊括天下舆地的书，"昭我朝一统之胜，以信天下，以传后世"。天顺五年（1461年）四月书成，明英宗亲自作序，赐名《大明一统志》（以下简称《一统志》）。《一统志》颁行后，《寰宇通志》即被毁版。《一统志》内容丰富，贯古通今，集中保存了明代大量史志资料，具有很高研究价值。

《一统志》除了天顺内府刻本，明代尚有弘治慎独斋本、嘉靖三十八年（1559年）归仁斋本、万历十六年归仁斋本等翻刻本，此外有嘉靖增修本、万历万寿堂本、天启五年（1625年）本，其中万寿堂本是清代四库全书本的祖本。万寿堂本新增大量天顺五年以后乃至万历年间的建置与人物，对比慎独斋本和万寿堂本，庐州府所载内容，建置类新添六安州霍山县（弘治二年建），其他如名宦、人物、列女等均有所增益。

《一统志》之慎独斋本残页距今已有500多年，是合肥及安庆特别早期的历史文献，虽残尤珍。庐州、安庆二府在人物方面相较，庐州记载了6页12面，其中本朝人物（指明代）录35人；安庆记载了2页4面，本朝人物录3人，可知安庆在明代中叶之前，人文不及庐州昌盛。

万寿堂本同样宝贵，通过该志去寻根究底，可以发现和纠正当下一些常识性的错误。如据《一统志》之庐州府建置沿革，庐州府是元末明初时设立的，宋代仍为庐州，故准确地说北宋孙觉应该是庐州城隍庙的第一位城隍老爷，而非庐州府。据《明太祖实录》《明史》，元至正二十四年（1364年）七月，朱元璋改庐州路为庐州府，置江淮行省于此，1364年方是庐州由州成府的准确时间。

《一统志》还记载："（庐州）宋因之属淮南西路，建炎初为本路安抚使治司。""属"让人联想到隶属，会误以为庐州曾隶属于淮南西路，而不是统领。路在宋代为省级行政区划，路治即省会级城市，南宋时庐州为淮南西路治没有争议，然北宋淮南西路治寿州的说法比较普遍，这个其实没有史料依据，基本是以讹传讹。《一统志》因为影响面大而广，所以造成这一传讹。

查《宋史·地理志四》：淮南路。旧为一路，熙宁五年（1072年），分为东、西两路。

西路。府：寿春。州七：庐、蕲、和、舒、濠、光、黄；军二：六安、无为；县三十三。南渡后，府二：安庆、寿春，州六：庐、蕲、和、濠、光、黄，军四：安丰、镇巢、怀远、六安，为淮西路。

寿春府，寿春郡，紧，忠正军节度。本寿州。

庐州，望，保信军节度。大观二年（1108年），升为望。旧领淮南西路兵马钤辖。建炎二年（1128年），兼本路安抚使。

淮南东、西路，本淮南路，……扬、寿皆为巨镇……

北宋淮南西路治寿州，至今没有一条直接的资料可以证实。此说成立，据分析可能是因为《宋史》在淮南西路叙述各州排位上，寿州列庐州之前，且寿州是府，庐州是州，又提及寿州与扬州同为巨镇。《一统志》的资料来源除已佚的《大元大一统志》,《宋史》免不得查看。同样查《宋史》,北宋治越州,分两浙东、西路分别治越州、杭州。各州排位上,杭州在越州之前,越州、杭州在北宋是州,此时平江(今苏州)、镇江为府,平江与镇江均不是路治。

宋代庐州一直未升为府,舒州因是宋宁宗潜邸,庆元元年(1195年)升为府。这不能说明安庆府地位高过庐州。今天皖省内还有宣州,乾道二年(1166年),以宋孝宗潜邸升为宁国府。

宋代寿州两次升寿春府:一是北宋末年的徽宗政和六年(1116年),后因金占据寿春,金降之为寿州;二是南宋高宗绍兴三十二年(1162年),升为寿春府。见《宋史·地理志四》及祝穆《方舆胜览》卷四八引张浚《寿春县升府札子》:"欲将寿春县改为寿春府,以淮北寿春府为下蔡县,仍隶焉。其安丰军却合改作县,使隶寿春府。古寿春在淮南,自周世宗攻刘仁瞻于此,恶其险,遂徙寿州治于淮北下蔡。"

《宋史·地理志》在记载各路路治时多有以下记载:(杭州)旧领两浙西路兵马钤辖。建炎元年,带本路安抚使,……三年,升为府,带兵马钤辖。绍兴五年,兼浙西安抚使。

(越州)旧领两浙东路兵马钤辖。

(扬州)旧领淮南东路兵马钤辖。建炎元年,升帅府;二年,高宗驻跸;四年,为真、扬镇抚使,寻罢。嘉定中,淮东制置开幕府于楚州,仍兼安抚。

(江宁府)旧领江南东路兵马钤辖。建炎元年,为帅府;

三年，复为建康府。

（洪州）旧领江南西路兵马钤辖。绍兴三年，以淮西屯兵听江西节制，兼宣抚舒、蕲、光、黄、安、复州，寻罢；四年，止称安抚、制置使；八年，复兼安抚、制置大使。

（江陵府）旧领荆湖北路兵马钤辖，兼提举本路及施、夔州兵马巡检事。建炎二年，升帅府；四年，置荆南府、归、峡州、荆门、公安军镇抚使，绍兴五年罢。始制安抚使兼营田使，六年，为经略安抚使；七年，罢经略，止除安抚使。

（潭州）旧领荆湖南路安抚使。大观元年，升为帅府。建炎元年，复为总管安抚司。绍兴元年，兼东路兵马钤辖；二年，复为安抚司。

旧领是长期担任的意思，上述文字充分说明领各路兵马钤辖、带本路安抚使是路治的真正标准。寿州不是，而庐州旧领淮南西路兵马钤辖，建炎二年，兼本路安抚使，庐州才是北宋淮西的路治。扬州、江宁府、洪州、江陵府、潭州是公认的各路路治。

除《宋史》记载北宋时庐州旧领淮南西路兵马钤辖外，《宋会要辑稿·职官四一》载："大中祥符三年（1010年）八月，帝将祀汾阴，属江淮不稔，令诸路各带安抚使，乃命知庐州高绅兼淮南西路。"

《续资治通鉴长编》卷一二三载："宝元二年（1039年）三月丙辰，知庐州、兵部郎中、直史馆张亿兼提举庐寿蕲光舒濠州、无为军兵甲巡检公事。"

《续资治通鉴长编》卷一七〇载："皇祐三年（1051年）春正月丙子，诏江宁府、扬州、庐州、洪州、福州并带提辖本路兵甲、贼盗公事，益屯禁兵。仍分淮南为两路：扬州为东路，庐州为西路。"

《续资治通鉴长编》卷一八九载：嘉祐四年（1059年）五月"丁巳，诏淮南东路扬州、西路庐州、江南东路江宁府、西路洪州、湖南路潭州、浙东路越州、福建路福州并兼本路兵马钤辖，就置禁军、驻泊禁军三指挥，越州、福州置禁军二指挥"。陈均《九朝编年备要》卷十六亦有类似记载："嘉祐四年五月，命江宁府等州官臣兼钤辖，洪潭扬庐越福并兼本路钤辖。"

以上明确指出北宋淮南西路治庐州。根据《宋会要辑稿》、《续资治通鉴长编》、南宋王象之《舆地纪胜》等，还可以得知距宋代开国不久的宋太宗太平兴国元年（976年）就曾分淮南路为东、西路，真宗至道三年（997年）复为淮南路。天圣六年（1028年）七月，状元胡旦以左拾遗出任淮南西路转运副使，所以天圣前后，淮南路也是分东、西路的。

有人考证宋哲宗时淮南东、西路又复为一路。按《续资治通鉴长编》卷三七一："元祐元年（1086年）三月壬戌，诏：诸路提点刑狱不分路。京东西路、京东东路并为京东路，……淮南西路、淮南东路并为淮南路。"可见只是将淮南东、西路两名提点刑狱合并为一名，减少官员数量，东、西路实际未复合。

北宋状元叶祖洽在元祐三年（1088 年）提点淮南西路刑狱时，撰有《三至堂记》，记云："庐于淮西为一道都会，人物之富，甲兵之强，四方商旅游士之多，不比他郡。"明确表明此时庐州是淮南西路的路治。而且此时（仅过两年），淮南提点刑狱又分东、西路了。

因为《宋史》记载过于简略，我们不必追究淮南东、西路具体每一次的分合时间，淮南东、西路在宋太宗、宋真宗、宋仁宗、宋神宗时期屡分屡合，几乎贯穿北宋中前期，直至《宋史·地理志》记载的熙宁五年（1072 年）才正式确定下来。

新中国成立后，寿州在北宋为淮西路治的错误观点已被广泛认同，大量历史书籍或教材均如是记载。虽然过去查阅资料不如当下方便，但《续资治通鉴长编》还是较常见且可信度极高的图书，合肥在全宋几乎都是省会级城市被长期忽视，可见治学经不得认真二字，还本溯源需要有心人！

沈括《梦溪笔谈》记载了一个故事：有一朝士，与王沂公有旧，欲得齐州。沂公曰："齐州已差人。"乃与庐州。不就，曰："齐州地望卑于庐州，但于私便尔耳。相公不使一物失所，改易前命，当亦不难。"公正色曰："不使一物失所，唯是均平。若夺一与一，此一物不失所，则彼一物必失所。"朝士惭沮而退。

王沂公指北宋仁宗时名相王曾（978—1038 年），王曾任相时庐州的地望要高于齐州（今济南）。再考《宋史·地理志一》："济南府，上，济南郡，兴德军节度。本齐州。先属京东路。咸平四年，废临济县。元丰元年，割属京东东路。政和六年，升为府。"宋仁宗时齐州与庐州同是上州，如果庐州不是淮南西路的路治，庐州的地望又如何高于齐州？

除了宋代，东汉末合肥曾为扬州治，元末徐寿辉农民军治汴梁行省于庐州，朱元璋设江淮行省于庐州，清末民国安徽省会亦曾治合肥，合肥作为省会级城市约360年，是皖省诸多城市中时间最久的。

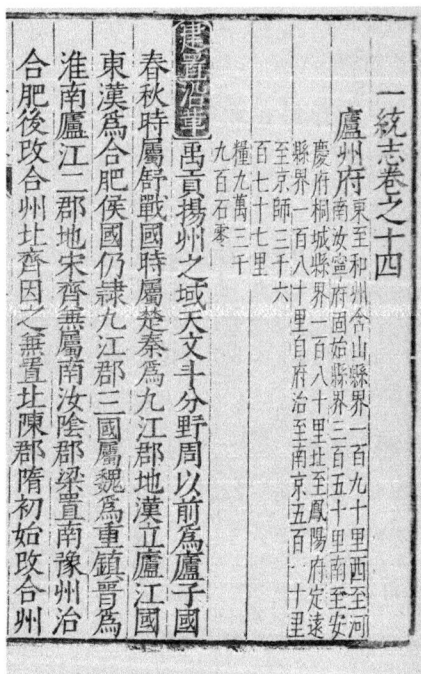

《大明一统志》

原来庐州有巨城

——杨循吉《庐阳客记》

《庐阳客记》，吴郡杨循吉撰，明万历三十七年（1609年）《合刻杨南峰先生全集》之零种，竹纸木刻，尺寸为28厘米×17厘米。

杨循吉（1456—1544年），字君卿，一作君谦，号南峰、雁村居士等，明苏州吴县人，成化二十年（1484年）进士，文学家。正德元年（1506年），杨循吉应庐州知府、同年马金之请来到合肥，准备纂修《庐州府志》，后因双方意见不合等以致未成。《明史》记载杨循吉"性狷隘，好持人短长，又好以学问穷人，至颊赤不顾"，甚至上疏要求释放建文帝子孙，被同乡好友吴宽（成化八年状元）得知，骂他："汝安得为此灭族事耶？"夺其疏止其事。可见杨循吉性格耿直，又不谙世事，与马金就编纂志书意见相左争得面红耳赤应该是家常便饭，拍屁股走人是必然结果。

杨循吉在合肥待了四个月，"由夏涉秋始归，故于风土大略，颇能记忆，暇日因载之笔札，命曰《庐阳客记》。客者，自谓也"。《庐阳客记》内容分为郡邑考、形胜、城、开初功臣、牧守题名、官箴、山、水、水利、物产及杂考等十一目，虽名为"记"，体例上其实是一部志书。据杨氏自序，《庐阳客记》成书于正德三年（1508年）夏五月，早于正德七年（1512年）修成的《正德庐阳志》（马金倡修，徐钰接手完成），故而《庐阳客记》是现存最早的合肥专志。

万历本《庐阳客记》之前，嘉靖时杨循吉侄子杨可刊刻的《南峰逸稿》十卷（内含《庐阳客记》一卷）是《庐阳客记》最早的版本，仅见北京图书馆有藏，是海内的孤本。

《庐阳客记》收录了很多明代合肥地区的史志地理资料，如"郡邑考"记载庐州辖合肥、舒城、庐江、无为州、巢县、六安州、霍山、英山，说明古庐州曾经地域广阔，山川峻美。述及"淝水源李陵山""金斗河源鸡鸣山"等，对于探索南淝河的起源及水系变迁有一定参考作用。"物产"方面的内容是研究早期合肥生产经济宝贵的第一手资料。《庐阳客记》虽然简略，仅数千言，但仍不失为一部很难得、很有价值的庐州地方志。

《庐阳客记》还载有："孝宗乾道间，郭振以奉国军承宣都统制帅淮西，始以镇大城小，开展令大，即今城是，盖已非复古遗规也。厥后守臣若王希吕、陈规、胡舜陟、杜庶相继修葺。"杨循吉说郭振因庐州地位高但合肥城池规模小，所以扩建了合肥城，这是可以查询到的郭振扩城的最早说法，也多为后世学者承继沿袭。

合肥高海是明弘治十四年（1501年）举人，正德十二年（1517年）后方出任济南府青城县（今高青县）知县。杨循吉在合肥期间，极大可能与高海相识并研讨过合肥城池的变化。高海未必读过成书后的《庐阳客记》，其于正德七年所作《庐州府修城记》则云："凡奉符兹土者，有守与不守，其势在城，而其机则在人也。故张潜之筑，郭振之展，胡舜陟、杜杲之修，皆欲恃以地利，职此。"高海观点与杨循吉同，也认为郭振扩建了合肥城，但高海提出合肥城是张潜修筑的。唐代有宰相张潜，张潜是宿州符离（今属安徽宿州）人，未在庐州任职过。历史上有与合肥相关的张潜吗？

《嘉庆合肥县志》卷五《营建志》引《舆地纪胜》和《天下名胜志》载："宋孝宗乾道五年（1169年），淮西帅郭振又拓其北，名斗梁城。"该志也认为郭振扩大合肥城。

1964年，学者刘彩玉在《历史上的合肥城》一文中讲述："元帅郭振突破原来地形限制，扩建了新的城池，……南截唐代金斗城一半，北跨金斗河，西括九曲水，将原来在金斗城外东北角的小湖泊——'逍遥津'和西北角的洼地——'金斗圩'一块儿括入斗梁城内"，所以"合肥城的范围在此时扩大了几倍"。此文流播甚远，之后所有提及合肥宋代城池变化的文章著作均采纳此说，渐成信史。

细读南宋王象之《舆地纪胜》，其在"斗梁城"条目下写道："乾道五年，郭振筑新城，号斗梁，横截旧城之半，而阻绝旧城于斗梁城之外。"王象之表明的是郭振筑合肥新城，只用了合肥旧城的一半，看不出郭振将城池扩大。这座合肥旧城规模如何？何时建造？《舆地纪胜》没有说明。

《全唐文》中一篇隐匿久远的殷文圭《后唐张崇修庐州

外罗城记》可以给我们一点启示。张崇，唐末五代庐州慎县（今属肥东）人，杨行密部下大将，天祐四年（907年）至大和四年（932年）一直担任庐州刺史。因为庐州为杨吴政权的龙兴之地，区位尊崇，张崇于天祐十二年（915年）在唐代庐州城基础上修筑了庐州外罗城，"其城周回二十六里一百七十步，壕面阔七十丈至六十丈，深八丈，城身用瓦砌高三丈"。明代高海所言张潜筑城，实际应为张崇筑城。

罗城四周挖掘护城河，有庐江、潜桥、独山、瓦步、东正、崇化、怀德等城门十三个，开东西水栅，肥水括在城中，穿城而过，河上有明教、市桥、县桥、通远、西水闉门、小史、赤栏、东正门、崇化门、怀德门等桥十一座，城内官路纵横，遍布廨舍、梵舍、神祠、儒庙等。赤栏桥即赤阑桥，南宋著名词人姜夔在此演绎了动人的爱情故事。赤阑桥跨肥水，所以桥不在今天的桐城路桥位置。

罗城的存在及规模在五代范海印的《诸山圣迹志》中得到了印证，该书称"西行七百里至庐州，其城周围卅里"。范海印对合肥城的周长是推测，大致符合《外罗城记》的记述。在唐宋时期，这样的一座城池绝对是一座巨城。

清代学者徐松从《永乐大典》中辑录出《宋会要辑稿》，《宋会要辑稿·方域九》之"庐州城"条目记载有：隆兴二年（1164年）正月二十一日，江淮都督府参议官冯方言："庐州城围约二十里，今欲捺坝以留焦湖落水。"

乾道五年十二月二十九日，诏修庐州城。明年三月二十二日兴工，四月毕，修筑军士第赏有差。

乾道六年（1170年）正月二十四日，侍卫亲军马军都指挥使、奉国军承宣使、淮南西路安抚使郭振言："庐州城围并已修筑整备，合用防城笓篱牌抱座挂塔器具等，用钱浩瀚，伏望支降度牒百道，相兼计置。"从之。

绍熙二年（1191年）正月二十五日，上谓："叶翥昨言庐州不可守，修城亦无用。"葛邲奏曰："庐州非不可守，若有三万人即可守，而城池亦可以时葺。"胡晋臣奏曰："不可因其难守，便废边防。"上曰："极是。若遇事遽以劳扰辄废，即是导人以苟且，恐不可。"

庆元元年（1195年），暑雨暴涨，冲突城壁。帅王知新因命整治，并疏暗渠，浚长壕，修瓮城，视旧加倍。壁垒崇坚，楼橹相望，称雄淮右。复请于朝，岁遣金陵戍卒三千，以时缮治，号防城军。又奏："郭振修筑以古城中分为二，于市河之南别筑斗梁城，横截旧城之半，而阻绝市河于斗梁之外。旧北城约七里，不复加葺。曾不知郡当西淮要冲，市河通彻巢湖，可以漕运，又有居巢、历阳、射胡关相为掎角。乞行筑修，且乞开浚城外长河三道，以增城壕之深，以壮形势。"

开禧二年（1206年），帅田琳略加增修。是冬，虏果入寇，藉以捍御。然事力未备，规摹未壮。嘉定四年（1211年），夏潦浸淫，城壁多圮。先是，朝廷以本州强勇军多减省，防城军止差千人，帅李大东复请增为二千。于是新城、古城悉加修筑，数月而就，并疏三壕，合鸡鸣山水入于市河，金汤益固，比险方汉云。古城凡九十三处，羊马墙八百八十四丈，水堰九处九十二丈，卧牛十五处五百二十六丈。又增修古城一带女头，与内城相为雄长云。

同样据《宋会要辑稿·方域九》，南宋扬州城"周围十七里一百七十二步，计三千一百四十六丈"，又"壕深一丈至一丈五尺，阔十三丈，至有十八丈之所"。北宋潭州（今长沙）周长二十二里九步，南宋缩小为十四里一百八十九步。据此推测，庐州在整个淮南地区可能是最大的城池，且护城河的宽度和深度都大得惊人。护城河宽度在100米以上，深度接近20米。

再考虑宋高宗绍兴十一年（1141年）正月，金军南侵，宋廷一方面督促张俊由建康率领全军渡江迎敌，另一方面急命在太平州（今安徽当涂）的刘锜前往防守庐州。留守庐州的统制关师古仅有2000部众，认为无法守城。刘锜抵达庐州后，绕城一周，也认为无法守城。

刘锜与关师古认为无法守城的原因，之前没人深究，现在看来是合肥城池太大，没有足够军队，难以防守。正如绍熙二年（1191年）的枢密使、后任丞相的葛邲所言："若有三万人即可守。"绍兴十一年，金军主力从淮西南侵，刘锜即使有3万人的军队，也难以抵挡，只能率军南返，后与张俊、王德等部会合，在巢湖柘皋与金军进行了历史上著名的"柘皋之战"。"柘皋之战"后，金廷知晓无法消灭南宋，才有绍兴和议、岳飞被冤杀的一系列事件。

《宋会要辑稿》明确记载郭振于市河之南别筑斗梁城，放弃了市河以北的旧北城约七里。市河即古肥水，后称金斗河，旧河道自旧水西门处进入城内，基本沿今淮河路略南一线贯穿合肥城，在城东注入东壕。《舆地纪胜》虽然记载简略，实际与《宋会要辑稿》相类，郭振没有扩城，而是缩城。

南宋袁燮为宋宁宗嘉定年间庐州知州赵伸夫撰写的《秘阁修撰赵君墓志铭》记载："（庐州）东西有两栅，肥水贯焉。开禧用兵，敌攻东栅，军民悉力捍御，敌退之。后帅臣田琳匝环甃之，西栅未及也。公帅将佐登陴览观，具见其疏漏，敌所必攻，爰请于朝，建三洪巨门，以杀水势。楼橹壮伟，横跨门上，视东栅有加焉，复建议包筑故城，为以远规。故城者，唐张崇所筑，广十九里有奇，然兴兵祸，夷为丘墟。乾道中，郭亲军振请城之，亟欲就功，缩旧址三之二，创筑新城十五里，俗呼为月城。此城既筑，而合肥县及市北居民皆隔于外，耆老有弃而不顾之怨。郭遂于斗门外筑缠堡以护之，其状如月，故亦谓之月城。"

以上无论是《舆地纪胜》和《宋会要辑稿》的"横截旧城之半"，抑或是《秘阁修撰赵君墓志铭》中的"缩旧址三之二，创筑新城十五里"，虽然对城池周长估约不准，有一定差别，却都明确指出郭振是缩小城池，放弃了市河以北的城区，推测应是沿市河以南新建了城墙，与原张崇外罗城南部形成了新的"斗梁城"。因城池形状如月，故称为"月城"。有兴趣的合肥人，可以看看地图，这一片区域是不是有那么点形如月钩？

《宋会要辑稿》说"旧北城约七里，不复加葺"，旧北城当指市河以北的宋合肥城，城墙走向大致是今天亳州路交环城路至淮河路交环城路略南边一点。按唐宋时的度量衡，一里的长度有今天的 530 米和 450 米两种说法。如按 450 米计算，七里即有 3.15 公里，与现今距离相差不大。

《外罗城记》估计出自《永乐大典》，加之战乱导致合肥本地文献缺失，杨循吉、刘彩玉应该无缘得见这些关于合肥城的早期资料，所以才会误作判断。杨循吉提到"厥后守臣若王希吕、陈规、胡舜陟、杜庶相继修葺"也是错的，胡舜陟和陈规分别在南宋建炎时和绍兴初知庐州，早于郭振数十年，不可能在郭振之后修葺合肥城。

之所以追根溯源郭振是扩建还是缩小了合肥城，是因为合肥作为整个宋代淮南西路的路治，其城池的大小完全体现了它在中国版图之中政治、军事、经济、文化上的重要性；纠正几百年来对于郭振扩城的误解误认，可以还原基本史实，重新审视合肥非同寻常的历史地位。

鉴于合肥地位的重要性，嘉定四年夏季，洪水的侵蚀冲刷，导致斗梁城的城墙多处损毁倒塌，重新修建合肥城，有罗城、斗梁城两道城墙的守护必然更有利于防御北方金军的入侵。在安抚使兼知州李大东的带领下，新城（斗梁城）、古城（罗城）悉加修筑，历经数月完工，并疏通三壕（护城河），将鸡鸣山水引入市河，使市河畅通，便于南来的物资运进城内。

张崇的外罗城从五代一直沿用至南宋乾道年间，郭振于乾道六年修建斗梁城之后，仅过 40 余年，因为不适用，在嘉定四年经李大东重修，大致恢复原状。外罗城周长二十六里一百七十步，按450米为1里计算，约12公里，较现环城路一圈多出3.4公里，城的面积也要比环城路以内区域大上许多，甚至可能多出一倍。《续资治通鉴》卷一百六十九载："（嘉熙二年）九月，蒙古察罕帅兵号八十万围庐州，期破庐，造舟巢湖以侵江左。于壕外筑土城六十里，凿两壕，攻具数倍于攻安丰时。"正因为巨城庐州（也就是合肥城）周长二十余里，蒙古军方才需要筑造六十里的土城来围困。元灭南宋后，外罗城被拆毁。外罗城这座巨城到底是怎么样的？合肥文史工作者需要为之继续努力。

　　世事之多变，沧海又桑田，不可否认的是外罗城奠定了今天合肥老城区的基本范围，明清以后的合肥城原则上没有超过外罗城的范围。晚清合肥作为全国城墙规模第八大城市，是省会安庆的二倍还多，还大过广州、济南、长沙、福州、南昌等城市，但此时的合肥城比1000多年前的外罗城可能要小得多，是否令你吃惊加感慨？

原来庐州有巨城

廬陽客記

吳郡南峯楊循吉君謙敍

後學　徐景鳳元輝校

○郡邑考

廬州府介江淮之間古廬子國也

國初洪武元年開設直隸京師

府親領縣三

合肥縣夏水出父城東西至此與淮合故
名合肥　　出前漢書異
歸同出曰肥

廬陽客記

一

《庐阳客记》

吉光片羽的幸存

——左辅《嘉庆合肥县志》

左辅（1751—1833年）主持纂修《合肥县志》始于嘉庆七年（1802年），成于嘉庆八年（1803年），36卷，而据祖籍徽州、曾是道光皇帝老师的安徽学政汪廷珍在嘉庆九年（1804年）的序言，该志是在嘉庆九年刊刻的。民国九年（1920年），合肥王揖唐借李国松集虚草堂所藏旧本影印，此为该志第二次也是新中国成立前最后一次付印。

20世纪60年代，合肥古旧书店据王揖唐本油印该志，20世纪80年代，合肥又据王本影印，2006年黄山书社点校出版该志。台湾亦曾出版该志，著名物理学家杨振宁先生归国时曾赠送该书给合肥市。就合肥现存的万历、康熙、雍正、光绪几种县志来看，《嘉庆合肥县志》无疑是影响最大、流传最广的。

左辅，字仲甫，江南阳湖（今属常州）人，乾隆五十八年（1793年）进士。左辅官安徽最久，时称循吏，至湖南巡抚。左辅为其父左镇撰《先府君行述》："……公讳贵，由合肥以兵归明太祖，功授副都督参军，驰赠中宪大夫，随魏国公下常州留守，遂家焉……"左辅祖籍合肥，先祖左贵明初以军功迁常州，合肥人后代来当合肥知县，也是一段佳话。左辅对合肥眷爱很深，其《念宛斋集》有大量关于合肥的诗文，如《修包孝肃祠堂记》《修庐州府城碑记》《重修杨将军庙记》《移建庐州府名宦祠碑记》等，是研究清中期合肥风土民情、城市建设极具价值的史料。

《嘉庆合肥县志》（以下简称《嘉庆志》）因为内容丰富，体例完备，向来被公认为一部佳志，如该志卷十五《艺文志》为合肥古志之首创。然而受时代局限，以笔者掌握的文献资料来看，《嘉庆志》缺漏还是比较多的。该志又自以为是地将隋樊子盖、元王翰、明金玉等合肥籍人物移出，名曰删正，事实是大错特错。

回顾卷十五《艺文志》，合肥著述明代之前仅列杜彝《幽求子》、唐锜《合肥志》、杨察《文集》、包拯《奏议》、姚铉《唐文粹》、余阙《青阳山房集》《五经传注》、葛闻孙《环翠山房集》八种。考《幽求子》之撰者杜彝，当为杜夷，据《晋书》，杜夷，字行齐，庐江灊（今霍山）人。杜夷非合肥人，《嘉庆志》不当录《幽求子》，《嘉庆志》实仅七种。

虽然以前合肥地区饱受战乱之苦，早期合肥文献资料大多未能保存下来，幸存至今的虽已如同吉光片羽，但终会透露一些蛛丝马迹。在有限线索之中探奥索隐，不断收获新的惊喜，实是人生中一大快事。笔者历年积累所得明代之前涉及合肥著述八十九种，较《嘉庆志》十倍之。

唐五代可考合肥著述，计12种（见表1）。《全唐诗》录罗让、许坚诗，罗让存文4篇、章震存文1篇入《全唐文》。储嗣宗为唐代著名诗人，曾游历边塞，与顾非熊、顾陶友善，其《春怀寄秣陵知友》诗云："庐江城外柳堪攀，万里行人尚未还。借问景阳台下客，谢家谁更卧东山。"思乡怀友之情颇浓。

表1　唐五代可考合肥著述

书名	作者	时代	卷数	备注
庐江记	不详	不晚于唐		
罗让集	罗让	唐	30	
储嗣宗诗集	储嗣宗	唐		存1卷
(庐州)古图经	不详	不晚于唐		
庐州图经	不详	不晚于唐		
淝上英雄小录	信都镐	五代	2	
肥川集	章震	五代		
磨盾集	章震	五代		
杨吴氏本纪	陈濬	五代	6	
吴录	徐铉/高远/乔舜/潘祐	五代	20	
吴书实录	不详	五代	3	
许先生十二时歌	许坚	南唐至宋初	1	

北宋至南宋初可考合肥著述计45种（见表2），占全部89种的约51%，可见北宋天下承平，合肥文化在此期间高度发展，甚是昌隆，《包孝肃奏议》是知名度最高的著作。2011年5月，陶叔献《两汉策要》元抄本在嘉德拍卖出4830

万元的高价，创当时世界纪录。

表2　北宋至南宋初可考合肥著述

书名	作者	时代	卷数	备注
（庐州）旧经	不详	北宋		
唐文粹	姚铉	北宋	100	存
姚铉文集	姚铉	北宋	20	
聪悟录	姚铉	北宋		
何亮本书注	皇甫选	北宋	3	
淝川集	刘筠	北宋	4	
旧欢新格	曹谷	北宋		
王赟奏议	王赟	北宋	20	
王赟别集	王赟	北宋	20	
唐虞吟稿	王赟	北宋	11	
包孝肃奏议	包拯	北宋	10	存
杨察文集	杨察	北宋	20	
西汉文类	陶叔献	北宋	20	一说40卷
唐文类	陶叔献	北宋	30	
汉唐策要	陶叔献	北宋	10	
两汉策要	陶叔献	北宋	12	存11卷
嘉祐庐州图经	刘敳	北宋		
草书洪范无逸中庸韵谱	钟离景伯	北宋	10	
诗集	吴默	北宋		
礼记析□	吴默	北宋		书名缺一字
续庐山记	马玗	北宋	4	
马珹集	马珹	北宋		

书名	作者	时代	卷数	备注
史学考正同异	李台卿	北宋		
马永修文集	马永修	北宋	20	
归荣诗	王助	北宋		
马永逸文集	马永逸	北宋	20	
元和录	马永易	北宋	3	
唐职林	马永易	北宋	20	
实宾录	马永易	北宋	30	有后世辑佚本
异号录	马永易	北宋	30	或为实宾后集
寿春杂志	马永易	北宋	1	一作马玗著
历代圣贤名氏录	马永易	北宋	15	
许彦国诗集	许彦国	北宋	10	一说3卷
许母诗集	许彦国母	北宋	1	
雁塔题名帖	柳珹	北宋	10	存2卷
群经解义	邓柔中	北宋	5	
邓柔中文集	邓柔中	北宋	10	
邓氏家诫	邓柔中	北宋	1	
元城先生语录	马永卿	两宋间	3	存
懒真子	马永卿	两宋间	5	存
论语解	马永卿	两宋间	10	
易拾遗	马永卿	两宋间	2	
马永卿集	马永卿	两宋间	15	
靖康纪闻	丁特起	两宋间		又名孤臣泣血录,存
合肥图志	不详	两宋间		

吉光片羽的幸存

虽然著述多数佚失，但部分作者的断简残篇还是有的。从残存诗文来看，姚铉和杨察是文学水平最高的二位，两人科名亦高，一为中国历史上最年轻的探花，一为榜眼。

《唐文粹》对后世影响深远。姚铉既是宋初古文名家，又是宋初古文运动的积极倡导者，其文辞敏丽，善笔札，藏书至多。姚铉在宋太宗时应制赋《赏花钓鱼诗》，堪称名篇，特被嘉赏，诗云："上苑烟花迥不同，汉皇何必幸回中。花枝冷溅昭阳雨，钓线斜牵太液风。绮萼惹衣朱槛近，锦鳞随手玉波空。小臣侍宴惊凡目，知是蓬莱第几宫。"

宋仁宗宠爱的张贵妃逝后，杨察为仁宗代作《温成皇后哀册》，写得丽情密藻、精巧华美、对仗工整、行云流水，显示出杨察卓尔不群的才华。杨察为宰相晏殊婿，与宰相富弼连襟。《容斋续笔》卷三载："国朝除用执政，多从三司使、翰林学士、知开封府、御史中丞进拜，俗呼为'四入头'。"这四个职务杨察都担任过，但杨察英年早卒，否则下一步当进两府，成为宰执。

杨察的弟弟杨寘为庆历二年（1042年）状元，与欧阳修友善，欧阳修有名篇《送杨寘序》。杨寘早逝，虽无一篇诗文存世，但据南宋魏齐贤、叶菜《五百家播芳大全文粹》存目，当时还是能看到杨寘文章的。

合肥马亮、马仲甫父子名臣，原则上都是有奏议和遗集的，笔者编纂《合肥四朝文徵》收录马亮遗文计13篇，可集为一卷。马亮孙辈、曾孙辈6人可考有《续庐山记》《马城集》《马永修集》《元和录》《马永逸集》《元城先生语录》

等15种著述，称其家族为北宋合肥第一不为过。

南宋费衮心目中咏史诗写得好的宋代诗人有四位，除张方平、王安石、苏轼之外，就是合肥许彦国。许彦国《虞美人草行》诗为传世名篇，诗云："鸿门玉斗纷如雪，十万降兵夜流血。咸阳宫殿三月红，霸业已随烟烬灭。刚强必死仁义王，阴陵失道非天亡。英雄本学万人敌，何须屑屑悲红妆。三军败尽旌旗倒，玉帐佳人坐中老。香魂夜逐剑光飞，清血化为原上草。芳心寂寞寄寒枝，旧曲闻来似敛眉。哀怨徘徊愁不语，恰如初听楚歌时。滔滔逝水流今古，楚汉兴亡两丘土。当年遗事总成空，慷慨尊前为谁舞。"清初遗民吴乔甚至认为："此诗有筋节，远胜苏（轼）、黄（庭坚）。"

南宋可考合肥著述计17种（见表3）。其时战火频繁，导致合肥教育不时中断，人口离散外迁，南宋合肥文化受到极大摧残，著述明显减少。就在此情况下，合肥修志至少5次，反映时人把地方文献、历史大事、亲身见闻记录下来告诉后人的愿望多么迫切！

吉光片羽的幸存

表3 南宋可考合肥著述

书名	作者	时代	卷数	备注
淮西从军记	不详	南宋	1	
淮西记	冯忠嘉	南宋	1	
莆阳图经	钟离松	南宋	7	
钟离松文集	钟离松	南宋	20	
杨庐州忠节录	合肥野叟	南宋		存残帙
野叟续录	合肥野叟	南宋		存残帙

续 表

书名	作者	时代	卷数	备注
知非集	叶楠	南宋		
精舍训鉴	叶楠	南宋		
永丰钱监须知	叶楠	南宋		
昭明事实	叶楠	南宋	2	
童蒙记	叶楠	南宋		
合肥志	唐锜	南宋	4	
合肥志	刘浩然	南宋	10	
合淝志	王知新	南宋	10	
庐州旧志	楼悌	南宋		
庐州志	练文	南宋	10	
中峰语录	庐州僧	南宋		

余阐是余阙哥哥，两人都精通《经》《易》，可惜余阐著作均毁于明初靖难时期，余阙的著作多毁于元明交替之时。元代可考合肥著述计15种（见表4），劫余之后虽有3种，但相信内容也只是残存的一部分。元代淮西总管府、淮西道、淮西江北道肃政廉访司均治庐州，以藩王坐镇治理合肥，淮西道管辖区域基本是宋代淮南西路的范围，合肥为江淮间数一数二的巨镇，近似于今天的副省级城市。大量降元金人及西夏军人来肥驻屯，合肥文化呈现出兼收并蓄的多民族特色。元末忠臣余阙、王翰是合肥巨大的骄傲和精神财富。

表4 元代可考合肥著述

书名	作者	时代	卷数	备注
杨斛山文集	杨斛山	元		
环翠山房集	葛闻孙	元		
子素集	潘纯	元		存1卷
吴□唱酬诗	潘纯	元	1	书名缺一字
五经传注	余阙	元		
歌集	余阙	元		
诗集	余阙	元		
杂训	余阙	元		
易经解蒙	余阙	元		
武威源流录	余阙	元		
青阳集	余阙	元		存
易说	余阙	元	50	
五经传注	余阙	元		
庐州路志	不详	元		
友石山人遗稿	王翰	元	1	存

即使从严谨的角度剔除讲述杨吴政权的《杨吴氏本纪》等3种及刘筠《泚川集》，明代之前有关合肥的著述仍可考85种，今存《储嗣宗诗集》、《唐文粹》、《包孝肃奏议》、《两汉策要》、《实宾录》、《雁塔题名帖》（不全）、《元城先生语录》、《懒真子》、《靖康纪闻》、《子素集》、《青阳集》、《友石山人遗稿》等12种，另《杨庐州忠节录》《野叟续录》残帙，完全证明了唐代到元代合肥文化不落人后的事实。

合肥縣志卷第十四

合肥縣志卷第十五

賜進士出身廬州府合肥縣知縣左輔纂修

藝文志

晉

幽求子二十篇 杜夷

宋

合肥志四卷 合肥主簿唐篱

奏議十卷 包拯

文集二十卷 錫察

唐文粹一百卷 姚鉉

元

青陽山房集

五經傳注 余闕

《嘉庆合肥县志》

毋自欺，不容易

——《合肥蔡氏宗谱》

《合肥蔡氏宗谱》（以下简称《宗谱》），为明代理学名臣蔡悉家族谱书，道光乙巳年（1845年）重修，雕版木刻，尺寸为34.3厘米×22.2厘米，开本阔大，刊印精良，墨如点漆，皇皇十巨册，是迄今为止合肥难得保存完好的清中期全套宗谱。

明洪武三年（1370年），蔡氏始祖蔡福自江苏句容迁合肥，落地生根，繁衍生息，"累世以来，诒谋忠厚，本实既固，枝叶益繁"，至清中期已是江淮地区声名显赫、勋业卓著的望族。细细品读《宗谱》，该谱有以下三大特点。

一、传承有序，可谓信史。自万历壬寅年（1602年），第七世蔡悉、第八世蔡淑逵叔侄首次主持纂修以来，清顺治壬辰年（1652年）、雍正辛亥年（1731年）、乾隆癸丑年（1793年），合肥蔡氏接续修谱，未曾中断。道光乙巳年是第四次重修、第五次修谱，由邑增生、第十四世孙蔡应旗领名，整个《宗谱》族源清晰，世系完备，排序分明。

《宗谱》最难能可贵的是以蔡福为第一世，并未像清代其他宗谱一样普遍攀附，以某位早期同姓名人为始祖，如凡包姓均自称为包拯后裔。蔡氏如此独树一帜，极大可能源于明代第一次修谱时，蔡悉秉持"毋自欺"的宗旨，后世以此为准则并一直践行。俗话说从细微处见真章，该谱真实可信。

二、记述详尽，蔚为大观。除世系、大量谱序、题赞、封典、画像等史料外，《宗谱》以单独列传或合传方式，记录了合肥蔡氏历代近百位人物的事迹，内容极为丰富。合肥其他姓氏难与之比拟，未必有如此翔实的记载，充分说明蔡氏枝繁叶茂，堪为巨族。

这些文章背后承载的历史和文化信息更是了不得。文章作者包括明代尚书孙丕扬，翰林许如兰，进士黄道月、窦子偁、万振孙、袁鸣泰、赵元吉、钱策，诚意伯刘世学（刘伯温后代），清代大学士李天馥，探花薛藻、董金凤，文坛领袖袁枚，状元吴其濬，总督周天爵，按察使舒梦龄，翰林李孚青、萧际韶、陈鼎雯、黄先瑜、翁树培、方濬颐，进士王纲、冀之璧、田实发、王裒、褚启宗、张至轮、刘学周、胡应魁、白朝栋、完颜仁、戴鸿恩、孙家泽、方玉藻等，此外尚有徐汉苍、张延郧、方士淦、赵席珍等诗人，其他如举人、贡生不胜枚举。

以上作者大半为本地人，李天馥作为蔡氏门生就写了四篇。文章对于研究明清庐州地区经济、教育、人口变化和家族文化史均有着十分重要的参考价值。清顺治六年（1649年），武探花有合肥薛藻、绍兴茹黑、嘉定马翼三说，《宗谱》有薛藻为第七世蔡悫所作"荣川公传",落款为钦点探花及第年家眷姻再侄,决定了该科探花的最终归属。

因为该谱修于道光时期,如果时间再晚些,三位晚清重臣彭玉麟、李鸿章、张树声免不得要在《宗谱》上留下自谦为门下士的墨宝。

三、名人辈出,彪炳史册。一个家族是否繁盛,其代表人物不仅在于"量",更在于"质。"蔡悉不仅是合肥蔡氏标志性的历史人物,也是合肥乃至安徽重要的文化名人。

蔡悉(1536—1615年),字士备,一字士皆,号肖谦,嘉靖三十八年(1559年)进士。《明史·蔡悉传》载:"尝请立东宫,又极论矿税之害。有学行,恬宦情。仕五十年,家食强半。清操亮节,淮西人宗之。"

万历二十八年(1600年),时矿税忽兴,宦官与锦衣卫、东西厂特务欲在凤阳至庐州、六安一带开矿聚敛财富。《昭代芳摹》卷三十载:"合肥蔡悉教知府具地图上言:'高皇帝恐伤陵脉,故六合卫官特重巡山之任,不敢妄议开取'。奉旨:'凡系皇陵来脉,俱不许开。'于是,庐凤一带,得免骚动。"蔡悉出谋划策,避免庐州、凤阳百姓遭受祸害,是蔡悉为家乡做的好事。

蔡悉一生莅政三朝,历官十七任五十载,为政廉明刚正,为人孝友忠正,一生数次上疏乞归养亲,不恋权禄,敢谏犯颜,为国尽忠,为民尽责,终身无悔,时人称"包老复出""合肥第二包公"。蔡悉又独能钻研六经,为学笃守程朱义理,以"毋自欺"为大学宗旨,影响巨大。清李菖《明理学符卿蔡文毅公传》赞其为"合肥理学鼻祖",为一派宗师,撰述七十余种,有《孔子年谱》《大学注》《书畴彝训》等存世。

蔡悉是王阳明的三传弟子,虽因明末农民起义导致其著述十不存一,且其宗派学说入清以后受到压制,蔡悉的思想及学术观点被长期湮没,未被世人熟知,但其仍不失为明清两代江淮地区影响最大的理学名臣。清雍正乙卯年(1735年),安徽学政姚三辰巡回至庐州府,对生员出题策问:"为什么庐郡代产哲人,而宋明为盛?"合肥士子许齐卓(翰林许孙荃孙、李天馥外孙)、赵型答道:"必欲于其中较量其最优而可法者,则宋莫如包孝肃,明莫如蔡文毅。"足见蔡悉在合肥读书人心目中崇高的地位。

合肥蔡氏见诸《嘉庆合肥县志·人物传》的有蔡悉、蔡世和、蔡于宣、蔡卉、蔡淮英、蔡崇、蔡氛、蔡殊英、蔡玉禾等,蔡悉、蔡淑逵、蔡屏藩、蔡卉四人为进士,另有举人、秀才一百多位。蔡卉之孙二知道人蔡家琬既是乾嘉道诗坛重要诗人,又以《红楼梦说梦》闻名于红学史,是研究红学绕不开的人物。李鸿章的老师蔡邦甸,与戴鸿恩、卢先骆(合肥另一早期红学研究学者)、赵席珍等号为"城东七子",是嘉道时合肥重要诗人,有《晚香亭诗钞》四卷存世。

近代以来,以黄埔军校一期学生蔡炳炎将军为代表的蔡氏英烈模范不断涌现,为国家、为民族舍生忘死,就如一朵亮丽的星云,璀璨夺目,迷人闪耀。道光乙巳年之后,民国时期和20世纪90年代,《宗谱》又两次重修。20世纪90年代的修谱在合肥属首例新修，是蔡氏族人敢为天下先的大胆举措。

合肥城内原建有纪念蔡悉的蔡公祠，在今淮河路步行街与含山路交叉口附近。据蔡氏长辈回忆，淮河路改造时，蔡公祠尚存三进房屋，可惜全部被拆，现逍遥津小学的位置实是蔡公祠的后花园。

蔡悉与包拯、李鸿章俱葬合肥东郊大兴镇，俗称"一里葬三公"，唯其本纯儒以理学知名，存世著作多涉理学，所表达出的儒家士大夫的精神价值、学统传承等内容，为儒家的理想秩序奠定了基础，表现出的家国情怀可以勉励当代知识分子，然蔡悉无文集存世，殊为可惜。笔者已与同好合作编纂完成《蔡悉集》，并获项目资助，在等待出版的过程中。此举不仅使得"一里三公"（包、蔡、李）文集完备，使之成为弥足珍贵的地方历史文献，更是合肥400多年难得的文化盛举。

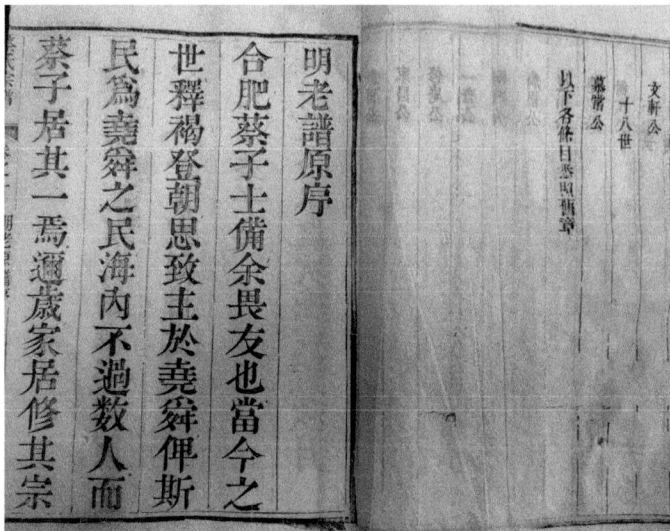

《合肥蔡氏宗谱》

红学研究先行者

——卢先骆《红楼梦竹枝词》

在雕版刻印发明之前，我国古籍全是手工抄写的，并由此方式代代传承。印刷术发明之后，古籍通常分为雕版印本与非雕版印本两大类。非雕版印本分为写本与印本两种，写本包括稿本与钞本，印本包括清代后期出现的活字本与各种影印本。稿本，顾名思义是由作者亲笔写定但尚未刊印的书稿。古代名人稿本如果能保存至今，往往价值不菲。2020年10月，一套十八册的《胡适留学日记》拍出1.39亿元的天价，就是鲜明例证。

钞本又作抄本，即使书籍刊印因为雕版印刷的普及变得更加方便，但手工抄写书籍的方式始终存在。元末明初文学大师宋濂在《送东阳马生序》中分享自己的抄书经历："家贫，无从致书以观，每假借于藏书之家，手自笔录，计日以还。天大寒，砚冰坚，手指不可屈伸，弗之怠。录毕，走送之，不敢稍逾约。"现代文豪鲁迅少年时就曾抄录过《释草小记》《释虫小记》《唐代丛书》等他最喜爱阅读的书。除经济原因之外，明清以后藏书家抄书的情况又特别风行，他们亲自抄写或雇人抄写，书写都很精良。好的名家抄本同样珍贵。合肥陶叔献《两汉策要》元抄本，2011年拍卖出4830万元创当时世界纪录的高价。

《红楼梦竹枝词》抄本，32开，11页22面，题《红楼竹枝词》，卢半溪作。该本字体隽雅，非俗手所为，惜无落款，价值或难更进一步。

卢先骆，字杰三，号半溪，清代合肥人。少失怙，家贫力学。道光五年（1825年）举人，后登道光十二年（1832）进士，授官广东龙川知县，有廉名。旋丁艰罢官，遂卒。卢先骆生平喜为诗，不加雕琢，所得俸金仅仅供刊诗之费，归橐萧然，士庶送者皆泣下。著有《循兰馆诗存》，同邑赵席珍为之序，江苏常州陆祁孙有题词。

民国时合肥王揖唐所著《今传是楼诗话》载："同邑（指合肥）张渔村先生丙，一字娱存，工书能诗，久负宿望。先君子晚出先生门下，每为述行谊甚详。先生幼慧，十三岁赋《明远台怀古歌》，操笔立就，同邑耆硕蔡石瓢（家瑜）以神童目之。与赵响泉（席珍）、王二石（墇）、卢半溪（先骆）、吴菊坡（克俊）、蔡篆卿（邦甸）、戴叠峰（鸿恩）诸先生，酬唱无虚日，号为'城东七子'。"

城东指合肥东乡，今肥东境内。蔡家瑜为明代大儒蔡悉后裔，亦东乡人。"城东七子"皆嘉庆道光间人。时天下承平已久，合肥文风渐盛，故涌现了以二知道人蔡家琬、卢先骆、赵席珍、戴鸿恩等为代表的文人群体，且以东乡人为主。李鸿章父亲李文安也曾列名于"城东七子"这个群体之中，七子实际不止七人。

卢先骆是鲜为人知的早期红学研究者。卢先骆或是无心插柳之举，但其《红楼梦竹枝词》一百首对后世红学研究有巨大影响。

已知评点《红楼梦》之书，学界以海宁周春《阅红楼梦随笔》、合肥蔡家琬《红楼梦说梦》为最早。卢先骆生卒年不详，若其中举时年三十，则蔡家琬（生卒年为1762—1835年）约早卢先骆三十余年。《红楼梦说梦》有嘉庆十七年（1812年）解红轩刊本，《红楼梦竹枝词》成作不晚于道光丙午年（1846年），两书亦差三十余年。作为同乡晚辈，卢先骆是极有可能读过《红楼梦说梦》，并由此产生创作灵感，写出《红楼梦竹枝词》的。《红楼梦说梦》与《红楼梦竹枝词》虽算不上是红学研究的开山之作，但说蔡、卢二人是研究的杰出先行者不为过。

清末民国吾皖明光人吴克歧（1870—1935年）著《忏玉楼丛书提要》之卷三载："《红楼梦竹枝词百首》一卷……合肥卢先骆著，按卢字半溪。是卷有三刻本，一愿为明镜室本，一上海石头记评赞重刻本，一红藕花盦本，余依红藕花盦本录出，而以他二本考订其同异。至其诗冷嘲热讽，洞中幽微，洵属竹枝绝唱，无怪脍炙人口也。"笔者曾见《愿为明镜室》本和《红藕花盦》本，《红藕花盦》本是巾箱小本。笔者所见还有光绪二年（1876年）的千顷堂本（据洞庭王雪香原本重刻）和光绪三年（1877年）的《羊城竹枝词》本两种刻本，但猜测千顷堂本即为吴克歧提及的《上海石头记评赞重刻》本。《愿为明镜室》本似乎是可见最早的刻本。因为一百首诗内容并不多，可见各本均为多种内容合刊本，竹枝词没有单行的木刻本。如千顷堂本指的是《红楼梦评赞》一书，竹枝词是书的附录部分。

吴克歧又引愿为明镜室主人叙及丁嘉琳序。愿为明镜室主人叙曰："《红楼梦竹枝词》百首，合肥卢先骆撰。道光丙午抄自友人，喜其使事之工，措语之雅，置之箧中廿余年。屡经兵燹，而此册无恙，岂非作者之精神有以呵护之耶？窃尝论红楼一书，思深旨远，读者未易窥其涯涘，竹枝百绝，有画龙点睛之妙。王雪香刻本取各评赞列诸卷首，独不见此诗。渔古轩改刻大板，余曾以此诗寄刻，工甫竣而寇至，板遂毁。惜哉！所望后之刻者附入之，幸甚。同治己巳，愿为明镜室主人识于西泠旅次。"洞庭王雪香本未录竹枝词，则可见竹枝词的刻本实际为四种，即愿为明镜室本、红藕花盦本、千顷堂本、《羊城竹枝词》本，另有渔古轩本未及刊刻而版毁。

愿为明镜室主人即吾皖清末旌德人江顺怡，字秋珊，同治年间在世。官浙江候补县丞。居杭州时，所在东平巷有花坞、夕阳楼之胜。有《愿为明镜室词》《词学集成》及《读红楼梦杂记》等书行于世。

丁嘉琳序曰："藕华盦主人有《红楼本事诗》之刻，属予校正，适于姚渔衫大使处见《红楼梦竹枝词》百首，藻采缤纷，笔思隐括。盖端庄流丽刚健婀娜兼擅其长者。惟不著姓名，令人有江上丈人水边渔父之慨。岂红楼书隐其事，先生遂亦隐其名耶？爰急录之以付剞劂，当可与本事诗并传不朽云。同治九年（1870年）九月下澣潞河，二斋丁嘉琳谨识。"丁嘉琳为江苏南通人，他未曾知晓卢先骆为《红楼梦竹枝词》的作者。吴、江、丁诸人对竹枝词均给予高度评价。

卢先骆《红楼梦竹枝词》成作后二十多年一直未显名，江顺怡作叙在同治己巳年即1869年，丁氏作序在同治九年即1870年。卢氏竹枝词逐渐盛行的同光时期，卢氏本人早已经不在人间了。

民国之后，《红楼梦竹枝词》又见多种铅印本，如《香艳丛书》本、《涵青山房》本、《红楼梦附集十二种》本、苏州毛上珍本，毛上珍本是唯一的单行本。毛上珍本前有合肥王枢庚午年（1930年）序，载卢先骆事迹较为详尽。王枢，民国曾任内蒙古经棚县知事。毛上珍印书局应与合肥籍文人有一定渊源，《合肥诗话》《合肥名胜杂咏》《阐幽集》《绣月轩集陆联语》等合肥文献均为毛上珍刊印。

《今传是楼诗话》又载："先生（指张丙）有《岁暮怀里门诸子》诗：……《卢同学半溪（先骆）》云：'循陔思养志，岁入定如何。春恨忘情少，秋怀积泪多。谭诗伤语苦，说梦见心婆。（新谱《红楼梦竹枝百首》）应有闲题咏，归来为我歌。'"张丙作为卢先骆的同乡兼诗友，应该知道且读过卢先骆的《红楼梦竹枝百首》。

《今传是楼诗话》又载："洪杨之乱，前辈遗著多付劫灰。先生（指张丙）《延青堂集》，从玄孙庚叔于民国乙卯岁始克在申印行。响泉先生手书之《绿天红雪诗册》，余以旧存孤本覆印。其《寥天一斋诗集》四卷，暨哲嗣云持之《云无心轩诗集》，犹待续觅。菊坡先生晚号蔗翁，又号晚遂老人，所有著《罗雀山房诗集》，闻仅存残帙。余最爱其《东葛城道中》一绝云：'衰柳残蝉夕照闲，蹇驴得得客心间。行过东葛复西葛，看尽环滁四面山。'简括有唐人意。城东七子，末学小生殆无能举其姓字，亦可概矣。"

城东七子诸多遗著，都已湮没于太平天国的劫难中。卢先骆仅遗《红楼梦竹枝词》及少量诗作，王揖唐言及的张丙、赵席珍、王垿、吴克俊四家的诗文集，除张丙和吴克俊幸有民国辑本使得少量诗作存世外，其他多散佚了。

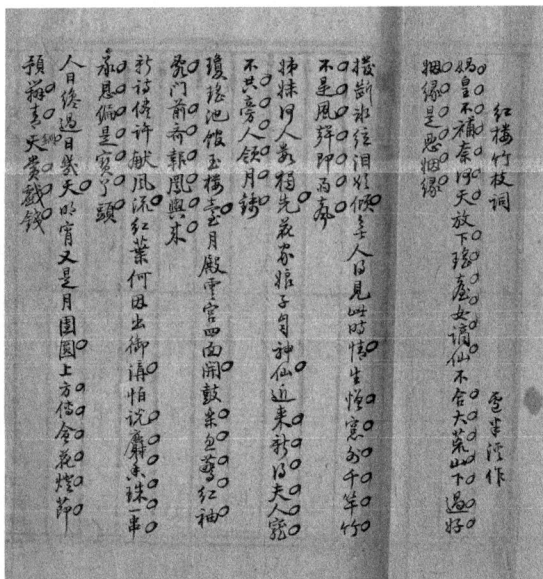

《红楼梦竹枝词》

不如意的徐老师

——徐子苓《敦艮吉斋诗文存》

"先君诗二卷、文四卷。同治五年诗刊于颍，十年再刊于皖，时胡丈稚枫、钱丈愉庵通为校雠。光绪元年，敝庐灾于邻火，版灰去，独文稿存。自是先君居恒郁郁，尝手稿唏嘘感叹，论源伯无事去取，藏以待时。二年夏，先君疾作，延至秋杪辞世，源伯经营窀穸，积逋累累。服未除，复躬蹈母氏之丧，四顾茫茫，孑焉待拯。逾年，室人又卒。岁未一纪，凶变迭遭，重以孱躯多病，痛先泽久将就湮，乃鬻产鸠刊，冀慰先志。惟山居僻陋，念先君海内交游凋零殆半，其存者又远难就正，第以手民代书，仓卒未分序次，俯求四方畴昔知先君者，详为厘订，重付枣梨，永为完本，则小子感且不朽。诗二卷，向经胡、钱两丈校定，文四卷，先君病中自订者，其体例仍旧，源伯未敢参以臆见，从先志也。"

以上这段话是光绪十二年（1886 年），合肥徐源伯在刊刻其父徐子苓《敦艮吉斋诗文存》时作的题识。徐子苓（1812—1876 年），字西叔，一字毅甫，又作易甫，号南阳。徐子苓曾师事桐城姚莹，中道光十五年（1835 年）举人。后入都，获交湘乡曾国藩、仁和邵懿辰、汉阳叶名澧、道县何绍基、茶陵陈源兖、平定张穆等名士。举进士不第，归皖以鬻文为生。太平军起义之后，安徽成为主战场，徐子苓先后入江忠源、曾国藩幕府，筹划军事。同治五年（1866年），拣选得知县不乐就，改授和州学正，听闻学师争夺诸生的贽金，甚为不屑，弃职迳走不顾。

徐子苓近乎终身布衣，晚岁仍以鬻文游公卿间，兼通医卜之术，生活极为窘迫，以至于卒后，徐源伯需要变卖家产，方能刊刻徐子苓的诗文集。《皖诗玉屑》云："庐州三怪，徐子苓孤僻，王谦斋放荡，而朱默存孤傲。"放荡、孤傲都比较好理解，而徐子苓为江忠源、曾国藩赏识，桐城马其昶提及徐子苓有不少应酬之作，刘铭传在乡闲居期间与徐子苓又颇为投契，徐子苓为刘铭传的虢季子白盘撰写过《盘亭记》，不是简简单单地说徐子苓性格孤僻而能够解释的。

马其昶为徐子苓作传，说道："性故介特，于时俗人不能容纳，尤贵显者尤以气轹之，人以此畏其狂，望风嫉之。"所谓"孤僻"只能让人联想到恃才傲物，蔑视权贵，不谙世故，不为五斗米折腰，对看不惯的事情轻易臧否，以至于不合群，不容于某些人。

合肥民间传言徐子苓曾是李鸿章的启蒙老师，李鸿章贵后衣锦还乡，与徐子苓畅叙师生之谊，无意中提及自己被授封爵位的荣耀。不知如何触动了徐子苓，徐子苓没有给李鸿章任何面子，一边喝酒，一边脱下靴子，抠起脚丫子，漫不经心地怼道："这脚味有毫难闻啊！"合肥口音念"脚"叫

"爵","脚味"和"爵位"是谐音，李鸿章自然是听出了话中的讥刺。李鸿章虽然有所顾忌没有发作，但日后自然对徐家没有任何照拂。说是传言，但徐氏诗文近七百篇（首），唱和咏叹者众，唯独没有李鸿章，甚至没有李家任何一人，恰恰印证了徐李不和是真实的。刘铭传豪爽刚毅、不苟于世的独特性格，却能与徐子苓谈得欢畅，正所谓"合意友来情不厌，知心人至话投机"。

三怪中徐子苓年最长，才最高，智计最广，是晚清合肥文人最杰出的代表。徐子苓诗歌既生动描绘了晚清社会波澜壮阔、生杀予夺的动荡，又如实反映了哀鸿遍野、生灵涂炭的民生多艰，具有十分积极的意义。徐子苓一生贫病自甘、困苦飘零的际遇，反而成就了徐在诗文创作上的不同凡响。

合肥李国松说道："国初，龚端毅公、李文定父子皆以诗名天下，……论者谓先生诗与文兼胜，而诗尤极其诣，力足以上继龚、李称后劲焉。"他认为徐子苓是继龚鼎孳、李天馥之后，合肥又一影响深远的文坛巨匠。文学家谭献称赞徐子苓："郁郁莽莽，刻意杜陵，骨力意气，遒厚多而韵逸少。予刺取其苍秀跌宕之篇，固江淮间一作者，参张亨甫、鲁通甫、叶润臣、莫子偲季梦之间，亦无愧色。"张亨甫即建宁张际亮，鲁通甫即涟水鲁一同，叶润臣即汉阳叶名澧，莫子偲即独山莫友芝，均为道光咸同时期著名诗人。《近代诗钞》《皖雅初集》《庐州诗苑》《合肥诗话》等著作也颇尊崇徐氏，于徐诗选撷尤多。徐子苓诗文中多涉合肥乡邦，《庐州战守记》《复庐州记》《庐州再陷记》等是徐氏亲身纪闻，更是研究清军与太平军争夺合肥的第一手资料，极具史学价值。

笔者所藏的是徐源伯于光绪十二年刊于合肥的《敦艮吉斋诗文存》，诗存二卷二册，文存四卷四册，共六卷六册。诗存按编年收古体诗和近体诗538首，有满洲英翰、代州冯志沂、元和陈克家、善化孙鼎臣、道州何绍基、涟水鲁一同、桐城姚莹、昭文言南金、钟祥胡稚枫诸家序言和题词，尾有徐子苓女婿王文希题识。王文希言明徐子苓世居庐州城内，因乱避居龙泉山，这是徐子苓晚年号"龙泉老牧"的由来。徐子苓诗名甚著，故而诗存在同治五年（1866年）、同治十年（1871年）先后刊行于颍州（今安徽阜阳）、安庆，诗存稿本在光绪元年火灾中失去，光绪十二年再刊当据之前刊行的刻本重录而成。

文存前有咸丰十年（1860年）安徽巡抚、常熟翁同书序，后有同治十三年（1874年）江西黎川黄长森题词、武进管乐题识、同治十一年（1872年）黟县程鸿诏题识。据其后徐子苓自跋和徐源伯题识，文存此前一直未能刊刻，险为火灾焚毁，光绪十二年版即为最珍贵的初版。徐子苓十分重视自己的文存，生前亲自编订，很早就预请翁同书等人为之作序，要徐源伯"藏以待时"，日后能够刊印应为徐子苓最大的遗愿。

常熟翁家是近代中国极具名望的家族。翁同书父亲翁心存是咸丰帝师，官体仁阁大学士；翁同书弟翁同龢是咸丰六年（1856年）状元，同治、光绪两朝帝师；翁同书次子翁曾源是同治二年（1863年）状元。翁同书是翰林出身，咸丰八年（1858年）出任安徽巡抚，在皖期间，翁同书畏惧太平军攻势，在安徽丢城弃地，对于反复无常的苗沛霖彷徨无计，擅杀忠于清廷的团练首领，在沦为苗沛霖的阶下囚之后，又为苗沛霖叛逆行为开脱，使得安徽形势错综复杂。曾国藩为收拾安徽的烂摊子，掌控安徽局面，在经过长时间筹划后，于同治元年（1862年），向朝廷上禀了弹劾翁同书的奏章《参翁同书片》，结果是朝议判处翁同书死刑，后来勉强因为翁心存忧惧而亡，得两宫皇太后眷顾，翁同书才被减罪，发往西北充军，死在军营。

　　有种说法，奏章是徐子苓的主意并由徐执笔，翁同龢持这种观点，但又表示存疑。《翁同龢日记》在同治九年（1870年）七月写道："得徐毅甫诗集读之，必传之作。集中有指斥寿春旧事（指翁同书在寿州被苗沛霖俘获），盖尝上书陈军务，未见听用，虽加体貌，而不合以去。弹章疑出其手，集中有裂帛贻湘乡之作也。"从翁同书为徐子苓文存作序来分析，徐不会起意去弹劾翁同书，执笔的另有其人。

　　文存共收文152篇，按年代先后依次排序。《文存》还附刊了徐子苓早逝次子徐元叔的《劫余小录》诗文数十篇。

　　光绪三十一年（1905年），李国松请马其昶重新编订徐子苓诗文，得《敦艮吉斋诗存文钞》，依旧诗二卷二册，文四卷四册，这就是流行较广的集虚草堂本，也是徐氏诗的第四次、文的第二次刊印。笔者亦藏有《敦艮吉斋诗存文钞》，与《敦艮吉斋诗文存》相比有一定变化。集虚草堂本《敦艮吉斋诗存》仍是按年排序，前为李国松题记，收徐子苓古体诗和近体诗531首，补遗14首，合计545首。文钞前为李国松题记、马其昶《龙泉老牧传》，正文部分删除了《劫余小录》，马其昶按照自己的观点和标准又淘汰了45篇，多为徐氏代他人撰写之作，余下107篇，按论跋序、书牍、碑传、记铭等文体分为四卷。笔者认为淘汰的诗文对于合肥乡邦文献来说也不是全无价值，如《题劫余轩诗集后》就涉及合肥戴家麟的诗集，实有流传的必要。

李国松认为："（合肥）逮孙、曹以来，常为用武之地，积勋伐、树节槩者著在前纪。旷岁千百，独未有为古文之学立名传业于其间，先生出乃稍以文显。今先生没三十年耳，而流风渐以衰歇，世变日新，视先生时又不侔矣。读先生书，乃益使生其乡者低佪而兴慕也。"徐子苓是晚清合肥文名最著者，李国松鉴于合肥文学之风衰减，希望徐子苓的文章能够振奋合肥读书人。

徐子苓在龙泉山曾建龙泉精舍，藏书数万卷，惜在抗战时期毁于日寇之手，少量藏书散佚在合肥民间。徐子苓信札作为名贤手札，与曾国藩、李鸿章、左宗棠等，在民国时期曾为著名图书馆陶风楼结集影印出版。笔者早年曾偶遇徐子苓一通扇面，须臾间失之交臂，至今想起仍是一件极大的憾事。

序

余既刻徐君易甫之詩比竣事適君自合肥來於是與
君別且七年矣君文士居恆韜晦雅不欲以詞章自名
余懼其久而散佚因刻而傳之其志行之確乎不苟與
其詩之深造自得卓然成一家之言以上躋於古作者
之林而不朽於後世代州馮君魯川既揭其大凡而一
時士大夫之知言者咸交口推服無異辭余久在兵間

《敦艮吉齋诗文存》

桐城文庙的缺憾

——马起升《重建桐城县儒学碑记》

2021年，笔者参加某古籍拍卖，现场有一册《重建桐城县儒学碑记》民国拓本，是安徽文献。拓本笔者接触不多，加之更多关注合肥文献，这册未作重点，只是和同行的书友说对这个拓本有点兴趣。没料到拍卖中途笔者已将之遗忘，仅是笔者上洗手间的间隙，书友已经帮助举牌成功了。

回家后，笔者花费时间和精力对之进行探究，探究的结果是感叹幸亏当时买到了，不然将后悔老长一段时间，该拓本绝对物超所值。因为该碑查询不到任何讯息，桐城的朋友反馈不知道该碑，该碑原本应竖立于桐城文庙之中，桐城朋友没见过该碑，表明该碑实物已不存在，是极大的缺憾。实物不在，该拓本虽未必是存世孤本，但肯定是极罕见的桐城文献。古籍的价值高低，存世多寡是很重要的一个评判因素。该拓本是难得的桐城文学研究和文庙修建的文献实物，极具历史和文化双重价值。

《重建桐城县儒学碑记》撰者马起升，字慎甫，号慎庵，出自桐城望族马氏，清咸丰同治间县学生，朝廷议叙同知，未仕。马起升从同邑戴钧衡、方东树学古文词，恪守桐城文学义法，生平治学服膺韩愈、欧阳修、朱熹、王守仁四家，著有《趣园诗文稿》八卷、《载道集》十二卷、《慎庵字范》四卷。该碑未邀约当时更知名的文人，而是延请只是一名秀才的马起升操刀，说明桐城看重马起升的德行与文笔，而不在意撰写者的功名和官位，这是难能可贵的。马起升子马其昶为著名文学家，桐城派殿军之一。

桐城文庙是全国重点文物保护单位，位于安徽省桐城市中心，始建于元仁宗延祐初年（1314—1315年前后），距今已有七百余年。文庙坐北朝南，以大成殿为中心，以御道为中轴线，有门楼、宫墙、棂星门、泮池、泮桥（又名状元桥）、大成门、大成殿、崇圣祠等主要建筑，既是古代祭孔的礼制性建筑群，又是桐城县学和儒学教官的衙署所在，属"庙学合一"的文教活动场所。明清以降，桐城文风鼎盛，以文知名海内，桐城文庙作为一方儒学圣地，不仅是左光斗、方苞、戴名世、张英、张廷玉、姚鼐、吴汝纶等英才启程远行、施展抱负必然经行的第一站，更是万千桐城学子发奋励志的精神所在。

自古以来多兴废，因兵燹人祸，桐城文庙在元明鼎革时被毁，后又重建，明清以来亦迭遭损坏又遞次修复，和寻常百姓的悲欢故事一样不知演绎了多少回辛酸和甜苦。据考，桐城文庙历史上共有十九次修葺，依《道光桐城续修县志》卷三《学校志》，元代有汪曙撰写的《桐城学记》，明代有桐城训导许浩的《桐城县重修儒学记》，均对桐城文庙的修建、

桐城文庙的缺憾

损毁、修复情况作了记载。

《重建桐城县儒学碑记》内容主要是咸丰初年太平天国军队攻入桐城，文庙遭到破坏，仅存棂星石门；同治元年（1862 年），里人倡议重修，经历多重波折，至同治八年（1869 年）十月因水灾停工，"附祠未及营建，计共用钱二万六千八百缗"，鉴于马起升知悉文庙修建的前因后果，故请马起升"命为之记"。马起升在记中说道："乡先辈之所以存心修身、处事接物，大都本于先圣仁义之道，……故忠节贤良接踵而起，……故天下论文章正宗，必推桐城，以其文皆本于仁义也。"

马起升在姚鼐的"义理（内容合理）、考据（材料确切）、词章（文词精美），三者不可偏废"的文学理论之外，提出桐城文章写作发自内心，符合前代圣贤的仁义之道，故而天下文章正宗必尊桐城。马起升认为自唐至今，本仁义之道为文者凡九人，桐城三人，为方苞、刘大櫆、姚鼐，另外六人分别为韩愈、柳宗元、欧阳修、曾巩、苏轼、王守仁，浓浓的自豪之感喷涌而出。马起升希望乡先贤仁义之遗风能够传承，不为浮靡俗学所惑。桐城文庙此次重修由知县李蔚、训导方瀗履主持，李蔚之力尤多。碑为同治十一年（1872 年）岁次壬申五月吉日立。

《重建桐城县儒学碑记》拓本为旧制木夹板经折装，尺寸为 30 厘米×16 厘米，二十八开五十五面，前五开九面为"重建桐城县儒学碑记"九个篆体字，后为碑记正文部分，每面四纵行，每行四字，扣除空白处，正文计七百一十八字。该拓本为马起升所书，马氏书艺精湛，笔力遒劲，朴拙浑厚之中可见清逸自如。拓本较为初拓，除同治十一年之"同"字损毁未见外，余下诸字均拓印清晰，是不可多得的佳本。拓书最后一开钤"皖公孙藏墨宝"朱印，想来是某位孙先生极珍之物。

时过境迁，沧海倥偬，历史是容易被遗忘的。这块同治立下的桐城县儒学碑不知是何时损毁的？孙先生不知何时得到又何时遗失了这册拓本？马起升的文集仍旧静静地沉睡在某一图书馆中，如果不是笔者无意中买下这拓本，碑记的内容又不知何时才有人记得起？

《重修桐城县儒学碑记》

古往今来天下第一奇男子

——王闿运《衡阳彭刚直行状》

《衡阳彭刚直行状》全称"诰授光禄大夫、太子少保、兵部尚书、详勇巴图鲁、世袭一等轻骑都尉、钦差巡视长江水师、赠太子太保、衡阳彭公年七十有五行状",简称《行状》,是叙述清代中兴名臣彭玉麟一生卓越功业的传记性文章,为晚清著名古文学家、湘潭王闿运撰写并书丹。行状,也称"状"或"行述",用以叙述亡者家族世系、籍贯、生卒年月、生平事迹,通常由亡者亲友或门生故吏撰述,留作撰写墓志或为史官提供立传的依据。合肥刘铭传卒后有《刘壮肃公行状》,由刘铭传三子刘盛芾、刘盛芸、刘盛芥合撰,咸丰状元、大学士孙家鼐填讳。

《衡阳彭刚直行状》有重大史学价值,厘清了一个由来已久的公案,即彭玉麟的出生地究竟在哪里。衡阳是彭玉麟的祖籍,彭父鸣九在安徽任职,彭玉麟出生在安徽且长期在安徽生活过是没有异议的,但彭鸣九先后担任怀宁三桥巡检和合肥梁园巡检,彭玉麟出生在安庆还是合肥则历来存有争议,公说公有理,婆说婆有据,百度百科更是明确地标记为安庆。《行状》开篇不久却说道："公（彭玉麟）以嘉庆二十一年（1816年）生于梁园镇巡检司署。"《行状》是详尽描述彭玉麟一生功业伟绩的最原始资料，基础信息是彭玉麟儿子提供给王闿运的，准确性没有问题。

近代著名学者朱孔彰采信以上说法，其《中兴将帅别传》载："公生于梁园巡检司署，年十六从父还查江旧居。"彭玉麟不仅生于合肥，十六岁之前一直生活在合肥，故而该公案可以告一段落了。

彭玉麟有"纪梦"诗一首，诗云："明远台曾幼读书，十年相别入华胥。绿杨烟所苍松古，红杏风欹翠竹疏。花落乌啼春去后，窗开帘卷客来初。欣逢旧雨殷勤甚，慰问慈亲似昔无。"鲍照明远台在肥东梁园，今已不存。彭玉麟幼时启蒙塾师为梁园秀才蔡家磻（号璞斋），此诗为彭玉麟显赫后所写，追忆了旧时梁园风光以及生活学习的情形，多年以后往昔场景依然历历在目。

《行状》尺寸为24.5厘米×15.5厘米，半页十行，每行二十字，计二十九页五十八面，版心下镌"退省盦藏板"。彭玉麟号退省盦主人，《行状》为家刻本，仅为赠送亲友，非出售品。《行状》白纸刊印，通篇手书上版，为写刻本。《行状》自光绪十六年（1890年）刊印以来，历经风雨，存世无多。据查，《行状》仅湖南省社会科学院、华东师范大学图书馆等少数几家公藏，流传极罕，是不可多得的文献实物。

"写刻"是古籍刊印的术语之一。雕版印刷盛行之后，尤其是明清以降，官私刊刻图书有提高版刻效率的考虑，通常请刻工抄写书稿用于镌刻书版，久而久之，实现了一定的程序化，形成了所谓宋体字，导致版式面貌出现了字体结构方正严整、笔画直硬、整齐划一的特点。这样的字体毫无个人的书法特色，使得书籍呈现千篇一律、单调呆板的弊病。为改变这种状况，部分书商就把一些名家的书稿，在保留其书法风格的基础上，写样上版镌刻图书。如清代扬州八怪之一的郑板桥写样上版自己的文集《板桥集》，不仅是具有代表性的写刻本，流传颇广，而且还具有独特的艺术特色，影响深远。这样的写刻本，在古籍界中被视为精品；刻印特别好的写刻称为精写刻，既是精写刻，年代又早且存世量小的多被视为珍本。王闿运是闻名海内的书法家，《行状》每一字均字体秀丽，雕镌精雅，点画舒展，甚是精美，故而《行状》的史料价值及艺术价值兼具，展阅之时让人爱不释手，品味之后更难以忘怀。

《行状》内钤"继卿"小印，知为苏继卿先生旧藏。苏继卿（1894—1978年），安徽太平（今属黄山）人，民国时执教上海公学大学部，历任商务印书馆编辑、编审，《东方杂志》主编，专事中外交通史研究，喜藏书且多善本，尤富唐人写经与元明经卷。名家旧藏又为《行状》增色。

民间传言，彭玉麟在合肥生活时与李鸿章熟识，李鸿章的启蒙老师为梁园蔡邦甸，与蔡家磻同族。两少年同在梁园就馆时，都恃才气盛，相互不容。因幼年不和，故而日后同朝为臣，关系淡薄不很融洽，甚至相互攻讦。《行状》可纠正彭玉麟与李鸿章不和的传闻。彭鸣九卒后的家传是李鸿章兄长李瀚章所作。彭玉麟长李鸿章七岁，十六岁随父返乡，李鸿章此时只是八九岁流着鼻涕不经事的娃娃，在合肥两人何曾相遇相识？彭李二人同是危难之下挽救大清的股肱之臣、一时人杰，曾国藩曾说过："若论天下英雄，当数彭玉麟、李鸿章。"彭玉麟的一生符合其谥号"刚直"二字，"平生最薄封侯愿，愿与梅花过一生"的高远志向，加之不爱官、不爱钱，甚至不要命的行径，更非常人所能及，民国牛人辜鸿铭称彭玉麟是"古往今来天下第一奇男子"。李鸿章性格坚忍，"重纪律，严自治，中国人罕有能及之者"，有做大事之风，又有圆滑善变的一面。两人性格截然不同，故而彭玉麟与李鸿章因议事观点相左经常出现争论确有其事，但相信两人私下关系也如宋代王安石与苏轼一样惺惺相惜，同为摇摇欲坠的大清王朝殚精竭虑。

彭玉麟《游匡庐晓行太阳山白鹤峰道中，次李少荃韵》诗云："月破松梢晓，诗吟马上秋。凉风侵帽角，曙色淡鞭头。树影连村合，泉声咽石流。山花红夹道，揽辔任勾留。遥峰飞白鹤，野趣逼天真。境僻风尘壅，山高月近人。炊烟横鸟道，晓雾暗车尘。莫动悲秋感，丹枫别有春。"您还认为彭玉麟、李鸿章二人是泛泛之交、苦大仇深、水火不容的路人吗？

聖恩准開臣缺簡放賢明精幹大員接任安徽巡撫
整頓吏治兵事使臣得一意辦賊努力前驅
詔獎其真實不欺仍著帶兵勇赴任旋以苗練反覆
鴟張潁州發發蕘無兵促公馳赴兼
詢剿撫之宜公覆奏苗逆應撫可一言而決
唯必俟廬州克復乃可併力從軍八年專帶水師
長江上下千有餘里船复千餘號臣與楊載福當一
駐下游一駐上游以資控扼若一旦棄舟而陸無一
旅供其指揮倉猝召募必致僨事強統客軍又
難相孚有

衡陽彭剛直行狀

十三 退省盒

誥授光祿大夫太子少保兵部尚書詳勇巳圖魯世
襲一等輕車都尉
欽差巡視長江水師
贈太子太保衡陽彭公年七十有五 行狀
曾祖才昱 贈光祿大夫
祖啟象 贈光祿大夫
父鳴九 合肥梁園鎮巡檢登仕佐郎 贈光祿大夫
母王氏山陰人封孺人 贈一品夫人縣志並有傳
公彭氏衡陽查江人諱玉麟字雪琴梁園君之長子
也其先吉安太和縣人當明洪熙時有顯明者宇弊

《衡陽彭剛直行狀》

合肥书艺谈

——沈用熙《刘壮肃公祠碑》

沈用熙（1810—1899年），字薪甫、薪父、石坪，晚年号石翁，合肥人。清岁贡生，选任宁国训导，学书于包世臣，初习汉隶，后学真草，常临摹晋、北朝、唐碑刻，造诣深厚，是清末皖派书法代表人物之一，也是清代合肥著名书法家。《清史稿》载"合肥沈用熙最后出，至光绪末始卒，年近八十（笔者注：实九十）。毕生守师法，最为包（包世臣）门老弟子"。

刘壮肃公即台湾首任巡抚合肥刘铭传，《刘壮肃公祠碑》全称《刘壮肃公祠御制碑文》（以下简称《碑文》）。光绪二十一年十一月（1896年1月），刘铭传在家乡去世，次年清廷下诏赐恤，明令"刘铭传着晋赠太子太保衔，照巡抚例赐恤，加恩予谥，准其于立功处所建立专祠。生平战绩事实，宣付国史馆立传"。

因清末时局混乱，刘铭传建祠之事耽搁下来，最终未果。20世纪50年代，刘铭传后人将御制碑捐给政府，今藏于安徽博物院，说明刘铭传后人延请沈用熙书写了文章并镌刻成碑，立于家中享堂作缅怀之途。据悉此碑原石已断裂，碑额缺失，碑文字迹多处漫漶。不过几十年时光，文物受此厄运殊为可惜。

安徽博物院有《石翁书刘壮肃祠御制碑文》拓本，首尾皆备，字迹清晰，可稍补御制碑原石残缺之憾。拓本前有篆书"碑文"二字，后楷书"御制碑文（此四字原碑已失）"，紧接全碑内容如下：朕惟人臣抒报国之忱，名垂罔替。当代著饰终之典，恩锡攸隆。载溯鸿勋，用光螭碣。尔前福建、台湾巡抚刘铭传，性秉刚方，质兼忠勇。初倡团练，旋历戎旃，捣虎穴于江阴，扫狼烽于沪上。军功叠积，勇号先加。未几，破虏常城，晋头衔于一品。用是提军畿甸，邀心简于九重。弹冠扬翠羽之辉，命服绚黄裳之采。时则粤氛甫靖，捻焰方张。惟尔以果壮之材，运深沉之略。一鼓而渠魁就殄，三驱而余党全平。捷报红旗，已授轻车之世职。庸酬丹绂，又加男爵之荣封。既而疆寄攸资，边防允赖。武纬寓文经之策，内修兼外攘之猷。劳瘁不辞，勋勤尤著。恩施叠沛，领峻秩于青宫。奖叙优加，跻崇班于粉署。祗以养疴籲假，解职言旋，乃伟猷未竟其设施，而遗疏遽闻其溘逝。眷怀荩勚，特贲殊恩，慰厥英灵，谥以壮肃。于戏！勋高节钺，允昭竹帛之光；绩纪丰碑，丕焕松楸之色。式彰宠命，尚克钦承。

笔者所藏《碑文》拓本，尺寸为30.2厘米×16.9厘米，拓工精良，字迹清晰，正文无一字有损伤，仅缺"碑文"二字篆书，为清末民国原拓无疑。拓本封面由"平甫"题签，民国字号平甫的有多位，不知这位平甫藏家究竟是谁。《碑文》流传无多，故价值不低。

安徽博物院还藏有《沈石翁书刘铭传御制碑文》四条屏，落款为"戊戌仲冬，石翁沈用熙时年八十九岁"，落实了御制碑镌造的时间。条屏与《碑文》相较，两者不尽相同，可见碑文是最终定稿。

《碑文》以华美辞藻赞颂刘铭传传奇人生，却对刘氏视为自己一生最大功业之保卫和开发台湾仅用"边防允赖、兼外攘之猷"等句简而化之，相较描述刘铭传平定太平军、平捻之功的颇多笔墨，明显单薄。出现此况是刘铭传在经营台湾过程中，与守旧派官僚产生激烈矛盾，因而去职。清政府对刘积极的台湾新政持消极的批评态度，且碑文撰写时间在光绪二十四年（1898年）冬，戊戌变法刚刚失败，清廷视新政如洪水猛兽，殃及池鱼。可叹当时执政者在面临数千年以来最大危局的时刻，却还是如此故步自封，自欺欺人，致使中国在两年之后陷入更大灾难中。《碑文》让后人得以了解清政府对刘铭传的真实评价，具有历史和现实双重意义。

沈用熙三十岁才得包世臣讲授，通过长期刻苦研习，晚年书法日臻完美。桐城马其昶撰《沈石翁传》称其"年六十，复辍汉分，一意真草，临摹晋、唐、北朝碑刻，秒黍不失。八十后精能之极，乃趋简变，人之得之者，犹拱璧也"。

沈石翁书写《碑文》时年近九旬，距其去世不足一年，碑文或为其存世的最后书法作品。沈氏在笔法、精力都大不如前的情形下，还能留下如此上佳的作品，实是"荣曜秋菊，华茂春松"的神来之举。碑文显现了沈石翁"以侧锋取势，略挺又硬，有生拙刚健之气"的用笔特点，在展现包派字形泼辣、遒美灵秀的书法风格之外，又能体会到石翁老人平和自然、举重若轻的书艺水平与个性。

安徽博物院的碑文拓本有石翁弟子张子开题跋，提及石翁另书有一赵君墓碑，为八十六岁时书，其时石翁"精力较强"，字更整壮。笔者有幸，亦藏有此《赵君墓碑》（即《题赵右丞墓》），与《碑文》是同一时期的拓本。

张子开（1863—1938年），名张运，又名张文运，字子开。光绪十四年（1888年）举人，晚清民国合肥著名文人、书法家。曾受李鸿章子李经方之聘，出任庐州中学堂学监，主持教务两年，成绩卓著，蜚声遐迩。光绪末年，张子开设馆于德胜门大街本宅（今光明新村天主教堂附近），授徒讲学，桃李盈门，门生达一千数百人，多为一时硕彦，为庐州各方所称道。地方官员皆仰其名望，尊而敬之。张平生素不喜入官府，有请通关节者，皆婉言谢绝。

抗战时合肥沦陷，张子开颠沛乡间，终日抑郁不乐，决意弃世，临终曰："吾辈乃轩辕之族裔，不能忍受异族之凌辱，然吾老矣！又不能裹尸沙场。诗云：人而无仪，不死何为。吾不能有亏大节，苟安于乱世。"自此不进饮食，越三日，溘然长逝。张的手迹，以其晚年入室弟子陈少谦、谭炯之收集为多，迭经离乱，也散佚殆尽。

石翁另一杰出弟子刘访渠历时近十年整理，于民国十一年（1922年）刊行的《石翁临禊叙书谱合册》，是石翁重要的书法代表作品。刘泽源（1862—1923 年），字访渠，合肥人，清太学生，曾为合肥李经羲府第总管。石翁是包世臣书风的继承者，刘访渠则是安吴书风的推广及传播者，其毕生精力投身于书艺，以布衣遨游公卿间，得享大名。《石翁临禊叙书谱合册》中吴昌硕题跋云："访渠先生书法遒古运擘，得拨镫法，终莫测其师承，先生亦秘不宣也。今观石翁老人所临禊帖及书谱，飞动沈着，疏密相间，如读晋杨泉草书歌，始知先生为老人之及门而包安吴再传弟子，所以点画波磔盖有由来矣。缶学书未得古法，对此准绳惭悚奚极。"吴昌硕对石翁及刘访渠推崇备至。

张敬文（1869—1938 年），字琴襄，合肥人。自幼好学，酷爱书法，与张子开交谊颇深。年轻时得到石翁指导，加上自己刻苦练习，书法日有长进，深得沈先生嘉许："张某不独正锋会写，并能用侧势，极为难得。"后又得到安徽藩台、大书法家沈曾植的指点，张敬文更加勤奋，其用笔深刻绵密，而以排宕取势，草书尤为擅长，环转牵制，起伏顿挫，平静遒厚中而多变化。

民国时，张敬文曾任国会议员，曹锟贿选总统，张敬文毅然拒绝。张敬文与张子开、陆军上将张广建抗战时先后自尽殉国，时称"合肥三张"。张敬文生平主要作品有《重建天柱阁记》《洪氏碑》和《马王二公碑》等，合肥文史资料第五辑有《张敬文传》。

清末，溧阳狄平子在上海创办有正书局，此书局后成为民国时最具影响力的专注书法碑帖的出版社。张子开曾替有正书局编著《国朝名人楹联汇辑》一书，初版在宣统元年（1909年），分上下两辑两册。上辑收钱沣、张问陶、陈鸿寿、赵席珍、靳理纯、刘墉、梁同书、郑燮、李宗瀚、曾国藩、阮元、钱大昕、金农、翁方纲、祁寯藻、何绍基、吴熙载、翁同龢、孙星衍、王文治等约三十家的楹联作品，赵席珍、靳理纯为合肥人，各收二幅作品。

赵席珍（？—1840年），字响泉，晚号蝶叟，嘉庆庚午年（1810年）举人，官旌德教谕，庚子八月卒于官。《沈石翁传》载："沈自少笃学，从乡赵响泉先生研八法。后有荆溪周保绪教授过合肥，翁谒周于邸舍。周为天下书宗。再后，沈又客居江宁，就询笔法于安吴高弟子吴熙载。"则沈用熙早年曾随赵席珍学书。赵席珍精书法，因乱留存极少，民国合肥王揖唐影印其《绿天红雪轩剩墨》存世。赵亦能诗，为嘉道时合肥"城东七子"之一，有《寥天一室诗集》。

《皇清书史》卷二十八引《庐州府志》载："靳理纯，字见白，又作健伯，别号小岘山人。清咸同间布衣，工书法，精铁笔。学书于同邑程铣，亦有名于世。袁甲三督师淮上，延请入幕，一时碑刻多出其手。"据考，靳理纯曾随沈石翁学书。

《国朝名人楹联汇辑》下辑专收包世臣、沈用熙二家作品，包世臣二十幅、沈用熙十四幅。张子开汇辑此书，相当用心，即弘扬以包世臣为代表的皖派书法艺术。当然张子开有严格的选择标准，入选作品完全可以登此"大雅之堂"。

清末民国，合肥书法家群体甚众，除上述书法家外，徐子苓、李鸿章、蒯光典、吴道生、沈曾迈等人亦知名。以沈用熙为代表的合肥书法家群体是清末民国合肥地方文化高度发达的缩影，也是合肥宝贵的文化财富。

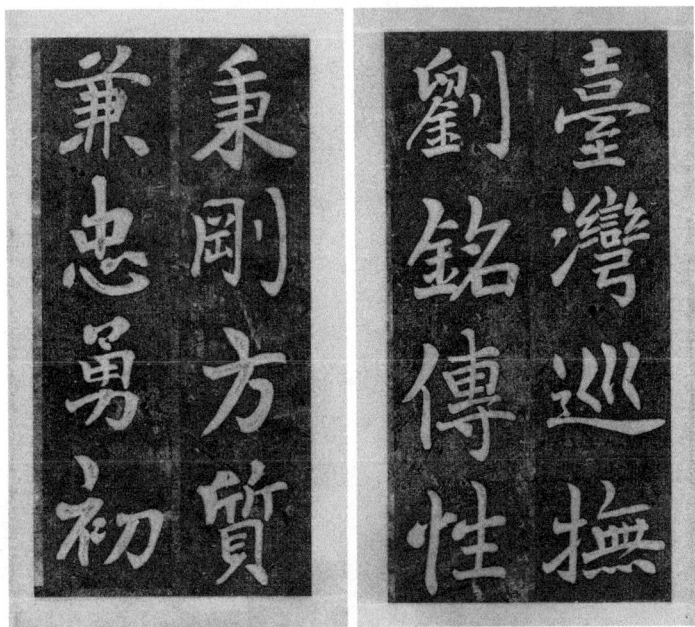

《刘壮肃公祠碑》

合肥龚的前世与今生

——《龚心铭乡会试硃卷》

龚心铭（1865—1938年），字景张，号渠生，安徽合肥人。龚心铭于清光绪十五年（1889年），登己丑科顺天乡试第八十名举人，又在光绪十八年（1892年）中壬辰科会试第一百五十六名贡士，殿试二甲第九十二名进士，官翰林院编修。

龚心钊（1870—1949年），字仲勉，又字怀西，号怀熙，又号瞻麓，龚心铭弟。光绪十七年（1891年）辛卯科江南乡试第十九名举人，光绪二十一年（1895年）乙未科二甲第四十九名进士，官翰林院编修。龚心铭、龚心钊是清代合肥唯一的兄弟翰林。

龚氏兄弟父亲龚照瑗为李鸿章淮系要员，曾任四川布政使、驻英法意比四国公使，光绪二十二年（1896年）在英国伦敦诱捕民主革命先驱孙中山先生，后虽迫于各方压力释放了孙先生，但这既浓重又不光彩的一笔，依旧难以被历史的尘埃所掩盖。

龚心铭民国后投身实业，是著名实业家。龚心钊曾任最后一届科举即光绪三十年（1904 年）会试的同考官，又出任驻加拿大总领事。龚氏兄弟还因为同是顶尖的文物收藏大家和鉴赏大家，为世人熟知。龚心铭最出名的藏品为商鞅方升，后转赠龚心钊。方升是秦国商鞅变法时统一度量所规定的标准量具，有极高的史学价值，现藏上海博物馆。龚心钊与民国总统徐世昌之弟徐世章，在收藏界号"南龚北徐"，其藏品既丰且精，文物种类也多，如战国越王剑，宋代米芾、马远、夏圭等名家的书画，宋汝窑盘，以及时大彬、徐友泉等名家制作的紫砂壶，自战国至六朝的铜、玉、石的官、私印章 2000 余方，无不显露出龚氏眼光的高、精、准。关于龚氏兄弟的收藏故事可以诉说很多很多。

合肥名胜逍遥津，清末民国初年曾为龚心钊所有，龚心钊在其中建蘧庄，藏有大量珍贵文物，包括碑刻王羲之的《兰亭集序》、颜真卿的《多宝塔法帖》、汉白玉仕女图等。龚氏与众多文化名流在蘧庄流连闲适，欢畅雅聚，是其时合肥成为皖省文化核心的标志之一。悠长的时光是一台粉碎机，合肥城区自 20 世纪 50 年代至 90 年代陆续大规模拆迁，包括李公祠、蔡公祠、江公祠、天后宫、段家祠堂、龚家祠堂等知名建筑均荡然无存，蘧庄亦未能得到妥善保护，否则这些国宝级文物将构架和奠定古老合肥的雄厚底蕴，拥有两千多年建城史的合肥也必将成为国家级历史文化名城。可惜今人只能凭借姜筠为龚心钊绘制的《蘧庄图卷》（2018 年 6 月拍卖成交价 713 万元）及吴昌硕、康有为等名家题咏，来追怀逍遥津与蘧庄的动人美景了。

《龚心铭乡会试硃卷》（以下简称《龚氏硃卷》）首列龚心铭履历，再是龚心铭光绪壬辰正科名为《子曰君子矜而不争群而不党子曰君子不以言举人不以人废言》《斯礼也达乎诸侯大夫及士庶人》《井九百亩其中为公田八家皆私百亩同养公田》的三份会试卷，后有《赋得柳拂旌旗露未干——得春字》五言八韵诗，与清代会试三场所试之四书文、五言八韵诗、五经文以及策问程式相符。会试三题分别出自《论语·卫灵公篇》《中庸》《孟子·滕文公上》，大总裁内阁学士李端棻、内阁学士霍穆欢、工部尚书祁世长、户部尚书翁同龢分别作了"虑周藻密""局正词圆""气旺神流""思精笔锐"的批语。龚心铭针对"不以人废言"，写道："且知夫进贤纳规，即平日宽严之端所由见，不以坚僻失嘉言之利，不以阿私受小人之愚，而平其心以审慎之，乃能持其权而左右之，欲倖焉无可倖也。"希望主政者能明辨是非，亲君子远小人。龚心铭识见周密，在晚清算是一个"学霸"，也是一个明白人。

会试硃卷之后是龚心铭顺天乡试硃卷，再后附龚心钊江南乡试硃卷，三者体例同。是书一册三种硃卷，为龚氏自刻精印，是非售品，只为赠送亲友，白纸大开，是极佳的清代科举文献实物，已被顾廷龙先生主编的《清代硃卷集成》收录。龚氏兄弟是近现代有影响力的名人，故此册古籍在收藏界颇受欢迎。

合肥旧民谣称："（龚氏）一世二世孤苦伶仃，三世四世渐有书生，五世出一高僧，六世车马盈门……十三十四两代翰林。"民谣说龚氏迁肥的第一世、第二世贫困无依，且这种说法长期盛行，现在看来是不准确的。据《龚氏硃卷》，第二世龚天麒，字蜀樵，明郡庠生、嘉靖贡士（贡入国子监的生员），任山西大同府通判，按今天的说法是副市级的干部。明代培养一名读书人是要花费巨资的，龚天麒的父亲、第一世龚俊必定富有资财，且眼光如炬，知道一个家族的兴盛需要长期经营，读书方可出人头地，对龚天麒的培养必然尽心，"天麒"的寓意也不是普通平民所能想到的。龚天麒只是一名监生，虽然越过平民阶层，但能步入青云，在明中后期并不多见，其处事为官的才干世故必强于常人，龚俊、龚天麒父子远不是孤苦伶仃的境况。总之，历史未必经得起有心人的推敲与考证，只要愿意探究，就可以发现并不深藏的真相。

龚天麒之后，第三世龚鈇、龚铨分别为庠生、贡士，第四世龚淳是庠生，第五世龚承德、龚承先分别为庠生和举人，第六世龚萃肃为万历进士，另有龚仪肃（龚心铭直系祖先）、龚允肃等多名庠生、增生。龚萃肃之后的龚氏代代都有读书人，直至龚心铭兄弟和族侄龚元凯两代翰林。

《龚氏硃卷》履历部分记载自龚俊始，至龚心铭子侄止，共十三页二十六面。正因为合肥龚氏自明代中期即开始兴盛，家族不断开枝散叶，世系宏大，履历的世系就从明代开始记录，故而内容丰富详尽。笔者曾翻阅数百份清代硃卷，正常的硃卷履历信息不过数页，如李鸿章侄李经世的是七页，履历少的仅二至三页，超过十页的不过寥寥三五份，究其原因，世系都是从入清以后开始，唯一超过《龚氏砾卷》的是清末名人王懿荣的砾卷。王氏世系从明初洪武年间起，时间比龚氏多出近百年，所以多些正常。

《龚氏砾卷》记载的信息量巨大，充分说明晚清民国合肥地络连延，人文蔚起之时，"龚、张（张树声，张绍棠张士珩父子，为合肥东、西乡两支张姓）、李（鸿章）、段（祺瑞）"四大家族为何以龚氏为首。龚氏明清两朝共有龚萃肃、龚羽稷、龚朝聘、龚心鉴等十名进士，是合肥历史上同一家族最多的。与钱谦益、吴伟业齐名的"江左三大家"之一，在中国文学史上享誉盛名的清初文坛领袖龚鼎孳是龚氏第七世子孙，龚鼎孳是后世合肥士子的楷模。进士是科举时代衡量人才的最高标准，从这个角度而言，龚氏是合肥最成功的家族。另据笔者统计，合肥（不含巢湖、庐江）历代进士可考证的有319名，在皖省列歙县、休宁之后，稳居第三，是不是也出乎您的意料？

民国时，合肥龚氏中龚心湛曾任国务总理；龚积柄为山东省省长；龚理明为陆军中将；龚维疆为陆军少将加中将衔；龚镇洲为辛亥革命元勋，他的三个女儿是现代外交界有名的"合肥龚氏三姐妹"；抗日名将孙立人、外交家乔冠华是龚家女婿的代表。龚氏不仅源远而且流长。

《龚心铭乡会试硃卷》

珍贵的红印本

——张士珩《竹居小牍》

我国古籍刻印流程大体如下：将木料依据需要的尺寸截成板材，打磨后备用；将书稿誊写在薄而透明的纸上，刻工将纸稿覆于板材上，稿纸正面与板材紧密贴合，字便成为反体；将纸揭去，毛笔墨书的字迹以反体形式显映在板材上，刻工用锋利的刻刀把板材上没有字迹的部分全部削去，让字迹凸出，带有字迹的板材就是雕刻好的书版；刷印时，工匠手持两头都装有刷子的刷帚，先将一头蘸墨的刷子，在书版的字面涂上墨迹，用纸轻轻覆盖，然后再用另一头未蘸墨的刷子拓拭纸背，以便字迹刷印出来。所谓雕版印刷就是这么来的，刷印出来的纸张用线装订成册就是线装书。

如果书版保存得当，版面不坏，一部古籍就可以不停刷印。但书版毕竟是木质的，墨是水墨，木头蘸墨吸水，时间一久，字迹会逐渐膨胀，没有原先的规整完好；书版着墨受潮，再遇到刷印结束后停版风干，很容易变形断裂。经过长时间刷印，相较初印本的字画清朗、墨色浓郁、边栏毕现，后印本的版面不断磨损，笔画模糊不堪，框线漫灭，甚至出现断版缺字的现象。

初印本文字内容符合原本面貌，拥有很高的版本价值。此外，从欣赏艺术的角度来看，初印本也绝非后印本所能比拟的。对于早期刻本的初印本，其价值可能是后印本的十倍甚至更高，藏书家都是作为善本珍藏的。

一些刻本在大量刷印前，一般先用朱墨或蓝墨印制数十部，这就是版本学上常说的"红印本""蓝印本"。使用红色或蓝色的目的是容易辨别，以便校对或修正错字、着墨等。因为印制数量更为有限，所以历来受到追捧，多被视为珍本。红印或蓝印之后紧接的墨印本，因为书版多少会残存之前的一些朱墨或蓝墨，故而能够在纸张上察看到泛红或泛蓝的墨色，古籍圈内将之称为"初印泛红"或"初印泛蓝"，也受到藏家喜爱。

早期的红、蓝印本主要目的是校正，发展到清末民国则有一定变化，究其原因是此时文人开始追求艺术美或形式美，一些刻书家或藏书家配以上好纸张、俊美版式、精致装帧，将著作以红印、蓝印的方式刊出，作为馈赠亲友的佳品或留待观赏。当然，这种印本还是不会多印，历经风雨能够存世的多成为稀见之物。现存的红、蓝印本多是民国时期的刊物。

《竹居小牍》（简称《小牍》），张士珩刻，刊于民国三年（1914年），白纸红印本，尺寸为26.4厘米×15.2厘米，半页十一行，每行二十二字，版心下镌"竹居刊本"。据张士珩自序，历年撰写尺牍多数佚失，《小牍》所录仅是遗存的很小部分，就此而言是相当可惜的。张士珩是一位重量级人物，其尺牍极具历史和文化双重价值。

张士珩（1857—1917 年），字楚宝，号毁楼，合肥人，李鸿章外甥。李鸿章家族兴起之前，李氏兄弟读书、婚姻受到张家颇多资助，故而张士珩本人的仕途和命运与李鸿章紧紧地联系在一起。张家世代以武科显，张士珩祖辈及父辈有六七位武举人，同辈有两名武进士。但清代武进士不受重视，张士珩走的是读书出仕的道路，年轻时到南京，拜著名学者汪士铎为师，学问大进。

光绪戊子年（1888 年）考中江南乡试举人后，会试不售，张士珩遂入李鸿章幕，朝夕讨论事务，深受重用。后为侯补道，领军械局兼领武备学堂，民国时很多声名鹊起的人物出自张士珩门下。刘铭传亦邀请张士珩去台相助，未果。张士珩鉴于中国军械皆购自外商，外商良莠不齐，稍有不慎，就会买到次货，所以制定规程，严格检验，外商不能欺。因为先进技术日新月异，张士珩认为不能完全依靠外方，故而肯动脑筋，又以身作则，每得一件新式军械，都要反复拆解，了解构造和性能，刻苦研习相关制造工艺和原理。

甲午战争后，因台谏弹劾李鸿章，张士珩受到波及，被人参奏通敌卖国，把军火盗卖给日本人，获利数十万。张之洞在领命核查后，发现人证、物证、案卷一件也没有，所有出口军火，张士珩均未经手，加之清政府担心人民持械反抗，对军火管制十分严格，军火从出库到运输出国，张士珩绝无可能完成盗卖军火的任一手续，判定结果是纯属无稽之谈，"仅以舅甥同省违成例，夺官"。中国古代历来都不缺乏捕风捉影的故事，台谏的想法是通过污蔑张士珩来牵涉李鸿章。

张士珩后复出，在山东巡抚周馥底下兼办学务处、参谋处、武备学堂诸要政，各处均实行张士珩亲自编订的新法。光绪三十年（1904年），周馥任两江总督，奏准张士珩主办江南制造局。张士珩主管北洋军械局五年，又主管江南制造局六年，已成为一名全方位的军火专家。在其治下，江南制造局能够制造各类新式军械、弹药，枪炮质量上乘，还能自制钢铁、强酸等原料。张士珩是早期中国军事工业的先驱，功莫大焉。

甲午罢官后和民国初年，张士珩曾居南京冶山（今南京市博物馆附近）下，又号冶山居士。因仰慕魏晋时"竹林七贤"的风度，所居之室命名为"竹居"。竹居周围皆竹，四季常绿，宁静幽邃。友朋常至，则焚香拂琴，饮茗论画，携酒醉卧，酣畅淋漓。"竹居"是金陵重要的文化沙龙，孙衣言、汪士铎、陈作霖、邓嘉辑、程先甲、江云龙、郑孝胥等相交的师友可谓"谈笑有鸿儒，往来无白丁"。

张士珩与其父张绍棠都是著名的刻书家。张绍棠关注民生，鉴于普通百姓多因病致疾，求医不易，主要刻印普及医书，他光绪十一年（1885年）刊刻的味古斋本《本草纲目》，推动了《本草纲目》的流传，后世翻刻重印多以味古斋本为底本。张士珩除了刊印自己的著作外，还刻有汪士铎的《悔翁诗词钞》、桐城派名家管同的《因寄轩文集》等。

晚清民国合肥"龚、张、李、段"四大家族中，张姓代表人物通行的说法是曾任署理直隶总督兼北洋大臣、两广总督的张树声，张树声年纪、功名、官职、影响力均不及李鸿章，张姓能排在李姓之前实在令人费解。笔者认为合肥西乡张树声之外，以张绍棠、张士珩父子为代表的合肥东乡张氏，也是张姓的代表，东、西乡两支张姓大族合二为一可能才是张姓排名在李姓之前的真正原因。

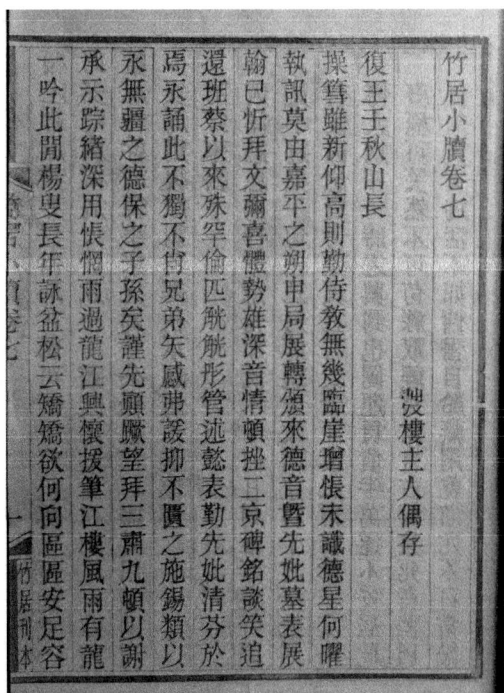

《竹居小牍》

徽州的劫难

——程锡祥《休宁率溪程氏烈妇合传》

"徽之休宁山水多灵秀钟毓之气，蔚为人文而风俗醇厚，多卓荦瑰奇之士。崇礼教，重气节，嚼然不淬，文章行诣足以扶纲常，翼名教。表襮于当时，为后世模楷而生其景仰者，代不乏人。间气所钟且萃于巾帼裙钗，松柏之坚贞，冰雪之皎洁，具万死不辞、百折不挠之节，而其见危授命，临大节而不可夺者，方之仁人志士无多让焉，如率溪程氏一门六烈妇，直可寿金石而泣鬼神矣！"

以上为民国五年定远方泽久为在太平天国浩劫中殉难的休宁率溪程氏六位烈妇所作墓志铭中的一段话。徽州向为大姓宗族聚居之地，秉承程朱理学之道，"沐圣仁之教，秉礼义之传"，代代铭记知大义。重名节的规训。徽州自宋代以来，数百余年未见兵燹，平和的环境里，徽州人与生俱来的经商天赋使得徽州经济发展长盛不衰，发达的经济又催生出璀璨夺目的徽州文化。明清时期徽州人物繁庶甲于东南，是国内数得着且极具影响力的文化重镇。然而晚清爆发的太平天国起义轻而易举摧毁了一切。

太平军所到之处生灵涂炭，每到一地必定裹挟青壮年从军，壮大其军事力量，同时大范围地流动作战，为了以战养战，无视军纪，大肆烧杀抢掠来充盈物资。即使占领某些区域形成一段时间稳固统治后，也未能制定长期有效的方针策略。除造成经济、人口不可估量的损失之外，极度仇视异端，文化上损毁一切，没有秩序与规则，视民众为草芥，严重割裂了太平天国与普通百姓的关系。所谓天国没能得到百姓拥护，反而遭遇更广泛、更猛烈的反击与抵抗。

六烈妇分别是程崧辰妻戴氏，崧辰子锦标妻汪氏，崧辰子元标聘妻黄氏，崧辰弟崧祝妾江氏，崧祝子得标妻孙氏，崧辰子龙标妻李氏。程氏为徽州著姓，世居休宁东乡之率口，号率溪程氏，能谨守诗礼之教而修于其家，代有闻人，虽妇女亦娴节义。

程氏所居依山傍水，风景如画，本安生乐业，享受恬宁。咸丰庚申年（咸丰十年，1860年），太平军进入徽州，程氏一家被迫避居深山。时程崧辰卒于江苏吴陵客馆，程崧祝前去处理后事，返途遭道路阻断。十一月，太平军攻入山中，"锦标陷贼，戴氏恐贼逼，乃手挽汪氏含涕走。贼举刃蹴之，曰：'不释妇，即杀尔。'戴氏愤然曰：'死则死尔，妇不可夺也。'贼遂断其颈。"汪氏见到婆婆惨死，以头抢地痛哭并大骂太平军，凶残的太平军也将汪氏杀害，黄氏投塘自尽。戴氏、汪氏、黄氏为率溪程氏前三烈妇。除三烈妇、程锦标外，程崧祝子程得标、程泽标均死于难，汪氏遗下所生才二月大的幼儿，付于仆妇携抱，得以幸免。

太平军与清军在徽州相互攻战，反复拉锯，徽州是不能待了，程崧祝与程龙标带领全家迁居杭州。仅隔一年，咸丰辛酉年（咸丰十一年，1861年）十一月，太平军攻入杭州，程氏一家再次遭遇悲惨凄苦的生离死别。江氏、孙氏、李氏皆投河死，是为率溪程氏后三烈妇，程崧祝与子侄程龙标、程凤标、程崇标失陷在太平军中，汪氏所生幼儿冻饿而死。到了同治三年（1864年），太平军失败，程龙标从湖州脱险，赴杭州打探家人讯息，"杳无知者"，程氏一家十四口，只存程龙标孑然一人。程龙标面对故园之座座坟茔，忆昔日母慈妻贤之场景，寰宇之大，似已无其存身之地，则至痛至哀莫过于此。

嘉庆二十四年（1819年），徽州六县人口高达289万，太平天国被平定四十年以后的光绪三十年（1904年），经过几十年的休养生息，徽州人口仍只有82万，人口锐减超过70%。直至21世纪的今天，徽州也没有一个县的人口数能恢复至嘉庆时的水平。

"湘乡贤者（指曾国藩）也，手夷大难，驻军徽境，历时两年，目睹徽人遭乱之惨，而民之死于贼者多，其言之沉痛若此。而徽之邑井丘墟，距乱平六十年，犹然败瓦颓垣，荆榛道路，过者尚有余痛。"

民国时期的徽州，仍处处残垣断壁，一片衰败的景象。徽州受此重创，人口凋零，文化中断，经济萧条，再没能恢复原有的荣光。

封建社会广大妇女受礼教约束和牵绊，屈从于父权与夫权，"三从四德"及"七出之条"被大力提倡，鼓吹妇女从一而终，又鼓励夫死尽节，形成根深蒂固、牢不可破的习俗，这与现代文明有相悖之处。古代方志往往记载了当地大批所谓"烈女""烈妇"，《嘉庆合肥县志·列女传》用了整整五卷的篇幅，占了全部人物传的一半，可见封建社会对此的重视和崇尚。

率溪程氏六烈妇情形与之却不尽相同，六烈妇面对太平军的穷凶极恶，纤弱之躯却焕发决然之气概，似有铮铮铁骨，临危不惧，慨然赴死，展现了中华民族千古以来即使是柔弱妇孺亦存威武不屈之雄壮，与"粉骨碎身浑不怕，要留清白在人间"有异曲同工之意。这种气节在任何时代都是值得宣扬和赞颂的。

程龙标为程崧辰第三子，字潜夫，号云生，同治邑庠生，后娶方氏，生程锡祥、程锡祯、程锡禧三子，长子锡祥承嗣伯兄程锦标。据程锡祥尾跋，程龙标卒于光绪丙戌年（光绪十二年，1886年）之秋，临终嘱托程锡祥等勿忘家族苦难往事，务必完成六烈女合传的刊行及牌坊的建造。据此推测，乱世孑遗的程龙标生前在外出游历的过程中，已着手上述事宜的准备工作，再经程锡祥等努力，共邀得名家、乡戚一百余人，为程氏卓绝事迹撰写相关诗文，最终汇编成册，即《休宁率溪程氏烈妇合传》（以下简称《合传》）。

《合传》初刊于光绪二十三年（1897年），在杭州为太平军攻占一甲子之后，又续刊于民国辛酉年（1921年）。笔者经眼的为民国刊本，活字白纸铅印，尺寸为26.5厘米×15.5

厘米。《合传》为海宁徐用仪署检及开篇作序。徐用仪为晚清名臣，官至军机大臣，在庚子之变时，因坚持正确主张，认为"奸民不可纵，外衅不可启"，建议严惩肇事的义和拳民，不可轻启战端，应与八国联军议和，导致被冤杀，是为"庚子被祸五大臣"之一。以慈禧太后为首的朝廷西逃之后，懊悔不听徐用仪等人之言，招致国家极为巨大的损失，决定平反徐用仪等人，给予"开复原官，以示昭雪"。可见，不论何朝何代，忠言总是逆耳，睁眼看清楚世界，坚持对外开放，走民主的道路才是正确的。

《合传》共收序四篇、传三篇、书后三篇、赞一篇、墓志一篇、五言古诗三十三篇、七言古诗六十四篇、五律十七首、七律二十八首、五绝二十六首、七绝四十一首、乐府六篇、词五阕、闺彦诗十一首、跋三篇、记一篇，洋洋洒洒一百多页，撰作者除徐用仪外，还有钱塘吴士鉴（光绪榜眼）、武进庄纶仪（光绪进士）、歙县吴承烜（著名学者）、金坛冯煦（安徽巡抚）、阳湖钱名山（著名学者）、常熟邵松年（进士、学者）、武进庄赓良（湖南布政使、书法家）、吴江费树蔚（著名学者）、歙县汪宗沂（著名学者）、汀州伊立勋（书法家）、归安陆树藩（陆心源之子）、歙县许承尧（著名学者）、义宁陈三立（著名学者）、江阴金武祥（著名学者）、如皋宗孝忱等名家。

经程锡祥等努力，程氏六烈妇事迹载入《安徽通志》，并在光绪时禀请皖、浙二省学政奏请朝廷，奉旨旌表从祀休宁节孝祠并准建节烈牌坊。程锡祥最后说道："前安徽巡抚冯公煦题赠匾额，上慰先灵并蒐集题章，续付剞劂，勉遵遗训，若夫绰楔增荣，且俟异日傥蒙海内鸿文硕学，采入辎轩，寿之金石，世世子孙感且不朽。"

程锡祥期望家族事迹永不湮灭，百世流芳，子孙永感不朽。据《合传》，程龙标生三子，程锡祥兄弟三人又生六子，程氏新的繁衍必将生生不息，不恰好揭示率溪程氏的追求及信仰与中华民族数千年来自强不息的精神力量同源吗？

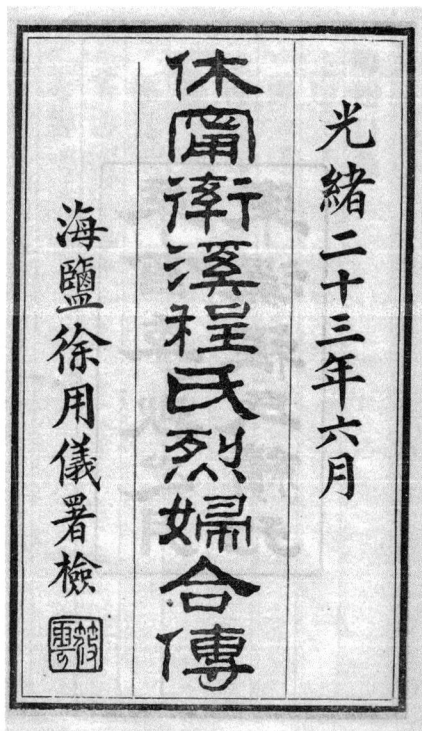

《休宁率溪程氏烈妇合传》

洋灰陈世家的故事

——陈惟壬《陈一甫先生六秩寿言》

石埭，今名石台，人口历来不过数万，向为皖南山区小县，以风光秀美著称，然唐之杜荀鹤、宋之丁黼、明之吴应箕皆出于此，可谓代有闻人。晚清民国，被誉为"中国佛学中兴之祖"的佛学研究会会长杨文会及号称"中国水泥之父"的陈惟壬争相辉映，为石埭名人文化添上了浓重的一笔。值得一提的是杨文会、陈惟壬与湘系、淮系都有着千丝万缕的联系，杨文会父亲杨摛藻与曾国藩、李鸿章父亲李文安为同年进士，陈惟壬父亲陈序宾，以诸生为曾国藩所识拔，后追随李鸿章，为李鸿章总理军储垂二十年，一介不苟，人服其廉洁。陈惟壬长兄陈惟彦亦见重于李鸿章，与清代状元、民国大实业家张謇为儿女亲家。

陈惟壬（1870—1948年），字一甫。因父兄余荫，加之自身才能出众，做事勤恳干练，陈惟壬先后为李鸿章、周馥、池州同乡刘含芳等赏识，直隶总督兼北洋通商大臣的袁世凯也十分器重陈惟彦，委以要职。洋务运动之后，实业救国成为清政府及有识之士的共同选择，振兴实业成为挽救中国命运的"切要之途"和"救亡之路"。

受周馥之子、著名实业家周学熙影响，陈惟壬"独深有意于实业也，以为中国方苦贫弱，为根本计非振兴实业不为功"。当时中国尚无完整的水泥工厂，清末北洋海军建筑船坞、要塞皆需水泥，外商奇货可居，索以高价，水泥大量进口被称为洋灰。李鸿章曾在唐山筹建中国第一家水泥厂——唐山细棉土厂，该厂受设备及技术限制，水泥质量低劣难以销售出去，导致资本耗尽，又因庚子之乱，场地为英国人所占。光绪乙巳年（1905年），陈惟壬到日本考察学习水泥生产工艺，至光绪丁未年（1907年），周学熙赎回细棉土厂，资产改组成立启新洋灰公司，陈惟壬成为该公司最早的三名董事之一。由于陈惟壬等经营得法，产品质量上乘，启新公司生产的"马牌"水泥行销全国，销售量一度占据全国市场90%以上的份额。"马牌"水泥还远销东南亚，牢牢占据了那里的市场。

虎父无犬子，陈惟壬长子陈范有就读于北洋大学土木工程系，毕业后担任启新洋灰公司工程部土木工程师、公司协理，并参与经营管理。陈范有在启新公司发展遇到瓶颈之时，求新务实，锐意进取，使得水泥质量得到提升，销路得到保证，又曾独自设计当时国内最大、最先进、产量最高的启新水泥八号窑。民国二十二年（1933年），陈范有受公司委派南下，在南京主持创建江南水泥厂，办厂期间得到北洋同学陈立夫的大力支持，水泥厂发展迅猛，最后成为布局合理、技术先进的"东方水泥厂之冠"。

抗战爆发，日寇侵占南京，制造了举世震惊、骇人听闻的南京大屠杀，陈范有组织成立了以制造商德国人卡尔·昆德、丹麦人辛波为首的工厂留守组，并请昆德利用其德国国籍身份与日寇周旋，指示留守组妥善安置难民，积极给予救济和援助，在长达半年多的时间内，使三万多同胞免遭日寇屠杀和蹂躏。后人称陈范有是中国的"拉贝"。新中国成立后，陈范有被推选为全国水泥工业联合会主任委员。

《陈一甫先生六秩寿言》（以下简称《寿言》）刊印于1929年，是陈惟壬六十寿诞之际，由陈范有出面，遍邀当时的社会名流、文人墨客，为陈惟壬撰写各类祝寿诗文，最终选择其中精美的，以影印的方式制作成册，为非售品，只用以馈赠亲朋好友。民国时期，这类为家族长辈或至亲印制的祝寿之册，一方面娓娓道出家族先世的德行善举，表明家族成功具天时地利之和；另一方面彰显家族非同凡响的实力与背景，希冀家族能够福泽绵延，长盛不衰。这类寿册花费通常颇巨，只富有资财的达官贵人才能为之，祝贺者多地位崇高，寿册印制十分讲究，使用的纸张多属上乘，《寿言》也不例外。《寿言》尺寸为30厘米×18厘米，开本较正常书籍阔大，显得十分大气。

《寿言》首为天津赵元礼、赵苅二家序，次为衡山陈少梅画的陈惟壬六十岁清照（上有赵元礼书、赵苅所撰贺词），后依次为江宁顾祖彭寿词，红印的蒲圻张海若绘佛像、题寿言，常州徐宗浩、北京白廷夔、武进汤涤、怀宁萧愻、吴兴庞元济、衢州王云六家祝寿图，合肥龚心湛《陈一甫先生事略》。《陈一甫先生事略》之后是常熟言敦源的《陈一甫先生五十晋九寿序》、正定王士珍领衔数十名家撰写的《石埭陈一甫观察六十双寿序》、伊通齐耀珊领衔数十名家撰写的《陈一甫六艳寿序》、涡阳袁大化领衔皖籍同乡撰写的《一甫观察大人六旬荣庆》等寿言、寿序二十二篇，最后为陈惟壬自序、陈范有题注、赵苕跋。

《寿言》撰者俱为名家，受陈氏所请，皆用心为之，或笔精墨湛，或神工意匠，为《寿言》增辉添彩。民国可见的皖籍名家《寿言》并不多见，这一册收录了妙手丹青的寿图、寿言数十幅上百面，可算得上是安徽历史文献中的艺术珍品。

《寿言》还有一点特色的是少见的皖籍名流在此册留下颇多墨宝。民国总理、合肥龚心湛撰写的《陈一甫先生事略》，洋洋洒洒上千言，是迄今为止可见龚心湛着墨最多的文章。袁大化的《一甫观察大人六旬荣庆》亦有罕见的一千余言；陆军代理总长、合肥罗开榜的字迹，笔者在此册第一次见到；其他可见如至德周学熙，太湖吕调元，合肥段永彬、聂宪藩、孔繁锦、李经湘、龚积柄，贵池姚震、姚国桢，安庆叶崇质，黟县金邦平，寿县孙多钰等，既是乡谊关切、情意浓重的表达，又是安徽文化难得的盛世之聚。

陈氏父子民国时在石埭建有新式学堂和桥梁，是陈氏不忘桑梓、回报家乡的义举。除《寿言》外，陈惟壬还著有《恕斋先生东游日记》《欧美漫游日记》，编有《石埭备志汇编》《强本堂汇编》《石埭陈序宾先生褒荣录》《石埭陈氏先德录》等，也都是难得的石埭文献。

陈范有父子在实业救国探索之路上付出的艰辛与努力，在中国早期工业化发展过程中取得的杰出成就，使得石埭陈氏被誉为"洋灰陈"世家。可惜的是，坐落于天津成都道与山西路交会处的陈氏故居没能得到很好的保护，在新千年之后被拆除，再没机会让吾等去探寻，这是个不小的遗憾吧！

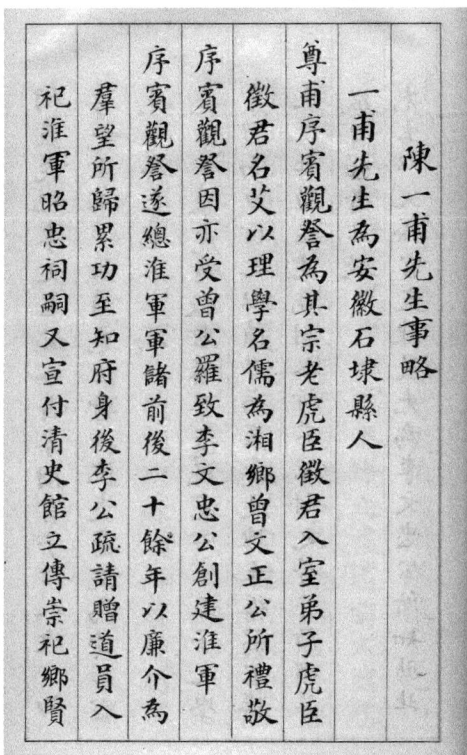

陳一甫先生事略

一甫先生為安徽石埭縣人

尊甫序賓觀譽為其宗老虎臣徵君入室弟子虎臣

徵君名艾以理學名儒為湘鄉曾文正公所禮敬

序賓觀譽因亦受曾公羅致李文忠公創建淮軍

序賓觀譽總淮軍軍儲前後二十餘年以廉介為

犖犖所歸累功至知府身後李公疏請贈道員入

祀淮軍昭忠祠嗣又宣付清史館立傳崇祀鄉賢

《陈一甫先生六秩寿言》

清代安徽人才是这样分布的

——金天翮《皖志列传稿》

　　民国十八年（1929年）十二月，内政部颁行《修志事例概要》，敦促各省编修省志。次年，皖省在省会安庆设安徽通志馆筹备处，聘请歙县江暐为馆长，合肥徐曦、颍上余炳成先后任副馆长，著名学者徐乃昌、金天翮、程演生、洪汝闿、孙传瑗、屈伯刚、武同举、胡晋接等参与编纂。截至民国二十三年（1934年），以安徽通志馆名义出版的《安徽通志稿》，陆续刊印了大事记、舆地考、司法考、财政考、教育考、交通考、艺文考、金石古物考等分册，计157卷，共32册。该志采用灵活的分卷体形式，每编成一册，即刊行一册，各志稿皆独立成编，"合是一书，析可单行"。

　　《安徽通志稿》中的人物列传由近代国学大师金天翮负责，命名为《皖志列传稿》（以下简称《传稿》）。金天翮（1873—1947年），又名金天羽，字松岑，号鹤望，江苏吴江人，祖籍歙县，与近代陈去病、柳亚子并称"吴江三杰"。

　　金天翮著作等身，后世研究多关注其在文坛上的影响，导致学界往往忽略其史学造诣，金天翮除《传稿》外，尚有

《元史纪事本末补》《鹤舫中年政论》等史学著作。其友人徐震在《传稿·序言一》中说道："吴江金先生松岑，宗儒家之术，志经世之业，论辩辞赋皆所擅也，而尤乐为叙事之文，平素挈治左、马、班、范之书至笃也，观古今理乱得失之迹至熟也，以为载之空言，不如见诸行事之深切著明，此孔子所为作《春秋》也。故尝有志于为史，身非史官，不获籀秘阁之藏，有怀莫遂。"以史为鉴、经世致用的儒家思想一直深邃于金天翮心中，加之祖籍徽州，"皖省数百年间贤奸淑慝之行事，寄其深心焉"，对皖事特别留意，故当安徽通志馆延请其为编撰时，其尝试编撰史书的愿望终可达成，便欣然同意。

《传稿》民国时有两种版本，一种为通志馆铅印本，十册，该版本笔者只见过零本，全帙未见。民国二十五年（1936年），金天翮因不满意通志馆排印质量，决心自己重印，他在《传稿·编纂余言》中说道："此稿皖志馆已印十册，惟编列次第漫无伦脊，字模既劣，讹谬至多（尚有非不才所作混合在内）。旅苏安徽同乡李君伯琦、李君钟承、汪君纪文等发心为余重印，得本籍皖人之赞助，克底于成。钟承募款尤多，有足称者。"

金天翮认为此版还需修改，"此稿非定本，欲以就正皖中及海内诸贤耳。如蒙匡弼违失，异日再行正式雕版，冀于史乘，或不无小补云耳"。金天翮在《编纂余言》里附上自己的通信地址，希望今后能收到各方意见，以便增补修订。这即是另一种版本的由来，金天翮集资付梓，八册九卷，为笔者经眼之册，竹纸铅排，尺寸为28.2厘米×17厘米，书口镌"皖志列传稿"字样，封面由温州马公愚题签。李君伯琦，即合肥李国璟，是李鸿章侄孙，其父为李蕴章四子李经钰。李国璟子李家孚少年英才，不及二十即卒，有《合肥诗话》三卷，空留余音在人间。李钟承，阜阳人，曾任职报界。汪纪文是歙县人，一生主要从事教育工作。

金天翮广征博引，网罗各种碑传、家传、府县志等资料，对群籍严格考核，增削斧正，终成《传稿》九卷，起于明清鼎革之际，终于宣统之末，以三百年来皖省人士之具三不朽者备于是。除去附编卷九之魏武帝、明太祖别传，《传稿》以清代人物为主，少数由清入民国，卷一自明末桐城左光斗父亲左出颖始，至卷八歙县曹崇庆止。"三不朽"指立德、立功、立言，《传稿》入选之人或为忠义节烈，或是能臣硕儒，或为精工巧匠，或是科技先达，鲜明体现了金天翮以史戒今、讽喻后世的史学思想，"藉一端以摄全体，则囊括闳矣；即一事以昭定理，则法戒彰矣"。合肥龚鼎孳、桐城汪志伊、盱眙吴棠等清代重臣不在其列。仿照正史，《传稿》每传之后有论赞，是金氏对历史发展及民国社会深层次的总结与思索。

《传稿》无论是体例、编裁，还是文笔、史论，均属上乘。徐震等云："先生为文倜傥权奇，此编亦颇搜罗瓖异，以壮文采。顾其会归，一依乎平实，可谓语不离宗矣。至若采摭之富、甄择之审、运裁之妙，才、学、识三长，庶几具备"；"吴江金松岑先生雄于文者也，而亦兼史家三长者也。

曩读其《天放楼文言》，知其博涉群籍，于道德政教学术自负深矣"；"斯足以为奇文为良史，不独此集之必传，而皖志之名亦当益重矣"。正因为《传稿》的巨大影响，才使得《安徽通志稿》的价值陡然倍增。清代著名史学家章学诚说过："千古多文人而少良史。"金天翮"才、学、识"俱长，故《传稿》可谓良史，是安徽史学和方志学上的一座丰碑。

《传稿》不考虑附传人物，列名于目录者计301人，除姜埰、师范、李兆受等3名外省人物，人物计298人。按清代行政区划，皖省人物分布如表5。

表5　《皖志列传稿》中皖省人物分布

单位：人

府	县						合计
徽州府	歙县	休宁	绩溪	黟县	祁门	婺源	86
	57	9	3	8	2	7	
安庆府	怀宁	桐城	望江	太湖			84
	5	77	1	1			
庐州府	合肥	庐江	巢县	舒城	无为		40
	31	5	1	2	1		
宁国府	宣城	泾县	宁国	旌德	南陵		23
	10	8	1	2	2		
颍州府	阜阳	亳州	蒙城	霍邱			17
	12	1	1	3			
池州府	贵池	石台	青阳				12
	7	3	2				
凤阳府	凤阳	灵璧	凤台	怀远	寿县	定远	12
	2	1	1	1	5	2	

续 表

府	县						合计
太平府	当涂	芜湖	繁昌				9
	5	3	1				
滁州	滁州	全椒					5
	1	4					
和州	和县	含山					4
	3	1					
六安州	六安	霍山	英山				3
	1	1	1				
泗州	泗县	盱眙	天长				3
	1		1				

　　李国璔在《传稿·序言二》中说道:"清中叶文教之盛比隆唐宋,庐滁徽歙间儒硕踵起,若江戴之经术,方姚之文章,尤卓然独著。……余窃怪皖南之为邦,冈岭盘纡,道里辽阻,故民俗醇谨而学尚沉实。桐城则枕江背山,津涂通会,其民风秀美,文学称邹盛焉。独颍亳庐凤之交,平野千里,淮泗交注,据南北争战之卫,民居习闻抱鼓之音,慨然有荷戈驰驱之志。"李国璔清晰阐明了安徽南北文化的巨大差异及徽州、安庆两大文化中心分别以经学及文学著称。就列传人数,徽州府、安庆府居前二位并不令人感到意外。以县论之,桐城77人、歙县57人又分列前二位,合肥31人居第三。虽然金天翮治学有其独到想法,《传稿》的选人标准与《清史稿》不尽相同,但歙县及桐城人物之盛仍与《清史稿》中皖籍人物的记载情况吻合,也与清代安徽各县进士登

第人数情况相符。清代桐城、歙县、合肥文进士数量居安徽前三，本籍进士分别为149名、126名和67名，这些数据放在科举强省浙江，分别是第五名、第七名和第十六名。以上数量分别参考方宁胜《桐城科举》、许承尧《歙事闲谭》、笔者编著《合肥历代进士》及陶绍清《浙江科举文化史》。如加上寄籍，桐城和合肥分别有155名和71名，《歙事闲谭》记载歙县有296名，笔者还可为之增加程汝璞、项晋荣2人，至298名，则歙县、桐城、合肥在浙江省分别排在第三名、第四名和第十五名。

虽然桐城、歙县在皖省内人才优势领先明显，但笔者仍发现一个值得探究的现象，即合肥有后来居上的趋势。表6是清代安徽桐城、歙县、合肥历朝本籍文进士人数统计。

表6　清代安徽桐城、歙县、合肥历朝本籍文进士人数

单位：人

县	顺治	康熙	雍正	乾隆	嘉庆	道光	咸丰	同治	光绪	合计
桐城	18	17	12	29	30	20	2	7	14	149
歙县	14	16	6	45	17	9	3	6	10	126
合肥	7	7	1	8	9	11	3	3	18	67

表7是《传稿》中清代前、中、晚期桐城、歙县、合肥列传人数统计。

表7　《皖志列传稿》中清代桐城、歙县、合肥列传人数

单位：人

县	清前期	清中期	清晚期	合计
桐城	25	35	17	77
歙县	14	36	7	57

县	清前期	清中期	清晚期	合计
合肥	5	1	25	31

表 8 是清代晚期桐城、歙县、合肥本籍文进士人数统计。

表 8　清代晚期桐城、歙县、合肥本籍文进士人数

单位：人

县	咸丰	同治	光绪	合计
桐城	2	7	14	23
歙县	3	6	10	19
合肥	3	3	18	24

皖省作为受太国天国起义影响最严重的省份，经济、文化受到极大的摧残和破坏，歙县所在的徽州府受影响更甚，唐宋以来一颗特别闪耀的文化明珠——徽州就此陨落，至今仍未能恢复原有的光芒。桐城与合肥同样在这一场旷日持久的悲剧中损失严重，然而淮系集团的崛起为合肥文化的兴起提供了有力的经济支撑，使得合肥得以快速恢复。太平天国及捻军起义被平定后，淮军将领功成名就，出于对本家族长期经营的需要，以李鸿章、张树声、刘铭传、龚照瑗等为代表，普遍在教育上花大力气、下大投入。故而经过同治、光绪两朝的厚积薄发，合肥人才优势在光绪一朝得以初步建立，清晚期合肥进士多出自淮军家族。

李家孚《合肥诗话》中记载光绪壬寅年（1902 年）补行庚子辛丑恩正并科江南乡试，该科合肥中举 19 人、副榜 1 人，李氏为之自豪。笔者检索该科乡试名录，合肥县中举

13人，是苏、皖两省唯一一个中举超过10人的县，加上庐州府学的3名合肥籍举人、副榜1名，合肥更是遥遥领先。该科合肥籍举人共有17人，虽与李家孚所记的20人有出入，但这可能是破天荒的头一遭。光绪朝合肥18名进士的数量已居皖省第一，在浙省居仁和、钱塘、山阴、鄞县等文化强县之后列第五位，合肥已成为人才发达的区域，与桐城、歙县三足鼎立。前事俱往矣，当下笔者愿皖省有更多的桐城人才、合肥人才出现，齐心协力，为安徽的发展增枝添叶。

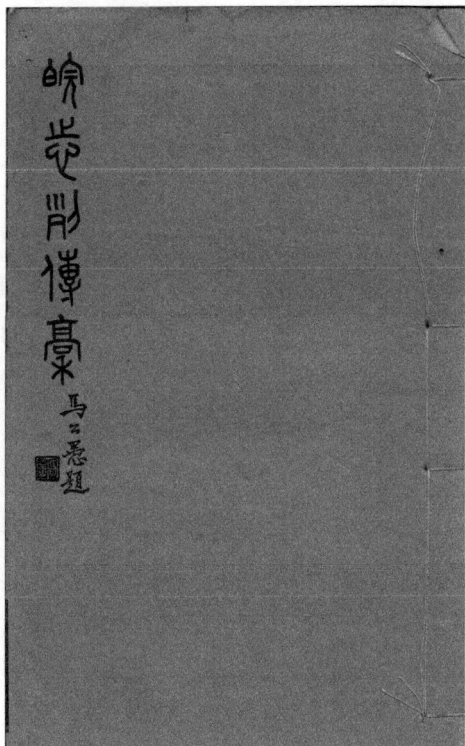

《皖志列传稿》

李合肥与张南皮

——张之万《南皮张文达公手书孝经》

　　南皮张氏与合肥李氏同为晚清望族。张之万（1811—1897年），字子青，直隶南皮（今属河北）人，是道光二十七年（1847年）状元。李鸿章（1823—1901年）是张之万同年进士，位居二甲，科考上的表现不如张之万，故而两人前期仕途对比，张之万明显优于李鸿章。张之万中状元后，按例授翰林院修撰。咸丰二年（1852年），已出任河南学政，职尊位重，与督抚一样有直接向皇帝密奏政事的权力。此时李鸿章仍是正七品的翰林院编修。

　　状元的底子加之老成持重、刚直勤政，在慈禧太后发动辛酉政变时站队正确及剿灭捻军有功，张之万在咸丰、同治、光绪时期一直处在升迁的快车道上，历任内阁学士、礼部右侍郎、河南巡抚、河道总督、漕运总督、江苏巡抚、闽浙总督、兵部尚书、刑部尚书、吏部尚书、充上书房总师傅等要职，至光绪十一年（1885年）十一月，授协办大学士，又入军机处，成为事实上的宰相。后历体仁阁大学士，加太子太保衔，转东阁大学士，卒谥文达，赠太傅。张之万享寿八十七岁，是中国历史上最高寿的状元宰相。张之万堂弟张之洞，同治二年（1863 年）探花，洋务派的主要代表人物，后世将其与曾国藩、李鸿章、左宗棠并称"晚清中兴四大名臣"。张氏兄弟同为科举鼎甲，同朝为相，这在明清两代是独一无二的。

在清代，汉族人即使中进士，升迁通道普遍不够通畅，多数进士终身沉沦于县官之职。以吾乡举例，明代合肥可考证 76 名进士，三甲进士居多，除龚鼎孳入清不作统计外，按察使以上高官 18 人，中级官员 38 人，低级官员 19 人，分别占比 24%、51%、25%，且低级官员近半数出自明初政权草创时期，此时官员升迁并不单依据科举。清代合肥 71 名进士中，二甲、三甲进士各半，除 1 人早卒无授官记录外，官不过知县的 36 人，加上其他六品以下低级官员 13 人，低级官员占比竟高达 70%；按察使等三品以上高级官员仅 8 人，占比 11%；即使州府、郎中等中级官员也多出自清初、清末这样的特殊时期。如果不是清末乱世的风云际会，李鸿章原本是没有任何机会超越张之万的。

李鸿章于咸丰三年（1853 年）回皖办理团练，参与镇压太平军，经历诸多困苦与险境；咸丰九年（1859 年）底入曾国藩幕府，得曾国藩的助力与推荐，同治元年（1862 年）淮军初建成功，当年三月李鸿章被署任江苏巡抚，十二月改为实授。之后李鸿章顺风顺水，同治七年（1868 年）加太子太保衔，授湖广总督、协办大学士，早张之万 17 年当上了协办大学士。同治十二年（1873 年），任武英殿大学士，同治十三年（1874年），调文华殿大学士，成为清廷内阁首辅。李鸿章担任首辅长达27年，是清代满汉官员中任职最久的首辅。

李国杰（1881—1939年）是李鸿章嫡长孙，后承袭了李鸿章一等肃毅侯的爵位。据《南皮张文达公手书孝经》李国杰尾跋，张之万为李国杰外祖舅，即李国杰外祖母的兄弟。这则尾跋纠正了网络上流传甚广的两个自相矛盾的传闻：一、李国杰是张之万的外孙，二、李国杰是张之万的女婿。张之万与李鸿章是同科进士，且年长李鸿章十余岁，李鸿章四十余岁才生李国杰父亲李经述，不仅辈分不般对，年龄上契合的可能性亦极低，故而第二个传闻纯属无稽之谈。

张之万不仅官当得顺、当得大，而且工诗词，擅书画，在其生前就已名闻天下。议者论其："善画山水，倾心于王翚，用笔绵邈，骨秀神清。晚年笔简意淡，颇见苍润。与戴熙讨论画学，最为相契，时称'南戴北张'。书精小楷，唐法晋韵，兼擅其胜。"《南皮张文达公手书孝经》十七篇（缺第九篇，实存十六篇）完美展现了张之万纯熟至精的馆阁体书法，细细品之，别有一种高雅的神气和韵味。李鸿章给李国杰的赠语说道："张文达公书孝经小楷，金生玉润，在馆阁中洵称当行出色，杰孙其永宝之。光绪己亥仪叟题。"仪叟是李鸿章的号，可见《南皮张文达公手书孝经》原张之万手书本是李鸿章赠给李国杰的。

李国杰鉴于"迨两公殂谢，不及数稔，而世大乱，海宇骚驿，迄无宁岁。近且异说争鸣，为非孝之论。嗟乎！彼自怼其亲者，是天性已灭，将对国家社会无所不施其残酷毒害而无顾忌"，"思及名翰流广，圣经非仅以馆阁字体端整秀丽，贻厥子孙，奉为圭臬也"，"爰敬谨精摄，印成善本，期与当世共宝之。倘能人手一编，观摩诵习，俾吾国数千年来至德要道复获宣扬而阐明之，籍以培成民德，挽回末运，庶几不负先祖舅文达公当日盥熏端写之精诚，暨先大父文忠公楹书付讬之深意也夫"，于民国己巳年（1929年）影印出版了《南皮张文达公手书孝经》，以求教化世人。

有种说法是张之万的小楷没有字帖出版，可能是没有注意到《南皮张文达公手书孝经》的存在。《南皮张文达公手书孝经》集张之万、李鸿章、李国杰三家墨迹，虽仅民国印本，却也颇具艺术及文献价值。只是不知李国杰卒后，《南皮张文达公手书孝经》的原本还存于世否。

開宗明義章第一

仲尼居曾子侍子曰先王有至德要道以順天

下民用和睦上下無怨汝知之乎曾子避席曰

參不敏何足以知之子曰夫孝德之本也教之

所由生也復坐吾語汝身體髮膚受之父母不

敢毀傷孝之始也立身行道揚名於後世以顯

《南皮张文达公手书孝经》

狂妄自大的结果

——怀宁程演生《圆明园图》

"这是中国的瑰宝，是你们非法从中国抢夺的，我要把他们带回中国去！"这是1927年春天，安徽怀宁人程演生在巴黎国家图书馆里铿锵有力的呐喊，他要带回中国的是我国古代成就最高的工笔彩画，号称"万园之园"的圆明园清代绘图——《圆明园四十景图》。

《圆明园四十景图》是乾隆皇帝希望永远留住圆明园宏大壮丽的景色，在圆明园的一百多处景观之中，先后遴选四十处最能代表、最能体现圆明园的景致，由当时著名的宫廷画师上海沈源和满洲唐岱等共同绘制而成，展现了圆明园鼎盛时期的全貌。

绘图最初始于乾隆元年（1736年），因景观不断建设，至乾隆十一年（1746年）方才完成。除图画部分，乾隆作御诗40首，由时任工部尚书的安徽休宁人汪由敦书写，每一景一图咏，后附御诗一首，整套景图画艺精湛绝伦，书法飘逸洒脱，诗、书、画三者完美结合，拥有绝佳的艺术价值和文化价值，是当之无愧的国宝。

如《圆明园四十景图》之一的映水兰香（殿），位于澹泊宁静（殿）之西，正殿五楹，西向，东南为钓鱼矶，北为印月池，呈现的是一派云淡平和的乡野风光，画境之美令人叹为观止。图咏云："在澹泊宁静少西，屋傍松竹交阴，翛然远俗。前有水田数棱，纵横绿荫之外，适凉风乍来，稻香徐引，八百鼻功德兹为第一。"乾隆御诗云："园居岂为事游观？早晚农功倚槛看。数顷黄云黍雨润，千畦绿水稻风寒。心田喜色良胜玉，鼻观真香不数兰。日在豳风图画里，敢忘周颂命田官？"

又如山高水长（楼），位于圆明园西南隅，是一座西向的两层楼房，上下各九间，前环小溪，后拥丘岗，中间平坦，是专对外事之处，每年正月在此设宴招待外藩王公，欣赏烟火表演。乾隆御诗云："重构枕平川，湖山万景全。时观君子德，式命上宾筵。湛露今推惠，彤弓古尚贤。更殷三接晋，内外一家连。"

在清代，文字狱迭起，严重禁锢了民众思想，堵塞了言路；统治者又狂妄自大，闭关锁国，拒绝对外开放，丧失了向西方学习，缩小差距的机会。在乾隆逝世60余年之后，英法联军攻入圆明园，纵火将堪称"东方文化艺术宝库"的圆明园付之一炬，掠走大批珍贵文物，其中就包括这四十幅景图。景图后辗转进入巴黎图书馆，由于清末民初中国一直深处动荡与混乱之中，景图逐渐被国人遗忘。

程演生（1888—1955年），字源铨，号天柱外史、寂寞程生，安徽怀宁人。宣统时肄业于安徽高等学堂，后留学英、法、日等国，获法国考古研究院博士学位并任该院研究员。归国后，先后在多所学府任教。在北大任教期间，积极参加新文化运动，参与编辑《新青年》杂志。"五四"运动中，积极支持学生的爱国运动，与陈独秀先生是挚友。1932年4月，任安徽大学校长，抗战胜利后担任安徽学院院长。

程演生在法国参观巴黎图书馆时，无意中看到一张中国的彩色山水园林图，"绢色如新，画笔工妙，凡山川田石树木花卉，起伏远近之势，疏密向背之姿，殿阁亭院楼台房榭，金碧丹黄之饰，雕琢刻镂之纹，莫不渲染逼现。穷其雄丽，状其幽雅，国工胜迹，洵巨制也"。仔细分辨后，竟然是失传已久的《圆明园四十景图》。

鉴于该图"且于国之建筑上外交上皆具有绝大之痛史"，程演生意识到景图并非寻常书画可比，遂与馆方联系，最低限度是拍摄这套景图。但就是这个小小要求，也是经过反复沟通，据理力争，最后才得到图书馆允许。用黑白相机把《圆明园四十景图》全部拍摄下来，后带回国内。

程演生一生著述颇丰，除就《圆明园四十景图》特地撰写的《圆明园考》外，还有《中国清代外交史料丛书》《西泠异简记》《东行三录》等。程演生乡情浓厚，又酷爱戏曲艺术，涉皖著作有《安徽清代文字狱备录》《天启黄山大狱记》《安徽丛书》《安徽艺术志补》《皖优谱》等，其中《皖优谱》辑录了自乾隆以来皖籍昆（曲）、徽（调）、皮簧（京剧）艺人的情况，讲述了各戏种发展历史，是研究安徽戏曲史的宝贵资料。

程演生将带回的照片交予上海中华书局，取名"圆明园图"，于1928年9月影印发行，中国人在圆明园被焚68年之后，终于可以看到被焚毁前的圆明园是什么样子了！《圆明园图》分上下二册，定价10元，足以说明当年图册的高昂。细观摊在书案上尺寸为48厘米×30厘米的图册，看起来极其宏阔，很是养眼，让人感到舒服。使用上等白宣，历经百年仍触手如新，墨色如漆，是很多人梦寐以求的佳品。

20世纪80年代，法国学者赠给中国一组四十景图彩色底版，2000年以后，国内的研究学者利用现代科技复原了当年绮丽雄伟的圆明园，但这一切还是不能弥补今日圆明园奇珍尽失、残垣破壁的缺憾。

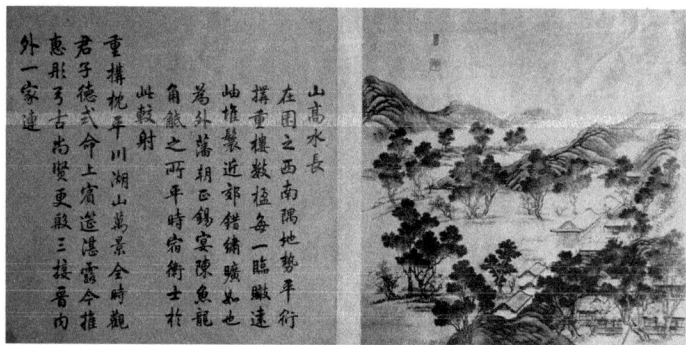

《圆明园图》

段合肥、段总理、段执政

——段祺瑞《正道居集》

旧时称呼出类拔萃的重量级人物，通常不直呼其名，而是以该人物的籍贯代替，以示尊崇，如翁同龢为翁常熟、袁世凯为袁项城。历史上带有合肥尊称的人物共有四位，分别是龚合肥（龚鼎孳）、两个李合肥（李天馥、李鸿章），以及本文的主角——段合肥。

段祺瑞（1865—1936年），原名启瑞，字芝泉，安徽合肥人。段祺瑞是皖系领袖，在1924年末至1926年4月间，曾任中华民国临时执政，是事实上的国家元首，他曾出任四次的国务总理不是他担任的最高职务。

《正道居集》是段祺瑞的诗文集。段祺瑞一生中写过的诗文不少，在清末民国应有写给朝廷的奏议和公文，笔者还见过民国时期他写给同僚下属的挽联、祝词等，这些应制应酬的作品，段祺瑞本人未必是满意的。《正道居集》存《圣贤异同英雄论》以下文八篇、《赋答修慧长老》以下诗三十五题五十四首，他处所见段祺瑞的应酬之作未收录。

民国时期还有《正道居感世集》《正道居诗》《正道居诗

续集》三种著作行世,《正道居感世集》前有长沙章士钊民国十五年（1926年）二月序言。经比对,《正道居感世集》正是《正道居集》所收八篇文章的文集部分,《正道居集》有段祺瑞自序,无章士钊序。《正道居诗》收《正道居集》中有的《赋答修慧长老》《砭世咏一》《砭世咏二》三首诗,《正道居诗续集》收《策国篇》至《咏雪二首次某君韵》诗,共三十二首,此三册合在一起比《正道居集》少《和伯行韵》以下诗十九首。

段祺瑞自序前段大篇幅描述其过往经历,之后感叹,为攫取权利,国内各势力不讲礼义廉耻,国家元首更迭频繁,影响国际关系。段祺瑞应海内环请,就任临时执政。"适游士风靡,侈谈新奇,人心浇漓,将无底止。念非孔孟之道,不足以挽颓风,欲述斯旨,难已于言。凡有关世道人心者,渐积成帙,友好坚促一再刊行,尚冀并世通人弗吝商榷,庶几圣经贤传,精意焕发,奠安海内,极于四远,治世界于一炉,咸沐大同之化云尔。"可见《正道居集》是段祺瑞就任中华民国临时执政后编印的诗文集,印制时间约在民国十四年（1925年）后,当然也不排除该书于20世纪30年代重编重刊,使用之前的自序。是书应为家印本,为亲友之间赠阅,非售品。至今约九十年,虽非稀见,存世也不多。

段氏不以诗文显,其诗文多阐述其政治主张和治家处世之态度,如《十励篇》《八箴》等诗,从这些诗的诗名即可看出端倪。《十励篇》分别为《劝学》《伦常》《规妇》《存仁》《处世》《交游》《作人》《出仕》《治道》《因果》,《八篇》分别为《仁》《义》《礼》《智》《孝》《弟》《忠》《信》。

段祺瑞崇佛，故而诗文中多用佛语，如其《弱弟哀》诗：“修短谓之数，似勿费疑猜。仲弟四十七，三弟五一纔。前后八年间，暮鼓遞相催。阿兄六十三，晚景夕阳隤。长幼原有序，胡独不然哉。比肩寥落尽，侃侃期不来。子侄虽旋绕，唯诺多凡才。仰首视老身，孤筇白云隈。怡怡乐何有，襟怀郁不开。岂堪别离苦，哀尔不我哀。娑婆若苦海，沉沦心自灰。来世结佛缘，贝叶众妙赅。一心了生死，功到入莲胎。逍遥三界外，何常有轮回。”诗句在痛心两个弟弟早逝的同时，显露出浓浓的禅意。

《正道居集》五十三首诗中有唱和诗十一首，分别为《赋答修慧长老》、《藤村子爵索书口占即赠》、《赠奚度青》、《和均际范孙逸塘》、《咏雪二首次某君韵》、《和伯行韵》、《伯行枉诗且有颂不忘规之语次韵奉答》、《王采丞和余正道咏次答》二首、《除夕偶成和某君韵》。

奚度青为安徽当涂人奚侗，史学家，著有《庄子补注》四卷、《老子集解》二卷，参与编辑《当涂县志》。均际为某人字号，际通视，笔者未能考证出何人。民国黄濬有《九日豀蒙楼登高分得日字仍次前均视缠蓠》诗，此均视即均际，即同一人。范孙即天津严修，逸塘即合肥王揖唐，两人均为民国名人。王采丞是在天津的宁波买办集团开山老祖王铭槐之子，民国时曾任天津中法工商银行买办。

段祺瑞酷爱围棋，资助吴清源到日本学习众所周知。伯行是合肥李经方，李鸿章嗣子。李经方与段祺瑞关系密切，一日观段祺瑞与客对弈，赠诗一首："儗同运甓惜光阴，镇日敲棋玉漏沉。代谢几人称国手，后先一著见天心。漫争黑白分疆界，转瞬兴亡即古今。局罢请君观局外，纵横南北气萧森。"段祺瑞《和伯行韵》云："孜孜闻道惜分阴，国势飘摇虑陆沉。颠倒是非偏鼓舌，踌躇枢府费机心。纲维一破那如昔，虞诈纷争直到今。恶贯满盈终有报，难欺造物见严森。"虽是弈棋休闲，但诗句中仍透露出段氏忧国忧民之思，且富有佛家轮回之理。

《伯行枉诗且有颂不忘规之语次韵奉答》云："披裘玩雪不知寒，庭角初春赏牡丹。放眼天空观自在，关心国势敢辞难？众生且愿同登岸，沧海何忧既倒澜？砭痛契深瘳厥疾，回环三复竟忘餐。"拳拳之心跃然纸上。

笔者所藏《正道居集》为民国画家、广东三水陆丹林旧藏，配原函套，函套及书题签均存，品相上佳，白纸精印，超大开本，天头开阔，尺寸为29.2厘米×17.2厘米，半页八行，每行二十四字，前有自序二页，之后诗文目录三页、文二十五页、诗二十七页，书口印"正道居集自序""正道居集文""正道居集诗"以示区分，是最全本。此书终或如过眼云烟未必能长久持之，然经手一览，亦自乐也。

《正道居集》